教会・神学校に迫られる

パラダイムの転換

森谷正志［著］

いのちのことば社

はじめに

　四十数年ぶりに母教会の兄弟姉妹たちと礼拝を共にする機会を与えられました。辞任を決意した前任の牧師からの要請を受け、二〇一四年春から牧会メンターとして牧会支援に取り組み始めました。しかし教会の現実を考えると再会の喜び以上に、牧会上の緊張感を実感しました。大胆にも牧会指針「教会の再起動」を掲げ、この一事に取り組み、二〇二〇年春、次世代へと委ねることができました。母教会の次世代を象徴する結婚式が、この同年秋に「山形市野草園」の野草の丘で行われました。そして十二月、アドベントに次世代牧師の結婚式が挙行されました。

　次世代、三世代、四世代へと続く神の家族へ――創立六十年を超える母教会も、まさに日本の教会を象徴する高齢化教会の現実に直面しています。決して高齢者が問題ということではありません。むしろ、自分の信仰の先輩たちが「人生の店じまい」のときが近づいている今も忠実に信仰生活を続けておられることは大きな励みです。「高齢化教会」という問題の本質は、高齢のクリスチャンが多い教会というより次世代、三世代、さらに四世代へと続いていない神の家族教会の現実です。そこにあるのは教会だけの問題ではなく、時代の思潮や価値観の変化に基づく問題、教育、また日本の経済的、社会的構造上の問題に起因していることも事実です。しかし教会の少子高齢化現象は避けられない必然なのかどうか、「信仰による神の救いのご計画の実現」に至る神の家族共同体として建て上げられているのかどうか、改めて聖書に向き合い再考すべき課題です。教会自身の問題として、見過ごしてはいけない大切な課題なのです。

幸いにも母教会には設立当初から幼児教育の取り組みがあり、現在もその使命は継承され、働きが進められ、かつ広がり、地域の信頼を得ています。教会が幼児教育を福音に基づく「良いわざ」の一つとして知恵深く取り組むなら、次世代クリスチャンたちが生み出される可能性は大です。事実、母教会にはそうした実績がありました。しかし、現実は真逆の方向にあります。教会が幼児教育に取り組むことに意義がある一方、幼児教育が、即「高齢化教会」の本質的な解決策ではないのです。重要なのは教会の、クリスチャンたちの考え方の転換、パラダイム転換が求められている現実を認識することです。

次世代へと続かない教会の核心的問題があります。「そのころ、イスラエルには王がなく、それぞれが自分の目に良いと見えることを行っていた」（士師21・25）。「それぞれが自分の目に良いと見えることを行って」しまう「個人主義の信仰」です。つまり神の家族という共同体の秩序、その神の家族の一員としてまわりにいる兄弟姉妹を気遣う関係が成熟せず、むしろ罪の本質である自己中心性を克服することもなく、否、気づくこともなく「わが道を行く」クリスチャンたちが存在する現実です。教会には様々な問題が起こること自体、驚くことではありません。同時に、教会には聖書を通して諸問題を克服する真の術を、また指導権を与えられていることにも注目すべきです。これまで三人の尊敬すべき牧師たちが牧会の務めを担いました。何より聖書を語る、とりわけ説教を大切に、説教を中心とした礼拝が最優先的に取り組まれてきました。その説教によって自分の信仰が育まれたことも事実です。しかし、「説教」が「聖徒を建て上げる」唯一の手法、手段ではないということです。

神学教育の問題――教会の鍵は牧会指導者、長老、執事たち、また牧師、そのリーダーシップにあります。他でもないその伝道者、牧会者を育成することは神学校の主要目的となっています。振り返ってみると、私は高校生時代、肺結核と診断され闘病生活を余儀なくされました。入院して間もない頃、奇しくも病院慰問に来られたクリスチャンたちとの出会いが大きな転機になりました。それが後に母教会となる教会の青年たちでした。とりわけ第一印象、彼らの人間性の美しさ、それをもたらしている聖書の魅力に引き込まれ、一気に関心が高まりました。四か月を過ぎた頃に自ら決断し、イエス・キリストを信じ、天地の主なる神に祈り始めました。その後の療養生活は一変し、聖書を読むことで新しい視点が与えられ、何より入院している人たちへの向き合い方が変わりました。そして機会があれば福音を語ることに何の抵抗もなく、人々に問いかけ始め、何人かの看護師さんも教会に通い始めました。二年あまりの療養生活を終え、日常に戻りましたが、やはり、友人たちに、近所のおばさんたちに、職場の同僚たちにキリストの福音を語ることは私の日常でした。ただ、家族は猛反対です。単身赴任していた父が休暇で帰宅するなり、十分な説明の猶予も与えられず玄関先で勘当を宣告され、自宅を後にして教会の屋根裏部屋に住まわざるを得ない事態に陥りました。

その延長線上で神学校への入学の道が開かれました。勉強することは私の願いでもあったので、聖書に関する多種多様な分野の本に囲まれて、昼も夜も自由に学ぶことができることに満足感や喜びがあり、やりがいを感じていました。しかし伝道する環境、特に手段は大きく変わりました。主として無作為の個別訪問、トラクト配布が伝道の手法です。また、個別訪問の際にドアを閉められるまでの数分の間にいかにキリストの福音を的確に語れるかの実践です。あるいは当時、百円ほどの信仰良書選の販売などによる伝道活動、さらに路傍伝道、クルセードといわれた伝道大会の宣伝活動等々、自分にとってはどれも異次元の手法でした。果たして伝道はこれでいいのだろうかと、――宣教に対する情熱は完全に失せることはなかったのですが――手法においては卒業後も考え続けさせられた課題です。しかし、教職者として教え、指導する立場に置かれるようになると、いつの間にか、これまでの教育、実習の習慣に沿って同じように神学生たちを指導し、また企画していたのです。

さらに神学の学び、特に神の主権的な選び、予知、予定等の組織神学の学びにおいて、その論理に啓発されたものの、今にして思えば「組織神学」の本質、学問的意図を捉えきれずに、自分自身はどうなのか、本当に神は私を選んでくださったのか、どのように確信できるのか、考えれば考えるほど不安が増幅するばかりでした。一日、志願して断食し、祈りに徹しました。クリスチャンに導かれる摂理的な過程を振り返りつつ、絶望的な状況にあった自分の目の前に現れたクリスチャンたちとの不思議な出会い、それがきっかけとなり、聖書を読み、キリストの無条件の恵みの福音を信じ、解放された自分の現実を確認していきました。このキリストの福音を、とりわけ再びおいでになる「再臨のキリスト」を、一人でも多くの方に伝えたいと願い、そして今ここにいる自分を再確認し、結果的に前に踏み出したことを思い起こしています。

様々な教会内での問題に直面して――卒業後、牧会の現場に立ちつつも、時間的に神学校教育に多く関わる中で、牧会者たちが教会の中で直面する様々な問題の相談、仲介や調停に立たされることが多くありました。どちらかが完全に正しく、どちらかが完全に間違っているとは言えない問題がほとんどですが、中には明らかに指導者自身の倫理的責任が問われる深刻な場合もありました。突き詰めれば、指導者として建て上げられていないゆえに生じる牧会者自身の人格的要因は否めません。結果的に信徒が教会を離れたり、牧師が辞任したり、果ては教会が二分、三分したり、聖書の目指す「和解」という意味での真の問題解決は皆無と言わざるを得ません。

あえて、「なぜ」の部分を詰めれば、制度的に「監督制」の教団をも含め、日本の諸教会の牧会上の特殊性が生み出す問題とも言えます。つまり、「一教会一牧師」の現実から生み出される諸問題です。連合体としての団体はあるものの、各個教会完結型で同労者牧師間の助言や指導、指示、訓戒などは皆無に等しい状態です。初任の牧師もベテランの牧師も横並びで、仮に牧会上の問題が教会に生じても牧師個人の意志次第という特殊性から生じる避けられない現実があるのです。

さらに核心的問題点は、牧会者、信徒に限らず、罪の本質である「自己中心性」にあるように思います。やっかいなことに、罪の本質である人間の「自己中心性」を自覚、認識することなくクリスチャン生活を始めてしまう。その結果、多くのクリスチャンは個人主義のクリスチャン生活、「わが道を行く」クリスチャン人生となります。そしていわゆる「献身」となると、聖書の意図とは次元、質の異なる強いリーダーシップを教会の中で確立し、聖書の意図する「神の家族教会共同体」とは似て非なるいわゆる「宗教集団」を作り上げてしまいかねません。事実、そうした教会の問題の仲介に立たざるを得ないこともありました。

キリストによる福音は、信じる者に成就する神の再創造のみわざです。ゆえにキリストの福音と福音に基づく「健全な教え」に建て上げられなければなりません。その「聖徒の建て上げ」が不確かなまま献身しても学びを可能にしている、神学校の神学教育のあり方こそが問題の本質なのかもしれません。

聖書に戻って再考する――そうした現実を直視しながら、改めて聖書に戻って再考することの緊急性を覚えさせられています。そして、聖書における壮大な神の再創造の物語を共に分かち合い、「信仰による神の救いのご計画の実現」に至る牧会に、特にクリスチャンとしての人生設計を築く聖徒の建て上げに取り組みたいと思います。十分に対話できなかった自分の子どもたちにも問いかけたいと考えています。

本題に入る前に、いくつかの鍵となる主な成句を挙げておきます。

①「**信仰による神の救いのご計画の実現**」――これはパウロがテモテへの手紙で用いている表現で、否定的な文脈の中で用いられています（Ⅰテモテ1・4＝新改訳第三版。新改訳2017では「神に委ねられた信仰の努めを実現させること」）。しかし、聖書に記された壮大な神の再創造物語へと私たちの思考を展開させてくれるみことばです。事実、パウロはテモテに対して「幼いころから聖書に親しんできたことも知っている……。聖書はあなたに知恵を与えて、キリスト・イエスに対する信仰による救いを受けさせることができます。聖書はすべて神の霊感によるもので、教えと戒めと矯正と義の訓練とのために有益です。神の人がすべての良い働きにふさわしく、十分に整えられた者となるためです」（Ⅱテモテ3・15〜17）と語ります。当然のことながらパウロがここで言う「聖書」は、私たちが現在、区分している旧約聖書です。新約聖書は旧約に記されている神の意図をキリストの贖いのわざを解し得たがゆえに書き記されたものであり、「信仰による神の救いのご計画の実現」に至る記録です。同時に「もう一人の助け主」（ヨハネ14・16）聖霊を通して宣教の広がりの中で、神の家族共同体、教会がかたち造られていく中でキリストが啓示された記録の書が新約聖書であることが明確です。

②「**神の再創造のみわざ**」――神はあらゆるものの根源であり、すべてのいのちの源です。それらのいのち中で、人は神の「かたち」として創造されました。それゆえ人は自ら判断し、取捨選択し、意志して行動する人格として存在します。しかし、それは諸刃の剣のようで、人格の持つ主体性は神の約束のことばの真理性を疑い、創造の目的はゆがめられました。罪の根源は、他でもない神の「かたち」としての主体性とは似て非なる「自己中心性」そのものです。ここから始まったのが壮大な「神の再創造

のみわざ」としての物語です。それゆえ、罪の本質である自己中性を真の意味で克服する「神の再創造のみわざ」によって、神の家族共同体の建て上げが実現しました。

③**「神の先行的救い」としての福音**――「神の再創造のみわざ」における神の啓示の圧巻は、神の子イエス・キリストがまことの人として生まれたこと、そして十字架での身代わりの死とよみがえりに基づく福音です。それは個々人の救いに留まらず、神の家族、いのちの交わりである教会共同体建て上げを含みます。しかも、私たちが何かをする、何かを果たすことによって実現する救いではなく、永遠の先から神が主権を持って先行的に完全に備えてくださった恵みのみわざによるものです。ですから、「福音には神の義が啓示されていて、信仰に始まり信仰に進ませる」（ローマ1・17）のです。

④**「パラダイム転換」**――「パラダイム転換」とは近年、科学哲学の領域で使われ、一般的な領域へと広く用いられるようになった用語です。平易に言えば「考え方を変える」（思考の枠組み、ものの見方、考え方の転換）ことです。実はクリスチャンの出発点が「パラダイム転換」そのものでした。キリストの福音である「神の再創造のみわざ」は神の超自然的なみわざです。と同時に神の「かたち」である人間の意志的な取り組みです。つまりこれまでの考え方を聖書に基づいて再考し、行動する取り組みであり、信仰によって一歩踏み出す挑戦が鍵になります。さらに神の恵みによって救われた私たちが「信仰による神の救いのご計画の実現」に至るために、いのちの交わりである神の家族、すなわち教会において互いに聖書の「健全な教え」に建て上げられることによって成熟に至るのです。そうして「キリストの満ち満ちた身丈に」達するのです。この延長線上の途上にあるなら、その方々にとって「パラ

ダイム転換」は不要でしょう。しかし、聖書の意図とは似て非なる異なる原理、人の教えや価値観に基づくなら「信仰による神の救いのご計画の実現」に至ることはないと聖書は明言しています。ここに「パラダイム転換」が求められます。教派の伝統は許容範囲にあるものが大部分と思われますが、改めて聖書に戻って再考する価値はあると思います。

⑤「**良いわざ」と一体化された宣教大命令**――主の宣教命令は、否定されるものではありませんが、いわゆる各種のイベントや様々な宣教プログラムによる、あるいはメディアによる手段にすべてを託すものではありません。恵みによって救われたクリスチャンの存在、そこが宣教の最前線であるということです。そのために福音に基づく「良いわざ」（エペソ2・10、Ⅱコリント9・8、Ⅱテサロニケ2・17など）に建て上げられる必要があります。「良いわざ」に生きるクリスチャン、クリスチャン家族の存在を介して福音は伝えられるのです。さらに個々のクリスチャン、クリスチャン家族を建て上げる神の家族共同体は、地域に寄与・貢献する存在です。その教会の「良いわざ」に生きる生き方に対する「問いかけ」が宣教の切り口となるということです。

⑥「**持続可能な教会建て上げ**」――「神の再創造のみわざ」は個々人に留まらず、奥義としての神の家族教会共同体を建て上げることです。しかも教会が置かれた地域、町の幸いに貢献する存在となるように意図され、その核となる次世代、三世代、四世代へと続く家族を建て上げることにあります。まさに「持続可能な教会建て上げ」です。注目点は、第一世代が経験した福音を受けとめる状況と、第二世代の子たちが福音を受け取る環境は根本的に違うということです。そうした中でいかに福音を解し、生

涯にわたる人生を建て上げていくか、再考すべき課題です。端的に言えば、幼いときから「信仰による神の救いのご計画の実現」に至るように、神の家族の中で福音に基づく「良いわざ」に生きる生き方を、実際的な知恵から共に考えていくことです。

⑦**「聖徒の建て上げ」**――「聖徒の建て上げ」とは、単に教会や指導者にとって重宝、かつ使いでの良い器としての人材育成ではありません。この世に生を受けたその人ならではの人生の建て上げ、その人自身の生涯にわたる人生開発計画を実現する取り組みです。すなわち「神の再創造のみわざ」に基づいて「信仰による神の救いのご計画の実現」に至るように、聖書の健全な教えに建て上げられることです。その人の持って生まれた性向、能力、関心等が神のことばである聖書の基本原則に基づいて有効に建て上げられ、教会内外において用いられることです。そうすれば、どのような働き、立場にあっても教会の主要な使命をその人なりに実現していきます。

目次

自分自身の信仰を根底から再考すべき三つの衝撃、課題に直面しました。どれも私にとっては文字通り核心的な問題で、本書執筆の動機となっています。一つは、神学教育・次世代育成のパラダイム転換に直面したこと、そして「3・11東日本大震災」との遭遇、さらに次世代につながる神の家族、教会建て上げの緊急性です。

「再考を迫られた衝撃」その一　神学教育・次世代育成のパラダイム転換

実は二〇〇〇年前後から、神学教育のパラダイム転換〈注1〉について考えさせられる中で、一つの方向性が与えられました。注目は「C-BTE：教会主体の神学教育・指導者育成」における奥義として啓示された神の家族教会の存在、その働きの重要性と再発見です。教会こそ、人を建て上げる最良の場、建徳的ないのちの共同体であることを再認識させられました。今こそ徹底して聖書に戻って、それぞれの文化の中で「神学する」ことの重要性を主張する聖書神学者たちがいることにも刺激されました。

こうした経緯の中で二〇〇五年に、私どもの神学教育機関・仙台バプテスト神学校が新たな聖書神学の視点に目を開かれ、神学教育・次世代育成のパラダイム転換を決断しました。地方に置かれた神学校の直面する問題の特殊性だけでなく、様々な看過できない諸問題に直面し、これまで行われてきた学校様式の次世代育成の限界に直面したからです。それは組織神学を中心とした神学教育の専門性を見直し、聖書本来の「知恵の伝統」に戻ることへの挑戦でした。改めて聖書に戻って、聖書を貫く「信仰による神の救いのご計画の実現」（Iテモテ1・4、新改訳第三版）に焦点を当て、キリストと使徒たちの手法に基づく教育、次世代育成の実現に転換したのです。とりわけ重要なのは、聖書教育において、知識が知識に留まらず、知識が知恵に至る「知恵の伝統」に戻り、「聖徒たちの建て上げ」、「学習者主体」の教育・訓練によって考えるクリスチャン建て上げです。

初代教会に戻り、すべての手法を聖書から考えようとしている聖書神学者たちの視点は「目から鱗《うろこ》が落ちる」覚醒でした。また信仰が個人の尊厳性を主張するあまり、いつしか聖書の意図とは異なる価値観、「個人主義」のクリスチャン生活に陥っていたことに気づきました。とりわけ啓蒙時代以降、教会が個人の価値、個人の信仰、個人の見解の問題として私的な領域へと追いやられていった「西洋キリスト教社会こそが、福音宣教が最も必要とされている場である」（Leslie Newbigin）のです。そして欧米の伝統を引き継ぐ日本社会、キリスト教界も例外ではありません。その結果として「神の家族」という大切な真理が単に象徴的理解に留まっていたことへの反省がありました。そしていのちの交わりとしての神の家族、教会共同体の重要性を再認識させられました。信仰の先輩格である欧米のキリスト教界が総じて減少傾向にある現実の中で、教会のあり方について根底から変革すべきこと、つまり「パラダイム転換」を真摯に発信する聖書学の識者たちが現れたことは注目すべき点です〈注2〉。

〈注1〉キリスト教界におけるパラダイム転換についてはハンス・キュンク（*Theology for the Third Millennium: An Ecumenical View*）とデイヴィッド・J・ボッシュ（『宣教のパラダイム転換』新教出版）が、これまでのパラダイムの変化を取り上げ、ポストモダンにおける新たなパラダイムの変革を提言しています。

〈注2〉*Seek the Welfare of the City: Christians as Benefactors and Citizens*（町の繁栄を求めよ――貢献者また公民としてのクリスチャン）の著者Bruce Winterをはじめとした聖書神学者たち、初代教会に戻りすべての手法を新約聖書から考えようとしている学者たちの視点

① *The Book of Acts in Its First Century Setting*, Winter, Gill, etc. (5 vols.)
② *Library of Early Christianity*, Meeks, Aune, Balch, Malherbe (8 vols.)
③ *First Century Christians in the Greco-Roman World*, Winter, Blue, Clarke, Gill, etc. (6 vols.)
④ *The Gospel for all Christians*, Richard Bauckham

etc.

「再考を迫られた衝撃」その二「3・11東日本大震災」

「3・11東日本大震災」の発生は、自分の生涯の中でもっとも衝撃的な自然災害でした。そしてその後の様々な仕方での支援活動に関わる中で、今までにない問題意識、考えるべき視点を与えられました。同時に教会のあり方、とりわけクリスチャンの社会性と宣教のあり方まで質的変革を迫られる経験となりました。おそらく大震災に直面した教会は否応なく自らのあり方を再考する契機となったことは間違いありません。

3・11大震災発生当日、金曜日午後、ただならぬ揺れの中で、一九七八年多賀城市在住時に遭遇した「宮城県沖地震」の記憶が一瞬にして呼び起こされました。幸い、神学校は仙台の西部地区に位置し、さほど被害はありませんでした。しかし、ただならぬ揺れに急き立てられるようにして帰宅を急ぎました。高速道路は閉鎖、幹線道路は停電のために信号が作動せず、どこも渋滞。山道を迂回しながらいつもの四倍もの時間をかけて隣県、山形の自宅に戻りました。

大震災直後の日曜日は、神学校で集まる群れの礼拝、そして若林区にある教会での午後礼拝奉仕の予定があり、不安を覚えながらも仙台へと向かいました。いずれも事前の連絡は取れなかったのですが、とにかく出かけました。予想はしていたものの、どこも集会にはならず、集まった人たちと互いの安否確認をし合い、祈りを共にして別れました。帰路、近隣の関係教会の安否確認のため沿岸部へと車を走らせました。しかし、町中どこも渋滞が激しく、途中、津波で押し流されたトラックや乗用車が道路脇にゴロゴロしている異様な風景が続きます。封鎖道路、さらに火事の発生などもあり、結局、目的を果たせず自宅へと戻りました。

その週末から「クラッシュジャパン」を介していくつかの支援グループ、また自己完結型の自主的なボランティアチームが国内外から神学校に集まってきました。私たち夫婦はその対応のために神学校の執務室に宿泊することにしました。東松島、石巻、南三陸町、気仙沼、県南地区など次々と想像を絶する被災状況に関する情報が集まってくる中で、私たちはこのままでいいのか、じっとしていられない、していてはいけない、何か駆り立てられる思いで被災地に立つことを始め、できる支援活動から取りかかりました。そして何ができるか、できないかを別にして、自分たちが主体性を持つ必要を覚え、「災害復興支援SBSネットワーク」を立ち上げ、被災地支援情報、また祈りの要請を発信し始めました。一か月も過ぎると、神学校を拠点に自主的に活動していた先発隊も一つの区切りを迎えて次々と引き揚げ、それぞれの教会や団体を介して次の支援活動へと引き継がれていきました。そこから「災害復興支援SBSネットワーク」の主体的な取り組みが始まりました。

聖書に戻って考える「支援と宣教」——支援はただ支援物資を運ぶだけで十分であるとはだれも思いません。クリスチャンとして、教会として取り組む支援には他の支援にないものがあるはずだ、と。どのような理念、考え方で「支援と宣教」に取り組むべきか、これまで全く経験がなかっただけに考えさせられる場面に何度も直面しました。先に記したように二〇〇〇年前後から、神学教育のあり方について再考している中で、共通している視点は各教会の存在とその働きの重要性、地域教会の主体的役割でした。また、*Seek the Welfare of the City: Christians as Benefactors and Citizens*（『町の繁栄を求めよ——貢献者また市民としてのクリスチャン』）の著者ブルース・ウインター（Bruce Winter）をはじめとした聖書神学者たち、初代教会に戻りすべての手法を新約聖書から考えようとしている学者たちの視点は明確な方向性を与え、大震災支援の中で、どうすべきかという点でまさに知恵となりました。それは「教会の質」の問題、置かれた地域の中で、文化の中で教会は何をし、何を語るか、どのようなものであり続けるかという核心的問いです。被災地支援の中で、支援のための支援でも、人道支援でも、いわんや宣教のための支援でもなく、福音に基づく「良いわざ」としての生き方の相伴う「支援と宣教」に目が開かれたのです。つまり、福音に基づく「良いわざ」と宣教は一体のものとして取り組み、実践すべきことに注目させられました。そのために教会は、潜在的に教会に託されている豊かな資源（財も人材も）を整え、それをもって「地域の繁栄を求め」、寄与・貢献する共同体となるよう建て上げられるべきなのです。同時にこの視点は「信仰による神の救いのご計画の実現」における中心的な理解を求めるものでもあります。このような考え方は「聖徒を建て上げる」という視点から私たちの時代に、また能力・賜物、物的・人的資源に根源的な影響を与えるものであったのです。しかし、そのような教会のあり方と現実の教会との落差はあまりにも大きく、根源的なところから再考させられることになりました。

地域の寄与・貢献者としての神の民——エレミヤ書29章4〜7節に注目すると、実に興味深い視点が読み取れます。この視点は次の章で取り上げる、聖書を貫く「信仰による神の救いのご計画の実現」の中で詳しく紹介します。

　イスラエルの神、万軍の主は、こう仰せられる。「エルサレムからバビロンへわたしが引いて行かせたすべての捕囚の民に。家を建てて住みつき、畑を作って、その実を食べよ。妻をめとって、息子、娘を生み、あなたがたの息子には妻をめとり、娘には夫を与えて、息子、娘を産ませ、そこでふえよ。減ってはならない。わたしがあなたがたを引いて行ったその町の繁栄を求め、そのために主に祈れ。そこの繁栄は、あなたがたの繁栄になるのだから。」（新改訳第三版）

　神の民が繁栄を求め、住むべき地は安住の地でも、ましてや理想郷でもありません。神の国とは異なる規範を持つ異教の地、自分たちの生き方に障害となりかねない異国の文化のただ中に置かれました。しかし、神の意図はその地で複数世代にわたる家族を建て上げ、額に汗して勤勉に働き、自らの必要と助けを必要としている方々のために寄与・貢献できるように働くことであり、そうすることでその地の幸い、繁栄を祈り求めることでありました。

　異国の地で仕えたダニエルに示された神の意図――さらにエレミヤの預言から視点を転じると、ダニエルの生涯に注目させられます。ダニエルは実際に異国の地に連れ去られ、その地で神の民として生涯を全うしました。驚くべきことにダニエルは、自分の所属する民と神の計画に反する王国の王に仕え、王の繁栄のために働いたのです。しかもダニエルは異国の地で居留外国人であり、かつ王のために仕えており、かつ神の民の一員として、置かれた状況の中で一生懸命生き、その地で生涯を全うしたのです。こうしてダニエルは町に影響を与え、国全体に影響を与えました。それは町の繁栄を求める一つの範例と見ることができます。ダニエルの事例は旧約聖書の特殊な例ではなく、「信仰による神の救いのご計画の実現」における教会のモデルとして使徒ペテロの教え（Ⅰペテロ2・11〜18）、また使徒パウロの教え（ローマ13・1〜4、テトス3・1、14）に明らかに反映されています。異邦人社会における「良いわざ」として、「上に立つ権威」に対する単なる受け身ではない服従などが教え示されました。

また「良いわざ」とは、まさに福音にふさわしい生き方であり、額に汗して勤勉に働く労働を示しています。テサロニケ人への手紙第二3章10節から15節にあるパウロの警告、その「パウロの意図は、福祉に依存している人たち（テサロニケの「おせっかいばかりして、締まりのない歩み方をいる人たち」）がその依存的生活をやめ、むしろ自分たちの持てるものを用いてクリスチャン、あるいはノンクリスチャンたちの豊かな後援者となるようにということである」（winter）。つまり、初代のクリスチャンたち、教会は個人、家族、神の家族共同体として市民意識、公民性を持ち、町の繁栄、福祉に貢献していたという事実です。教会は最初から、生き方の伴う「良いわざ」としての支援と宣教は切り離せないものとして、むしろ積極的に社会に対して寄与・貢献者として生きようとしていたのです。そのために、単に主義・主張、標語にとどまらず「信仰による神の救いのご計画の実現」に至る教会の建て上げに取り組むことの大切さを痛感しました。

支援のための支援でもなく――教会と福祉に関して言えば、先に挙げた初代教会の取り組みから見てもわかるように、ある意味で教会は先進的な取り組みを実践してきました。日本において文字通り少数派に過ぎないキリスト教会が、福祉の分野での働きには際立つものがあります。欧米の教会で言えば、百五十年くらい前までは教会はあらゆるレベルの方々に対するあわれみの行為を実践する術を持っていたと聞きます。しかし、社会的保障制度というパラダイムに変わり、それが行政府の責任に取って代わられていったのです。同時に教会は、あわれみの行為において役立たずになっていると評されています。その分、パラチャーチの団体が教会の大切な役割を担うようになったことと比例しているように思います。しかし当の行政府は社会保障制度の限界に直面しています。日本も例外ではありません。過去二十年間における、福祉援助と社会的奉仕に関する最も重要な書物（*The tragedy of American compassion by Marvin Olasky*）があります。そこに「七つの規則」が記されています。

1　それぞれ個人的な実態調査の後にのみ援助する。
2　必要な品物を提供し、また緊急必需品のみとする。
3　最低限度のものを与える。
4　緊急の必要に応じた最小限度のものを与える。また、病人を別として、労働の対価よりも少ないものを与える。
5　必要とするそのときに援助する。要求された助けの必要とされる期間ではない。
6　受益者にはアルコール飲料の禁止を求める。

7　援助のために自分自身、努力することよりも、人の援助に頼る者には支援を続けない。

まさにこれらの指針でわかるように、「支援のための支援」であって発展的な意味はありません。もし、この「支援」が重要な「開かれた門」であるなら、私たちは聖書の価値指針を発展させる必要があります。そして先に述べた貢献者として仕えるクリスチャン、教会共同体となるように再構築するために、福音に基づく「健全な教え」によって建て上げられるべきです。教会を建て上げる――つまり教会のリーダーシップを建て上げ、個々のクリスチャンたち、各家族を建て上げ、「信仰による神の救いのご計画の実現」に至る――よう励みたいと思います。私たちは過去以上に、さらに先に進まなければなりません。この問題に関して教会に対する鍵となる箇所は、テサロニケ教会に対するパウロの書簡のうちに見出されます。

Ⅰテサロニケ4・9〜12　兄弟愛については、あなたがたに書き送る必要がありません。あなたがたこそ、互いに愛し合うことを神から教えられた人たちで、マケドニア全土のすべての兄弟たちに対して、それを実行しているからです。兄弟たち、あなたがたに勧めます。ますます豊かにそれを行いなさい。また、私たちが命じたように、落ち着いた生活をし、自分の仕事に励み、自分の手で働くことを名誉としなさい。外の人々に対して品位をもって歩み、だれの世話にもならずに生活するためです。

「落ち着いた（静かな）生活」とは、どんな意味がこめられているのでしょうか、

……落ち着いた生活をし、

……自分の仕事に励み、

……自分の手で働きなさい。

これらは一つの考えを示しています。一見、私たちは地域社会から、いかなる公民としての生活から身を引いているようにも見えます。しかし、テモテへの手紙第一2章1〜2節、8節に「そこで、私は何よりもまず勧めます。すべての人のために、王たちと高い地位にあるすべての人たちのために願い、祈り、とりなし、感謝をささげなさい。それは、私たちがいつも敬虔で品位を保ち、平安で落ち着いた生活を送るためです。……そういうわけで、私はこう願っています。男たちは怒ったり言い争ったりせずに、どこででも、きよい手を上げて祈りなさい」とあります。

さらに、テサロニケ人への手紙第二3章10〜13節に「あなたがたのところにいたとき、働きたくない者は食べるな、と私たちは命じました。ところが、あなたがたの中には、怠惰な歩みをしている人たち、何も仕事をせずにおせっかいばかり焼いている人たちがいると聞いています。そのような人たちに、主イエス・キリストによって命じ、勧めます。落ち着いて仕事をし、自分で得たパンを食べなさい。兄弟たち、あなたがたは、たゆまず良い働きをしなさい」ともあります。

「おせっかい」つまり、他人の仕事に干渉することであり、自分の仕事に身を入れることに反する行為です。自分の手で働くことは「自分で得たパンを食べ」ることに拡大されています。つまり、自分自

身の必要を自ら満たすように働くことに他なりません。パウロの認識、考えは公民生活のモデルへと発展させていることがわかります。

一体として考える「支援と宣教」——さらに「良いわざ」としての「支援」と宣教が一体のものとして取り組むべき根拠として、パウロの貧しい人たちのための募金活動を挙げることができます。それがパウロの宣教活動の領域を広げていったのです。また、そのためにパウロは膨大な情熱を費やし、これが今日の教会の方向性、その原則を形づくるものとなっています。「募金活動はエルサレム会議から最後の旅、エルサレム訪問まで常に関心時であったので、それは使徒の宣教努力全体を如実に映し出すものとして取るべきものである」(*The History of Paul's Collection for Jerusalem* by Dieter Georgi.)。

パウロの使命は異邦人に福音を伝えること、そして教会にキリストの計画を知らせることでした。ガラテヤ人への手紙2章でパウロはそれを理解し、確証したことを記しています。使徒の働き11章、またコリント人への手紙第一16章にはアンティオキア教会を模範としたアンティオキア基金、支援共同体を建て上げ、町の繁栄を求め、福音宣教の拡大に努めていることが読み取れます。つまり、使徒時代から、続く使徒後時代も「良いわざ」としての支援と「宣教」は一体のものとして取り組まれていたということです。各地に誕生する異邦人教会を取り巻く環境は、決して安全な場所、平穏な状況ではありませんでした。それにもかかわらず次々と教会が広がっていった、その要因の一つとして考えられるのが、使徒パウロの教えによる福音に基づく「良いわざ」と「宣教」が一体のものとして実践し続けられたことです。パウロに開示された教えから、イエス様の宣教大命令、「わたしがあなたがたに命じておいた、すべてのことを守るように教えなさい。見よ。わたしは世の終わりまで、いつもあなたかたとともにいます」の意図が明確になります。

地域に貢献する神の家族共同体としての教会――共同体の屋台骨は強固で、複数世代にわたる生産的な家族であることが言われています。健全な町、健全な共同体であることの要素として（1）聖なる場所（敬虔）、（2）安全な場所（倫理・道徳）、そして（3）生産的な場所（*The City: A Global History* by Joel Kotkin）が挙げられます。教会が教会である共同体のあり方はこの要素に基礎づけられています。それらが、初代教会が取り組んだ教会建て上げそのものであったのです。聖書に注視すれば、健全なクリスチャン生涯を建て上げる術が記されています。つまり家族の家族――家族を建て上げる信仰の神の家族共同体が建て上げられ、同時に人が健全に成長する家族――を建て上げるということです。さらに、このようにして家族共同体が強固なものとなり、寄与・貢献者となるクリスチャン共同体である教会を建て上げることが神の再創造のみわざ、そのものなのです。

巨大津波によって、またその二次被害である原発事故によって壊された町、地域共同体、被災地の現状は、まさにこうした共同体としての要素が壊されてしまったのです。町並みはもちろんのこと、町の機能が壊され、家族が壊され、労働環境まで壊されました。まさに「良いわざ」としての「支援と宣教」において教会本来の働きが求められています。自分たちのパラダイム転換が先かもしれませんが、どのように関われるかを考え、教会自体がパラダム転換を図り、地域に関わるべきであろうと思います。

そう考えると、被災地に立つだけでなく全国どこにおいても、さらに視野を広げ発展途上国の実情を知れば、「信仰による神の救いのご計画の実現」に至る「聖徒の建て上げ」、つまり建て上げられた教会の働きの必要が求められています。私たちの教会のある町や地域はどうでしょうか。教会のあるべき視点に立つなら、むしろ証しの機会、地域への貢献の機会となっているのではないでしょうか。

さらに視点を転じるなら、社会の構造的問題が生み出した「ワーキングプア」のひずみがあります。「ワーキングプア」とは「働く貧困層」の意味で、「働いているのに生活保護水準以下という人」を指す用語として知られています。もともとはアメリカで広がっている事態を説明する概念でしたが、同じ経済の理念、市場原理を追求する日本もアメリカと同様、必然的結果として「格差社会」の現実に直面しています。その数、全国で四百万世帯とも、それ以上とも言われています。これは日本の全世帯の十分の一で、平均世帯人数（一世帯二・三六人）で掛けても、一千万人前後の方々がこのような生活を強いられていることになります。経済のグローバル化に伴い日本社会に生まれた非正規雇用などに加え、それらが生み出す貧困の根源として、地域や自営業の衰退、社会保障の貧弱さがあり、さらには貧困の世代を超えた再生産、「希望格差」などが、日本社会全体へと広がっています。その上、家族の崩壊、一族よりも核家族、家族より個人へと進み、さらに生涯未婚の男女の増加、家庭内暴力、不登校、離婚率の上昇、またニートなどの労働崩壊等々、身近な問題となっています。最近では「セルフネグレクト」（成人のひきこもり）の増加など、「無縁社会」と称される現実に直面し、人の孤立化、孤独が家族の崩壊のみならず、経済、社会保障などへの悪循環の要因になっています。

3・11東日本大震災を契機に、これまで指摘されてきた社会問題にさらに拍車をかけて深刻化するとともに、人々はより大切なもの、教会がもっとも大切にしてきた家族であるとか、絆、人と人の信頼関係などに目を向けるようになってきました。

教会の「良いわざ」としての「支援と宣教」、「救援と開発・発展」についてどのように考えるべきか、大きな課題を突きつけられています。私たちは、支援は赤十字社のような組織に頼るべきか、あるいはキリスト教界の支援団体、パラチャーチに献金するだけでいいのか、いや各教会こそが新たな救援組織を必要としているのか、真剣に考える機会になっています。あるいは、これらの問題は取り組みに価しない、非現実的で巨大な課題なのでしょうか。

「パラダイム転換」への挑戦――あの想像を絶する大震災、がれきと化した被災地を見、またそこに立ち、だれもがじっとしていられない、していてはいけない、何か駆り立てられる思いに至ったと思います。自分たちも同じ思いで被災地に立ち、できる支援活動から取り組み始めました。そうした活動の中で、今回、紹介した神学教育のパラダイム転換、教会のパラダイム転換はまさにこのときのためであったと、神の摂理的なときを実感しています。このようなときこそ、教会はその地域に関わり、むしろ教会が、キリスト教とは相容れない「俗」世界から、この世――肉の欲、堕落、偶像――を避ける消極的な集団というイメージを払拭するときであったと思います。むしろ各地域、全国にある教会が連携し、それぞれの地域の繁栄を求め、取り組むことに知恵を尽くすべきではないでしょうか。もし町・地域が「町の繁栄を求める」ように建て上げられた教会連合型ネットワークによって影響を受けるなら、ついにはこの国の文化を変える影響を与えることにならないでしょうか。実は、これが初代教会に起こったことであったのです。まさに、「3・11大震災」は教会の「パラダイム転換」への摂理的な機会になったと思います。しかし、パラダイム転換と言っても、何か新規な取り組みをすることではありません。教会本来のあり方を取り戻すことです。そのために徹底して聖書に戻って再考し、着実に聖徒を建て上げ、神の家族教会共同体をこの文化の中で構築することに他なりません。

しかし、実際の被災地での支援活動、その現場では以前のパラダイムのままで、「宣教の好機だ」と主張する人たちがいました。またボランティアチームの中には、活動というより「祈るために来た」と言うチームもありました。大震災は神の怒りだと「悔い改め」を叫ぶ人たちもいました。また明らかに支援の見返りとしての宣教活動の中で、支援を受けた被災者たちが葛藤する場面に出会いました。せっかくの愛の支援活動に疑念を抱かれるような、いわゆる教会特有の取り組み等々によって、築かれた信頼関係が崩れていく事態にも直面しました。逆に宣教は一切しないと奉仕に専念するグループ、社会的福音と伝道を二元的に捉えるグループなど様々です。支援活動の一つ、たとえ日常の物資を運ぶだけであっても、尊い働きで人々に敬意をもって迎えられます。しかし、ボランティア本人が社会性の伴わない人格である場合があり、それでは時間とともに人間関係のゆがみが生じることは避けられません。

そうした中で改めて考えさせられているのは、聖書全体を貫く福音に基づく「良いわざ」と宣教は一体のものとして示されていること、つまり教会の公民性です。問題はクリスチャンたちが、クリスチャン家族が、聖書を貫く「信仰による神の救いのご計画の実現」に至る福音に基づく「良いわざ」に、着実に建て上げられているかどうかなのです。

「再考を迫られた衝撃」その三　次世代を見通せない少子高齢化教会の現実

最後に、日本の国だけでなく教会も超高齢社会となり、次世代、三世代へと続かない神の家族教会、個々のクリスチャン家族の現実について、母教会に限らず、自戒を込めて真剣に考えさせられています。クリスチャンになるきっかけは、とりわけ第一世代の人々にとっては様々です。しかし、様々なきっかけを機に福音を知ることになったクリスチャンたちが、聖書の意図に基づいてクリスチャンとして建て上げられているかどうかが課題です。多くの場合、自分が福音を信じるきっかけになった問題からの解放、罪の赦し、永遠のいのちを信じ、天国への希望、また復活する希望を表明する、ただそれだけでクリスチャン人生を送ってしまう可能性があるということです。つまり、自己反省を込めてなのですが、クリスチャンとしてどう生きるか、聖書の意図、再創造のみわざとしての「信仰による神の救いのご計画の実現」に至るクリスチャン人生を建て上げられているかどうかが問題です。キリストの福音と、福音に基づく健全な教えに建て上げられ「良いわざ」を実現するクリスチャン人生をいかに実現できるか、真剣かつ実際的に再考し、取り組む必要があるのです。うっかりしていると何も考えることもなく、ただ教会の礼拝に出席するだけで自己満足してしまう可能性があります。それが次世代につながらない大きな原因になっていないかどうかを考えなければなりません。

第二世代の葛藤――もし第一世代のクリスチャンが青年であれば、神の摂理の導きの中で「信仰による神の救いのご計画の実現」に至る健全な教えの一つとして大切な結婚について学び、主にある結婚に導かれ、子どもが与えられれば主の祝福の中で子育ての特権にあずかります。次世代の子どもたちは生まれたときからクリスチャン世界の環境で育ちます。しかし自動的にクリスチャンになるわけではありません。いとも当然のようにクリスチャン生活を送っているように見えても、主体的な神認識や救いの確認もないなら、内心は様々な場面で葛藤しながら成長していきます。葛藤の中で幸い福音を理解し、確信し、次世代のクリスチャン生活を送る方々もいます。それを乗り越えられずクリスチャン人生を拒否してしまう子どもたちもいます。中には教会に所属し、教会の視点から見れば何も問題はなくても一般社会では通用しない特異な存在となっている場合もあります。その反動として「献身」の道に進むなら、教会にとって大きな障害、重荷を抱えかねません。

クリスチャン家庭の子どもたちがみな、クリスチャン生涯を送るようになるわけではありません。理由は様々です。ただ言えることとは、福音を受け入れる主体的な状況は第一世代のクリスチャンと第二世代の子どもたちとでは全く異なるということです。その落差を埋める建て上げの取り組みがないことが信仰継承に大きな障害になっていると思われます。もし、親、大人が「信仰による神の救いのご計画の実現」に至る「健全な教え」に基づいてきちんと建て上げられたクリスチャン生活をしていれば、葛藤する子どもたちに知恵深く冷静に対面し、その子の主体的なクリスチャン建て上げに役割を果たすことができます。第二世代の子どもたちが明確に確信し、揺るぎないクリスチャン人生を送るために、まず、第一世代の私たちが生涯にわたるクリスチャン人生の建て上げについて聖書の意図を明確に解していること、健全な教えに基づいて知恵深く生きていることが前提となります。第二世代としてこの世に生を受けたとき、第一世代のクリスチャンの両親が聖書の意図を明確に解し、主体的に受けとめ、信仰共同体内ではもちろんのこと家族内でも、地域共同体、一般社会においても、キリスト者として生きる建て上げがなされていることです。そうであれば、幼い自分の子どもに実際的に生きる知恵をもって共に向き合い、子どもたちの人格を受容し、そして健全な親としての権威を持って順序立てて対話することが可能となります。結果として、福音に基づく「生き方」、実際的な知恵から学んだ子どもたちは揺るぎない主体的な信仰告白を表明し、自信を持ってクリスチャン人生を送ることができるようになると思います。

しかし、信じ、告白はするものの、聖書の意図に基づいて建て上げられていないなら、福音に基づく「良いわざ」とともに建て上げられる神の家族教会共同体は名ばかりとなります。教会が単に集まりの場、一宗教集団、つまり仏教ではなく「キリスト教」、イスラム教ではなく「キリスト教」としての教会の存在だけでは、人を建て上げるいのちの交わりとしての教会共同体はおろか、教会の大切な使命である「良いわざ」と一体としての主の宣教大命令をも実現することは困難になってしまいます。そして次世代の子どもたちとの対話の機会を失ってしまう可能性は大です。こうした問題意識のもとに、今日あえて「信仰による神の救いのご計画の実現」に至る福音理解、そして福音に基づく「健全な教え」に建て上げられ、「良いわざ」をもたらすように建て上げられることを、共に考えたいと思います。また次世代育成の問題を共有できる方々と知恵を出し合い、次世代、三世代、さらに四世代へと続くクリスチャン建て上げの実現について、共に知恵を出し合えれば幸いです。

第一章　再創造のみわざ「信仰による神の救いのご計画の実現」

「建て上げられるべきクリスチャン人生」を考える上で、不可欠なのが「信仰による神の救いのご計画の実現」（Ⅰテモテ1・4b、新改訳第三版）という、聖書を貫く再創造のみわざである神の再創造物語を明確に捉えていることです〈注1〉。それこそ「祝福に満ちた神の、栄光の福音」（Ⅰテモテ1・11）です。

聖書通読を信仰生活の日課として取り組んでいる方々がおられると思います。全巻通読し、聖書全体の意図を捉えているなら次への展開はたやすいはずです。しかし、人によっては何度、通読を行っても、聖書全体の意図にたどり着けない方もいます。そもそも聖書全体の意図を読み取ることが通読の目標に据えられていない読み方だからです。いわゆる聖書の金言的「名文句」、自分の今の歩みの指針、励みとなる「みことば」に巡り会えること、与えられる今日の「みことば」を願う通読です。このような通読を何十回、何十年も積み重ねても、聖書自体の意図、真の著者である神の意図にたどり着くことはありません。結果として、建て上げられるべきクリスチャン人生を考える際に、その考える基となる聖書の意図、明確な意味内容、ないし聖書の原則を何も持ち合わせることなく通読し続けることになりかねません。全く無意味とは言えないまでも、結果として聖書の真の意図とは無縁のクリスチャン人生を過ごしかねません。

「信仰は聞くことから始まります。聞くことは、キリストについてのみことばを通して実現するのです」(ローマ10・17)とありますので、まず聖書に記された神の意図に焦点を当て、共に通読に挑戦してみようと思います。以下の記述を読むにあたって、これまで積み重ねてきた聖書通読、特に得た聖書知識、聖書自体の筋書きの記憶を呼び起こしながら、またその前後を考えながら読み、考えていただければと思います。

〈注1〉「信仰による神の救いのご計画の実現」について、新改訳2017では別訳として脚注に移動し、本文は「神に委ねられた信仰の務めを実現させること」とあります。この別訳(第三版の訳文)は旧新約聖書を一体として捉えるパウロの意図を表す句として意義ある一節です。「神の救いのご計画の実現」は「教会は真理の柱、土台」(Ⅰテモテ3・15)へとつながります。

Ⅰ　神の民再興の物語に秘められた「再創造」の意図

マタイの福音書は私たちの救い主イエス・キリストを紹介するにあたり、神の選民イスラエルを念頭に置き、ユダヤ人クリスチャンを背景に「ご自分の民をその罪からお救いになる」方キリストに至る系図から書き始めています。すなわち、その祖アブラハムからダビデ、そしてダビデからバビロン移住、さらにバビロン移住からキリスト出現まで、とまとめています。

一方、異邦人の使徒に召されたパウロの同労者ルカは全人類の救いを念頭に、公生涯に入られたイエス・キリストから順次遡って最初の人アダムにまで至る系図を記しています（ルカ3・23〜38）。パウロによれば「その教えとは、あなたがたの以前の生活について言えば、……古い人を、あなたがたが脱ぎ捨てること、また、あなたがたが霊と心において新しくされ続け、真理に基づく義と聖をもって、神にかたどり造られた（「神のかたち」）新しい人を着ることでした」（エペソ4・22〜24）と、神の再創造のみわざとしての救い、福音を示し、さらに続いて福音に基づく「良いわざ」としての生き方について描いています（エペソ4〜6章）。

つまり、再創造のみわざとしての「良いわざ」は宣教の大前提として取り組む教えです。主イエス・キリストは命じられました。「わたしには天においても地においても、すべての権威が与えられています。ですから、あなたがたは行って、あらゆる国の人々を弟子としなさい。父、子、聖霊の名において彼らにバプテスマを授け、わたしがあなたがたに命じておいた、すべてのことを守るように教えなさい」（マタイ28・18〜20）。主の宣教命令が「教えなさい」と結んでいる「教え」とは律法に意図された神の規範であり、後にパウロに啓示された奥義としての教会、神の家族共同体の実態としての福音に基づく「良いわざ」、生き方そのものであることに結びつきます。つまり宣教は「良いわざ」と一体のものとして広がるということです。

1　アブラハムからダビデまで

「信仰の父」と称されるアブラハムは、神の約束を信じる信仰のゆえに全国民の祝福の源となるように選び分けられました。そのすべての人の祝福は、遡れば「神の似姿」として創造されたアダムに始まり、そしてアベルに代わるセツ、ノア、セム、テラと続いてアブラハムへと続きます。さらにイサク、ヤコブ、その子たちによる十二部族につながり、エジプト移住の後、「出エジプト」したイスラエルは、神の民としての生き方を確立するために、創造主からモーセを通して「十戒」を核とした律法を与えられました。それは、すなわち「良いわざ」の規範です。しかし、神の民は神の意図とは裏腹に不信仰から不信仰へと、神の意図にはかなわぬ歩みをたどります。結果的に「出エジプト」した第一世代は荒野での四十年で絶え、第二世代が新しい指導者ヨシュアの下で約束の地に定着しました。が、しかし、神の意図を十分に受けとめることができず、やがて「……イスラエルには王がなく、それぞれが自分の目に良いと見えることを行っていた」（士師21・25）のです。まさに近代の「個人主義」そのものでした。

2　ダビデからバビロン移住まで

イスラエルはダビデ、ソロモンにおいて栄華を極め、「彼（ダビデ）はわたしの名のために一つの家を建て、わたしは彼の王国の王座をとこしえまでも堅く立てる」（Ⅱサムエル7・13）と約束されつつも、神の意図にかなわず、ついに王国は分裂し、北王国は「神の怒りの杖」アッシリアによって滅ぼされました。とは言え「……裏切る女、妹のユダもこれ（「神の怒りの杖」）を見た。背信の女イスラエルが姦通をしたので、わたしは離婚状を渡して追い出した。しかし、裏切る女、妹のユダが恐れもせず、自分も行って淫行を行ったのをわたしは見た」（エレミヤ3・7〜8）と主は痛烈に批判しています。ただ神の憐れみ、恵みによって存続したのがユダ王国でした。しかし、ついに暴虐の民バビロンによってユダ王国は捕囚の民となったのです。そこに神の摂理があり、神の民にとって異国の地が神の律法の意図を熟考する機会となりました。その方向性を与えたのが預言者エレミヤの預言のことばでした。

「イスラエルの神、万軍の主はこう言われる。『エルサレムからバビロンへわたしが引いて行かせたすべての捕囚の民に。家を建てて住み、果樹園を造って、その実を食べよ。妻を迎えて、息子、娘を生み、あなたがたの息子には妻を迎え、娘を嫁がせて、息子、娘を産ませ、そこで増えよ。減ってはならない。わたしがあなたがたを引いて行かせた、その町の平安（第三版＝繁栄）を求め、その町のために主に祈れ。その町の平安によって、あなたがたは平安を得ることになるのだから。』

まことに、イスラエルの神、万軍の主は、こう言われる。……

……『バビロンに七十年が満ちるころ、わたしはあなたがたを顧み、あなたがたにいつくしみの約束を果たして、あなたがたをこの場所に帰らせる。わたし自身、あなたがたのために立てている計画をよく知っている。――主のことば――。それはわざわいではなく平安を与える計画であり、あなたがたに将来と希望を与えるためのものだ。』」（エレミヤ29・4〜11）

つまり、①額に汗して働く――神の似姿として創造された人間の本質であり、②家族の建て上げ――結婚、次世代、三世代を見通し、結果として③「町の平安（繁栄）を求める」――信仰共同体から地域共同体建て上げへの貢献となることです。まさに「平安（繁栄）を与える計画であり、将来と希望を与えるため」の律法の規範に基づく「良いわざ」の確立でした。

新改訳第三版で「その町の繁栄を求め」と訳されていた29章7節を、２０１７年改訂版では「その町の平安を求め」と訳しています。どちらも、聖書を読む人たちに、また一般の方々にもよく知られている「シャローム」の訳語〈注2〉ですが、「シャローム」は実に語義豊かなことばの一つです。

〈注2〉『ヘブル語大辞典』（聖文舎）

シャローム：

①平和、平安、②無事、安全、安心、元気、③繁栄（創世41・16）、④完全、ことごとく

さらに：

①健康（肉体的、精神的）：健全、成熟、②充足（生命的）：満足、生きる意欲、③知恵（学問的）：悟り、霊的開眼、④救い（宗教的）：暗闇から愛の支配へ、⑤勝利（究極的）：罪と世に対する勝利

ですから、文脈により、壮大な聖書の神の再創造の物語から考えて、適訳を考える必要があります。

もっとも改訂前の聖書でも11節では同じシャロームを「災い」との対比で「平安を与える計画」とあり、

文脈によって使い分けています。単に一つの言葉に縛られずに聖書全体の文脈により、その意図、著者の執筆意図から訳語に反映すべきという、聖書解釈の原則の大切さを考えさせる事例の一つです。

3　バビロン移住からキリスト出現まで

「第二の出エジプト」と称されるエズラ記、ネヘミヤ記、エステル記の中に、エレミヤの預言のことばを受けて捕囚となった神の民――神の取り扱いの中で自覚した民――のうちに「神の救いのご計画」の意図が読み取れます。神の啓示の進展性とともに聖書全体に貫かれている神の意図、神の再創造のみわざとしての「良いわざ」に生きる「信仰による神の救いのご計画の実現」について理解することができます。また、それは私たちの救い主イエス・キリストによる福音につながる出来事でもあったのです。

〈エズラ〉注目は神の啓示の進展性とともに聖書全体に貫かれている神の意図、やはり「信仰による神の救いのご計画の実現」についての理解です。「ペルシアの王キュロスの第一年に、エレミヤによって告げられた**主**のことばが成就するために、**主**はペルシアの王キュロスの霊を奮い立たせた。王は王国中に通達を出し、また文書にもした。」（エズラ1・1）

それは先に記したエレミヤを通してエルサレムからバビロンへ主が引いて行かせたすべての捕囚の民に語られた勧め、命令に基づくものでした。しっかり額に汗して働き、家族を建て上げ、さらに次世代、三世代に続く家族を建て上げることです。さらに捕囚の地で、文字通り異教の敵国において、その民のために、その町、国のために繁栄を求め、繁栄に資する貢献に力を尽くすこと、そしてもたらされる繁栄は自分たちの繁栄になるというものです。この繁栄はアブラハムに約束された祝福（創世18・18）、霊的、物質的な包括的祝福であり、後にモーセを通して与えられた十戒、それを基に定められた律法の意図をも反映しているものです。

一例として「あなたがたの土地の収穫を刈り入れるときは、刈るときに畑の隅まで刈り尽くしてはならない。あなたの収穫の落ち穂も集めてはならない。貧しい人と寄留者のために、それらを残しておかなければならない。わたしはあなたがたの神、主である」（レビ23・22）とあります。イスラエルの再興は確かに主権者である神の介入なしに実現することはありませんでしたが、しかし、ただ超自然的になされたのではなく、神の律法の意図を解し、痛みの中で自分たちの考え方を変え、神の教えに忠実に応える生き方「良いわざ」を実践する民がいたということです。キュロスにはイスラエルの民の再興に納得できる、その民に対する確かな認識があったと思われます。剣、武力によってではなく、生き方、十戒を中心とする律法に示された生き方そのものが再興の起点であったのです。

捕囚から帰還したイスラエルの民がいざ神殿を再建しようとしたときに、反対者が為政者に進言したのは、それを許したら我が道を行く民となり税を納めず危険な存在になるということでした。しかしイスラエルの民は、もはや疑われるような存在ではありませんでした（エズラ4・13、20）。つまり、神の民の再興への道は、今の時代を含めた壮大な神の民の復興計画として読むことができます。神が意図された地域共同体の一員として神の民が生き る安全の保証、それは町の繁栄に寄与・貢献する生き方であったのです。そのために勤勉に働き、自分たちの必要は自ら満たし、余剰の富は助けを必要とする人たちのために用います。上に立つ権威を尊重し、納めるべき税は忠実に納める民となることです。額に汗して働く労働は、人間が堕落以前のエデンの園においてすでに与えられた神の命令であり、人間の本質に関わるものです。「エズラは、主の律法を調べ、これを実行し、イスラエルで掟と定めを教えようと心を定めていた」（同7・10）。同時にその生き方を確立し「王とその顧問と、王の有力な高官すべての前で」恵み（同28節、第三版「好意」）と信頼を得ています。神の民イスラエルは捕囚という痛みの中で、律法に示された神の意図を解したのです。

〈ネヘミヤ〉ネヘミヤの祖国を思う思い、天地の主なる神を思う思いに注目するとともに、祖国を思う思いを実現させたネヘミヤの「生き方」に注目したいと思います。献酌官に選ばれたネヘミヤの信頼を確かなものにする人格、知識や技能だけでない彼の生き方そのものがありました。その信頼性が確かでなければ、決して王の献酌官にはなり得なかったでしょう。先に確認した預言者エレミヤの「町の繁栄を求めよ」を思い起こし、その視点からネヘミヤの取り組みを考えてみると神の意図が見えてきます。捕囚帰還、イスラエル再興の意味を解く鍵は、やはり先のエレミヤの預言です。それは捕囚の民が神の定めの時に再び約束の地に戻るとの約束ですが、見逃してならないのは捕囚帰還の預言、時満ちる定めの時を待つということだけでなく、連れ去られた異国の地で取り組むべき主の命令があったことです。

さらにその主のご計画を実現するために、内外の克服すべき課題がありました。反対者の妨害を克服しなければなりませんでしたし、同時に克服すべき自分たちの問題にも直面しました。「さて、民とその妻たちから、同胞のユダヤ人たちに対して強い抗議の声があがった」（ネヘミヤ5・1）。ある者にとっては、家族の生活に、基本的な食が十分確保されていない困難があったのです。その必要確保のために畑や家を抵当に入れなければならないほどの困窮でした。さらに納税のために借金しなければならない現実もありました。さらには自分の子どもたちを奴隷に売らなければならないほどの窮状もありました。この現実を知ったネヘミヤは「私は彼らの抗議と、これらのことばを聞いて、激しく腹を立てた」（5・6）とあります。「私の前任の総督たちは民の負担を重くし、銀四十シェケルのほかにパンとぶどう酒を民から取り立てた。しかも、彼らに仕える若い者たちは民にいばりちらした。しかし、私は神を恐れて、そのようなことはしなかった」（5・15）。信仰共同体のあり方に対する神の意図は、互いに支え合う神の家族共同体となることだったのです。

捕囚の民として異国の地に連れ去られたとき、彼らが注目したのは天の父なる神の教え、律法でした。捕囚帰還を果たしたのは先祖の不信の罪を克服した神の民であったのです。その後のそれぞれの一族の系図が記されています。それは単にユダヤ民族が系図を重んずる民であったということだけでなく、神の律法、その教えに向き合った結果、神の民として次世代、三世代、四世代へと継承する民となったということを示す注目すべき記録です。捕囚から帰還後、神の民としての独自性（アイデンティティー）を確証するために、やはり民族の家系を順次遡り、最初の人アダムから神の祝福の継承を描くために系図を記し（I歴代誌1〜9章）、捕囚帰還に至る神の民の歩みを再構成しています（歴代誌I、II）。

同時に、ネヘミヤと同じ文脈にある捕囚時にすでに基礎を築いていたダニエルは、異国の地で神の意図にかなう人、異国の地で異国の王に仕え、かつ神の民の一員として生涯を生き抜いた神の民の典型的存在でした。注目すべきは「信仰による神の救いのご計画」が完成した新約聖書においても、ダニエルに示された神の意図は明確に継承され、反映されていることです。

　人はみな、上に立つ権威に従うべきです。神によらない権威はなく、存在している権威はすべて、神によって立てられているからです。したがって、権威に反抗する者は、神の定めに逆らうのです。逆らう者は自分の身にさばきを招きます。……彼はあなたに益を与えるための、神のしもべなのです。……良心のためにも従うべきです。……税金を納めるべき人には税金を納め、関税を納めるべき人には関税を納め、恐れるべき人を恐れ、敬うべき人を敬いなさい。（ローマ13・1〜7）

　人が立てたすべての制度に、主のゆえに従いなさい。それは主権者である王であっても、あるいは、悪を行う者を罰して善を行う者をほめるために、王から遣わされた総督であっても、従いなさい。善を行って、愚かな者たちの無知な発言を封じることは、神のみこころだからです。……このためにこそ、あなたがたは召されました。
　キリストも、あなたがたのために苦しみを受け、
　その足跡に従うようにと、
あなたがたに模範を残された。（Ⅰペテロ2・13〜25）

不信の罪のゆえに打たれ、捕囚の民となった神の民イスラエルが、改めて神の律法に向き合い、自分たちの考え方を変え、方向転換を決断し、神の意図に沿って神の民イスラエルの再興、共同体建て上げに取り組み始めたのです。

〈エステル記〉 エステル記は非常に興味深い書巻です。物語はクセルクセス王が宴会を催したときに、王妃ワシュティが王の命令に従わず、宴会に来ようとしなかったという出来事から始まります。そのことが国家的な問題となり、「王妃ワシュティは王一人だけではなく、クセルクセス王のすべての州の全首長と全住民にも悪いことをしました」(1・16)。王妃の行為は「女たちは自分の夫を軽くみるようになる」という夫婦間、家族の秩序の問題、さらには国家の秩序の問題に広がりました。そこで「王妃の位は、彼女よりももっとすぐれた者にお授けください」(19節)という文脈の中に、すでにエステル記の主人公エステルが登場していると言えます。しかも「すぐれた者」の行為は「身分の高い者から低い者に至るまでみな、自分の夫を敬うようになるでしょう」(20節)と結論づけています。気に入られたエステル、そのエステルを育てたモルデカイ、引き継がれたイスラエルの伝統、そして聖書に記された神の意図に注目したいと思います。しかもこの時代に、王が法令とか裁判の判例に従うならわしを大切にしていたということも注目するところです。「詔勅」と言いながらも法治国家や立憲君主制を思わせる記述です。クリスチャン世界と未信者の世界でも共有する真理規範があります。もしないとしたら、キリスト者が「支配者たちと権威者たちに服し、従い、すべての良いわざを進んでする者となるようにしなさい」（テトス３・１）という勧めは意味のないものになります。

しかし、マラキ書を見ると、神の規範にもとづいて再興した神の民、そしてエルサレムを再建し、曲がりなりにも神殿を再建し涙した神の民は、再び信仰の形骸化へと変質し、神の意図から大きく離れてしまった様子が読み取れます。この現実、人の霊的ゆがみを見通して、神はメシアの到来を予告していました。そして神の民の後退と同時にメシア――真の救い主キリスト――への待望、その期待が強まっていったのです。

Ⅱ「信仰による神の救いのご計画の実現」

私たちもみな、不従順の子らの中にあって、かつては自分の肉の欲のままに生き、肉と心の望むことを行い、ほかの人たちと同じように、生まれながら御怒りを受けるべき子らでした。しかし、あわれみ豊かな神は、私たちを愛してくださったその大きな愛のゆえに、背きの中に死んでいた私たちを、キリストとともに生かしてくださいました。あなたがたが救われたのは恵みによるのです。神はまた、キリスト・イエスにあって、私たちをともによみがえらせ、ともに天上に座らせてくださいました。それは、キリスト・イエスにあって私たちに与えられた慈愛によって、この限りなく豊かな恵みを、来たるべき世々に示すためでした。この恵みのゆえに、あなたがたは信仰によって救われたのです。それはあなたがたから出たことではなく、神の賜物です。（エペソ２・３～８）

私たちが救われたのは何かを果たすことによってではなく、神が備えられた救い――キリストのゆえに開かれた全き福音――すなわち主権者である「神の先行的救い」に基づくことが大前提になっています。私たちはキリストを知り、救い主として信じる信仰によって明確に方向転換を決断し、つまり考え方を変え、クリスチャンとしての一歩を踏み出しました。まさに「パラダイム転換」そのものです。さらに、神は私たちを永遠の先からキリストにあって神の子としようとされていたことをも知りました。この「神の先行的救い」のゆえに信仰によって決断し、さらに信仰から信仰へと意志的に踏み出していくのです。キリストのゆえに開かれた「神の先行的救い」は、私たちが「組織神学」の学びの前に明確に理解すべき神の福音「祝福に満ちた神の、栄光の福音」（Ⅰテモテ1・11）なのです。その上で伝統的な神学論争であるアウグスティヌスの恩寵論、対するペラギウスの自由意志論、さらにはカルヴァンの予定説と全的堕落、対するアルミニウスの自由意志等の神学論争を考えるなら、おのずと整理され調和していきます。

「祝福に満ちた神の、栄光の福音」――創造主である神はどのように、なぜ、「神の先行的救い」、全き福音を備えられたのか、再確認しておきたいと思います。J・I・パッカー（**THROUGH THE YEAR WITH J.I. PACKER Editor Lean Watson**）の解説を参考に三つの視点からまとめてみます。

第一に私たちは、他に代わるもののない御子イエス・キリストご自身の身代わりの死によって神と和解させられました。御子の死は私たちを贖うためです。「贖い」とは、創造主である神に対する罪の結果として当然払うべき代価を私たちに代わって払うことで解放される、という考え方を実践するものです。もはや自力で神の創造目的を実現することはできない私たちの罪のためのイエスの死が、サタン――神に徹底的に反逆する堕落した天使――すなわち悪魔に完全に打ち勝つものでもありました。キリストは悪魔とその軍団、悪霊たちに完全に勝利し、公に勝利を宣言され、その支配と権威を解除してさらしものとし、彼らを捕虜として凱旋の行列に加えられました。そのことについてパウロは生き生きと語り、そのすべてが十字架上で成し遂げられたと述べています。「私たちに不利な、様々な規定で私たちを責め立てている債務証書を無効にし、それを十字架に釘付けにして取り除いてくださいました。そして、様々な支配と権威の武装を解除し、それらをキリストの凱旋の行列に捕虜として加えて、さらしものにされました」（コロサイ2・14〜15）。このように神はまず十字架上で御子の死を通して救いを成し遂げ、そして神の全能の力による復活をキリストの勝利の象徴とされたのです。それゆえ、キリストとともに歩むクリスチャンにとって、サタンと悪霊たちはなんら恐れるものではありません。恐れるべきは偽善的な信仰のみです。

第二にキリストは、ご自分が身代わりとなって死なれた人たちを見いだし、ご自身の者、神の子として恵みのうちに招き入れ、信仰に立ち返らせ、恵みのうちに折にかなった助けを得られるよう、とりなしておられます。「さて、私たちには、もろもろの天を通られた、神の子イエスという偉大な大祭司がおられるのですから、……私たちは、あわれみを受け、また恵みをいただいて、折にかなった助けを受けるために、大胆に恵みの御座に近づこうではありませんか」（ヘブル4・14、16）。さらに、この世の考えや肉の思い、悪魔の攻撃から保護し、最終的にキリストに似る者とされるという働きを通して、神は救いを成し遂げてくださいます。神はやがての日に私たちの卑しいからだをご自身の栄光のからだと同じ姿に変えてくださる、とパウロは言っています（ピリピ3・21）。それは私たちのからだが、すでに新しくされた私たちの霊と同じように全く新しくされるという、クリスチャンが望み見ている救いの完成のことです。ですから、その朽ちない栄光化されたからだにふさわしい人格の成熟を明確に描き、聖書の規範に基づいて考え方を変え、意志的に建て上げていく日々の努力の大切さに注目してください。

第三に神は、救われた者に神の証印として与えると約束された聖霊の働きを通して、救いを成し遂げてくださいます。御霊は私たちが神の者であることを認証し、私たちに、最終的にはキリストとともに栄光のうちに受け継ぐことになっている御国の保証の一部を見ることができるようにさせてくださいます。「このキリストにあって、あなたがたもまた、真理のことば、あなたがたの救いの福音を聞いてそれを信じたことにより、約束の聖霊によって証印を押されました。聖霊は私たちが御国を受け継ぐことの保証です。このことは、私たちが贖われて神のものとされ、神の栄光がほめたたえられるためです。」（エペソ1・13〜14）

なぜ、神様は私たちのためにこのようなことの一切をなさったのでしょうか、それは創造主の視点から受けるに値しない者に対する神の一方的な憐れみ、全き愛、慈悲による恵みそのものです。私たちには担いきれない当然の罰、それに対する神の全き怒りを完全になだめる御子の身代わりの死に示された神の恵み、聖なる神の視点から、何ら愛すべきところのない醜い者に対する神の意志的愛なのです。私たちが必要としていることは神の約束に対する信頼、信仰、神の恵みに応答する誠実さのみです。新約聖書はこのことを何度も何度も述べています。聖書から自分の歩みの励みとなるみことばを「与えられる」ことのみを求めるような個人主義的な読み方にとどまらず、聖書全体の大きな意図を、日々の聖書通読を通して確認していきたいと思います。

（ローマ1～11章に記された「神の先行的救い」、福音を受けて）ですから、兄弟たち、私は神のあわれみによって、あなたがたに勧めます。あなたがたのからだを、神に喜ばれる、聖なる生きたささげ物として献げなさい。それこそ、あなたがたにふさわしい礼拝です。この世と調子を合わせてはいけません。むしろ、心を新たにすることで、自分を変えていただきなさい。そうすれば、神のみこころは何か、すなわち、何が良いことで、神に喜ばれ、完全であるのかを見分けるようになります。（ローマ12・1～2）

「建て上げられるべきクリスチャン人生」は、確かな福音理解に基づき、「神の先行的救い」である福音を信じて踏み出す意志、また神の規範に基づき理性を駆使して自分の考え方を変え、自分の生き方をだれもが見えるように変える意志的取り組みということになります。これが神の意図です。失敗や挫折を恐れる必要はありません。なぜなら、そのような自分のためにキリストの完全な贖いがあることに目を留めるからです。何度失敗したとしても、圧倒的な神の恵みに応えていく信仰に揺るぎはありません。

律法が入って来たのは、違反が増し加わるためでした。しかし、罪の増し加わるところに、恵みも満ちあふれました。それは、罪が死によって支配したように、恵みもまた義によって支配して、私たちの主イエス・キリストにより永遠のいのちに導くためなのです。（ローマ5・20〜21）

これらのことが実証されるところが神の家族教会共同体であり、個々の家族、すなわち夫婦、親子、兄弟姉妹においてであり、そこで確立された生き方は地域社会へと広がっていきます。

Ⅲ　神の啓示の圧巻――「奥義としての神の家族教会共同体」

確かに約束されたメシア、まことの人としておいでになられたイエス・キリストによって「信仰による神の救いのご計画」が展開され、実現していきました。それは旧約聖書と次元の異なる新たな展開ではなく、むしろ旧約聖書に意図された教えの解き明かしであり、そして一連の贖いのわざ、十字架の死、葬り、復活、昇天によって明確になりました。「神のあわれみの器」として選ばれた使徒たちは「もう一人の助け主」聖霊の解き明かしにより旧約聖書の意図を解し得たのです。とりわけキリストの教え、さらに十字架による贖い、復活を通して奥義が明らかにされていきました。神の選民イスラエルが果たし得なかった神の再創造の目的はキリストの福音に基づく奥義として、異邦人をも含む神の家族教会共同体建て上げにおいて実現していったのです。

それでは、律法とは何でしょうか。それは、約束を受けたこの子孫（キリスト）が来られるときまで、違反を示すためにつけ加えられたもので、……しかし聖書は、すべてのものを罪の下に閉じ込めました。それは約束が、イエス・キリストに対する信仰によって、信じる人たちに与えられるためでした。……こうして、律法は私たちをキリストに導く養育係となりました。……あなたがたはみな、信仰により、キリスト・イエスにあって神の子どもです。……ユダヤ人もギリシア人もなく、奴隷も自由人もなく、男と女もありません。あなたがたはみな、キリスト・イエスにあって一つだからです。あなたがたがキリストのものであれば、アブラハムの子孫であり、約束による相続人なのです。（ガラテヤ3・19～29）

キリストによる福音は神の民イスラエルの回復だけでなく、異邦人をも含めた神の家族教会が全人類に対する「信仰による神の救いのご計画の実現」として展開していきました。事実、神の「あわれみの器」は神の民イスラエルの中から始まり、そして異邦人の中にも広がり、キリストをかしらとする神の家族教会共同体として再興していきました。

私たちも立ち止まって聖書に向き合い、創造主の意図を再考する必要があります。そして聖書の原則に基づく方向転換を決断し、福音による「良いわざ」に建て上げられる「神の家族教会共同体」建て上げに取り組むべきではないでしょうか。

教会の誕生、「良いわざ」と一体としての宣教の広がり――「五旬節の日になって」(使徒2・1)の「……になって」は、「時満ちて」御子イエスが人の子として生まれたように、聖霊を通してキリストが啓示されるその「時」、神の救いのご計画における重要な転換点としての時を示しています。つまり、キリストにおいてなされた「信仰による神の救いのご計画の実現」について、キリストご自身が聖霊を介して聖書(旧約聖書)を理解できるように導かれて初めて、使徒たちは神の意図を解することができ、エルサレム教会が誕生したのです。しかし、もうしばらく逡巡する使徒たちの葛藤の中で、教会がこの世にどのように存在するかがしだいに明らかにされます。

「わたしが父のもとから遣わす助け主、すなわち、父から出る真理の御霊が来るとき、その方がわたしについて証ししてくださいます。」(ヨハネ15・26)

「あなたがたに話すことはまだたくさんありますが、今あなたがたはそれに耐えられません。しかし、その方、すなわち真理の御霊が来ると、あなたがたをすべての真理に導いてくださいます。御霊は自分から語るのではなく、聞いたことをすべて語り、これから起こることをあなたがた伝えてくださいます。御霊はわたしの栄光を現されます。わたしのものを受けて、あなたがたに伝えてくださるのです。」（同16・12〜14）

実際にエルサレム教会が誕生し、一連の啓示の進展の中で逡巡する使徒たちに加えて、奥義としての教会は、十二使徒の後に異邦人の使徒として召されたパウロに啓示されました（エペソ）。結果として、原始キリスト教会が一つ心になって神の家族教会共同体を建て上げることが可能になったのです。その宣教の広がりの中で各書簡が書き記され、同時に使徒たちは御在世当時のイエス・キリストのことばの意図を理解し、順次、四つの福音書が書き記され、神の摂理のうちに「新約聖書」が聖書正典となりました。神の民として生きる規範はこの世の規範とは異なりますが、しかし、かつてイスラエルの民がバビロン捕囚で経験したように、教会も地域の住民、公民として、地域に貢献する民として生きることが示されたのです。

公民性としての教会（対国家について）——少なくとも「使徒の働き」を読んでいくと、主イエスが「聖霊があなたがたの上に臨むとき、あなたがたは力を受けます。そして、エルサレム、ユダヤとサマリアの全土、さらに地の果てまで、わたしの証人となります」（1・8）と宣言された、まさにその通りの宣教の広がりが記述されています。同時に「使徒の働き」に並行して、諸教会の誕生とともに書き記された使徒たちの各書簡に注目すると、奥義としての教会がいっそう明らかになり、教会共同体の建て上げの中に「信仰による神の救いのご計画の実現」を読み取れます。言い換えればそこに、福音に基づく「良いわざ」としてのキリスト者の「生き方」そのものが見られます。それゆえに、福音宣教は先に救われたクリスチャンたちの「良いわざ」とともに広がっていったのです。

まさに聖霊の時であり、聖霊の主要な働きは人の生き方、そこにあります。聖霊の働きの目的は、ときには超自然的な出来事を通して神の栄光を示すこともありますが、単に宗教的な領域での特異性だけではなく、主のみことばの真意を悟らせ、普段の生活において人々の信頼と尊敬を得る生き方を確立させることにあるのです。福音を信じ、受け入れた者に約束された「御霊の実は、愛、喜び、平安、寛容、親切、善意、誠実、柔和、自制です」（ガラテヤ5・22～23）とあります。神の民としての生き方は見方によっては特殊なものですが、しかし聖書を丁寧に読んでいくと、この世の人々にとっても評価に耐え得るものだということです。「だれに対しても悪に悪を返さず、すべての人が良いと思うことを行うように心がけなさい」（ローマ12・17）。「私たちは神の作品であって、良い行いをするためにキリスト・イエスにあって造られたのです。神は、私たちが良い行いに歩むように、その良い行いをあらかじめ備えてくださいました」（エペソ2・10）。「あなたがたの心を慰め、強めて、あらゆる良いわざとことばに進ませてくださいますように」（Ⅱテサロニケ２・17）。神は、神の民が地域の幸いをもたらす存在となるよう計画し、その民を通してその地域に祝福をもたらそうとしています。

そういう意味で、パウロは教会における信者の模範でもある指導者に求められる人としての成熟度について、テモテとテトスへの手紙の中で記しています。そこには教会内で「非難されることのない」生き方が記され、同時にそれは「教会の外の人々にも評判の良い人」であると記されています。そして「私は何よりもまず勧めます。すべての人のために、王たちと高い地位にあるすべての人のために願い、祈り、とりなし、感謝をささげなさい。それは、私たちがいつも敬虔で品位を保ち、平安で落ち着いた生活を送るためです。そのような祈りは、私たちの救い主である神の御前において良いことであり、喜ばれることです」（Ⅰテモテ２・１〜３）。「そういうわけで、私はこう願っています。男たちは怒ったり言い争ったりせずに、どこででも、きよい手を上げて祈りなさい」（同２・８）と勧めています。さらに、神の民イスラエルが捕囚の民として異国の地に移されるという現実の中で「町の繁栄を求めよ」と言われ、しかも上に立つ指導者たちにも信任を得る生き方をしたように、教会も町の繁栄を求め、上に立つ指導者たちにも信任を得る生き方をするよう求められています。パウロはローマ人への手紙（13・１〜７）や牧会書簡（Ⅰテモテ２・１〜４＝既述、テトス３・１）で、ペテロは第一の手紙（２・13〜17）で、この教えを反映させています。

これらの聖書の意図から真剣に考えるべきことがあります。対国家について、「上に立つ権威」（政府）が聖書の規範から見て異なると判断したときに、教会はどう対応するかということです。示威運動に参加するのが当然のように考えている方々がいます。また、教会はこの世の権力（国家）と戦うことが聖書の意図のように捉えて発言している指導者がいます。しかし、果たしてそうなのでしょうか。聖書の壮大な物語「信仰による神の救いのご計画の実現」の観点から、主権者である神の意図に基づいて再考すべき課題ではないでしょうか。もちろん、キリスト者は誤りや違法行為を黙認したり、自己保全から妥協したりすることはありません。もし何か、神の意志と異なることがあれば、キリスト者はたとえ相手が時の政府、首相であっても丁寧に発言し、進言し、また提言します。

地域も含めて自発的に支え合う共同体——キリストにある神の家族教会共同体が生まれたとき、「彼らの中には、一人も乏しい者がいなかった。地所や家を所有している者はみな、それを売り、その代金を持って来て、使徒たちの足もとに置いた。その金が、必要に応じてそれぞれに分け与えられたのであった」（使徒4・34〜35）と記されています。ここで注目すべきは、力のある人の自発的な愛、神の家族の一員として支え合う自覚です。教会は助けを必要としている人々に愛の手を差し伸べていました。「そのころ、弟子の数が増えるにつれて、ギリシア語を使うユダヤ人たちから、ヘブル語を使うユダヤ人たちに対して苦情が出た。彼らのうちのやもめたちが、毎日の配給においてなおざりにされていたからである」（使徒6・1）。初代教会が直面した教会内の問題ですが、多くのやもめ、助けを必要としていた人々を教会は受け入れていたということに注目してください。

教会が家族であるというのは単なる象徴ではなく、文字通り各家族を建て上げる真の神の家族、いのちの交わりの中で互いに建て上げられる家族でした。全世界に対する宣教の使命は教会に託された主の大宣教命令です。同時に神の民として、その共同体は福音に基づいて次世代、三世代、四世代へと建て上げられ、広がっていくよう意図されています。福音の確かさを実証する神の家族教会共同体の存在です。私たちは世界的規模での宣教に応える責務がありますが、同時に文字通り神の家族として次世代へと見通せる共同体として広がり、地域に貢献する共同体となることが求められています。

私たちはこの世にあっては「旅人であり、寄留者」です。しかし、その意図は、キリスト者はこの世の価値観に基づく生き方ではなく神の国の民として生きることであって、決して逃避的、厭世的な生き方ではありません。しかも注目すべきは、神の民の生き方はこの世の人々から排斥されるものではないということです。むしろ「教会の外の人々にも評判の良い人」であり、信頼と尊敬を勝ち取る生き方なのです。

その建て上げの結果として「あなたがたのうちにある希望について説明を求める人には、だれにでも、いつでも弁明できる用意をしていなさい。ただし、柔和な心で、恐れつつ、健全な良心をもって弁明しなさい。そうすれば、キリストにあるあなたがたの善良な生き方をののしっている人たちが、あなたがたを悪く言ったことを恥じるでしょう」（Ｉペテロ３・15～16）とあります。

神の啓示の圧巻としての「神の家族教会共同体」と「良いわざ」――聖書を貫く「神の救いのご計画の実現」の骨子を確認しました。最終的には再創造のみわざ、奥義としての神の家族教会共同体を建て上げることでした。それは大宣教命令の眼目です。そして、今日の私たちの教会はイエス・キリストの大宣教命令によって存在するようになったことは紛れもない事実です。エルサレムからローマへ、全世界へと広がる教会の様子とその手法は「使徒の働き」、使徒たちの書簡において確認することができます。その中で注目すべきは、個々人、各家族、家族の家族である教会共同体が福音に基づく「良いわざ」に生きる、その「良いわざ」のゆえに宣教の実を結んでいったことです。主な聖書箇所を確認しておきましょう。

ローマ12・1〜2（神の先行的救い・福音）ですから、兄弟たち。私は神のあわれみによって、あなたがたに勧めます。あなたがたのからだを、神に喜ばれる、聖なる生きたささげ物として献げなさい。それこそ、あなたがたにふさわしい礼拝です。この世と調子を合わせてはいけません。むしろ、心を新たにすることで、自分を変えていただきなさい。（考え方をみことばの原則に従って変え、そして実際に生き方を変える）

ヤコブ3・13〜17　あなたがたのうちで、知恵があり、分別のある人はだれでしょうか。その人はその知恵にふさわしい柔和な行いを、立派な生き方によって示しなさい。……上からの知恵は、まず第一に清いものです。それから、平和で、優しく、協調性があり、あわれみと良い実に満ち、偏見がなく、偽善もありません。（規範は神から）

Ⅰテサロニケ4・11〜12　また、私たちが命じたように、落ち着いた生活をし、自分の仕事に励み、自分の手で働くことを名誉としなさい。外の人々に対しても品位をもって歩み、だれの世話にもならずに生活するためです。（未信者にも通じる生き方、町の繁栄に貢献する労働）

Ⅱテサロニケ2・16～17　どうか、私たちの主イエス・キリストと、私たちの父なる神、すなわち、私たちを愛し、永遠の慰めとすばらしい望みを恵みによって与えてくださった方ご自身が、あなたがたの心を慰め、強めて、あらゆる良いわざとことばに進ませてくださいますように。（クリスチャン人生の方向性）

Ⅱコリント9・8　神はあなたがたに、あらゆる恵みをあふれるばかりに与えることがおできになります。あなたがたが、いつもすべてのことに満ち足りて、すべての良いわざにあふれるようになるためです。

エペソ2・10　実に、私たちは神の作品であって、良い行いをするためにキリスト・イエスにあって造られたのです。神は、私たちが良い行いに歩むように、その良い行いをあらかじめ備えてくださいました。（信じて踏み出し「良いわざ」を実現する）

Ⅰテモテ5・8～10　もしも親族、特に自分の家族の世話をしない人がいるなら、その人は信仰を否定しているのであって、不信者よりも劣っているのです。やもめとして名簿に載せるのは、六十歳未満ではなく、一人の夫の妻であった人で、良い行いによって認められている人、すなわち、子どもを育て、旅人をもてなし、聖徒の足を洗い、困っている人を助けるなど、すべての良いわざに励んだ人にしなさい。（神の家族に対する果たすべき責任としての「良いわざ」）

Ⅰテモテ6・17〜18　今の世で富んでいる人たちに命じなさい。高慢にならず、頼りにならない富にではなく、むしろ、私たちにすべての物を豊かに与えて楽しませてくださる神に望みを置き、善を行い、立派な行いに富み、惜しみなく施し、喜んで分け与え、（富の否定ではなく、富を永遠に残るもののために用いる）

テトス2・7〜8　また、あなた自身、良いわざの模範となりなさい。人を教えることにおいて偽りがなく、品位を保ち、非難する余地がない健全なことばを用いなさい。（生き方の指標となる生き方としての「良いわざ」）

テトス　2・14　キリストは、私たちをすべての不法から贖い出し、良いわざに熱心な選びの民をご自分のものとしてきよめるため、私たちのためにご自分を献げられたのです。（救いの目的としての「良いわざ」）

テトス3・1　あなたは人々に注意を与えて、その人々が、支配者たちと権威者たちに服し、従い、すべての良いわざを進んでする者となるようにしなさい。（上に立つ権威を認め秩序を持って生きる）

Ⅰテモテ3・7　また、教会の外の人々にも評判の良い人でなければなりません。嘲られて、悪魔の罠に陥らないようにするためです。（未信者にも通じ、評価に値する「良いわざ」）

ピレモン1・6　私たちの間でキリストのためになされている良い行いを、すべて知ることによって、あなたの信仰の交わりが生き生きとしたものとなりますように。

「良いわざ」とともに広がる宣教大命令――キリストの福音による「良い行い」、あらゆる「良いわざ」が初代教会における宣教の拡大要因として見過ごせない重要な取り組みでした。つまり、福音による新しさに生きるキリスト者は使徒たちの命令、教え、健全な教えによる「公民」性を持つキリスト者としての生き方を確立していったからです。個々のクリスチャンはもとより、クリスチャン家族、またその家族を建て上げる神の家族教会共同体が一体となって地域社会の繁栄に貢献する存在感を示していきました。この一事のために使徒たち、教会の指導者たちは揺るぎないリーダーシップを発揮しました。その結果として、救われたクリスチャンたちの建て上げが宣教の拡がりを実現していったのです。つまり、福音に基づく「良いわざ」の実証によって、福音の確かさを証しする教会共同体の存在を通して宣教は広まっていくのです。どのような時代、いかなる文化の中でも通じる聖書の原則、福音に基づく「良いわざ」――町、地域、国、ひいては「地球村」の繁栄に寄与・貢献する「良いわざ」――です。そのクリスチャンたちを注視する人々の問いかけに、的確にキリストの福音が語られました。そのようにして教会共同体は広がっていきました。

翻って今日の教会はどうかと言えば、今日の社会の現実を映し、教会自体が一部を除いて聖書の意図とは真逆の少子高齢化――次世代、三世代が続かない教会の高齢化――が一段と進んでいる状況に至っています。どこからか教会は聖書のパラダイムではない、この世の、その時々の思潮に影響された考え（パラダイム）によって聖書を読み、考えるようになっていきました。しかし「この世」、現代社会は大きな変革の時代を迎えています。まさにパラダイム転換が進んでいるのです。このような変革の時代に教会も、これまでの蓄積を再評価しつつも、改めて聖書に戻って聖書のパラダイム「信仰による神の救いのご計画の実現」を再考し、神の創造目的を確かに再興することが必要です。そのためにはクリスチャン一人一人が考えるクリスチャンとして建て上げられ、神学する神の家族共同体、つまり奥義としての教会建て上げにとり組むことです。教会は単に集会に集うというあり方、また説教を聞くだけのあり方から、「信仰による神の救いのご計画の実現」に必要な聖書の健全な教え、とりわけ聖書の基本原則に基づいて、考えるクリスチャン、真の意味での「神学する教会共同体」へと変革すること、つまり「パラダイム転換」が求められています。

鍵となる概念、聖書の「基本原則」——「信仰による神の救いのご計画の実現」に鍵となる、聖書の基本原則について補足します。

あの空しいだましごとの哲学によって、だれかの捕らわれの身にならないように、注意しなさい。それは人間の言い伝えによるもの、この世のもろもろの霊（別訳「幼稚な教え」）によるものであり、キリストによるもの（同じ語「幼稚な教え」）ではありません。（コロサイ2・8）

この聖句は「神の奥義であるキリストを知るように……このキリストのうちに、知恵と知識の宝がすべて隠されています。……キリストのうちに根ざし、建てられ、教えられたとおり信仰を堅くし……」との文脈の中で記されているみことばです。新改訳第三版が「この世の幼稚な教え」と訳していた（新改訳2017では別訳）「幼稚な教え」は「基本原則」と訳されるべき用語です。ここで言わんとしていることについて1章後半から3章にわたる文脈から考えると、基本となる教えが異なることで――つまりこの世のものであってキリストの教えに基づくものでなければ――、結果的にキリストにある成熟へと成長することはできないばかりか、全く異質なものへと変質してしまうという意味になります。たとえば聖書の基本原則とは次元の異なる原則に基づくがゆえに、「禁欲的生き方」が信仰的、霊的な生き方と判断してしまうことへの警告がなされています（参照＝コロサイ2・20〜23）。

併せてヘブル人への手紙5章11節から6章1節に繰り返されている「初歩」に注目してください。「幼稚な」とか「初歩」という日本語の響きは、基本あるいは根本、原理というよりも、どちらかといえば否定的、揶揄的な語感があります。それゆえ「幼稚な教え」はキリストによる教えと言われても、クリスチャンが学ばなければならない積極的な思いにはなりにくいのです。これはパウロ書簡の聖書神学から見いだされる「奥義としての教会」、その核となる「福音」と福音に基づく「健全な教え」としての主要概念、つまりキリストにある新生、神の規範に基づく「生き方」を実現するキリストの「基本原則」があることに気づいていないことから生じた訳語ではないかと思います。そういう意味では聖書解釈の鍵となる箇所でもあります。

「幼稚な」と訳されているギリシア語「ストイケイオン」は基本物質の構成要素、基本とか初歩、原理また天体という意味をも持つ言葉です。新欽定訳聖書（NKJV）をはじめ英語訳聖書では「この世の基本原則」と訳しています。そうであれば「基本原則」そのものに価値判断は不要です。問題は何に基づく「基本原則」なのかが重要になります。ヘブル人への手紙5章12節に「あなたがたは、年数からすれば教師になっていなければならないにもかかわらず、神が告げたことばの初歩を、もう一度だれかに教えてもらう必要があります。あなたがたは固い食物ではなく、乳が必要になっています」とありま す。ここに述べられている「神が告げたことばの初歩」の「初歩」は、先ほどの「基本原則」、新改訳第三版で「幼稚な教え」と訳している同じギリシア語です。クリスチャンが成熟に至るためには、この「キリストの初歩の教え」、聖書の「基本原則」をしっかり学びとっていなければなりません。「初歩の教え」という日本語の響きは、できればその教えを離れて、さらに大切な教えに学び進むようにと言っているように響きます。むしろ明確に「基本原則」と表現することで、より理解しやすくなります。もっともヘブル書の文脈では「もう一度だれかに教えてもらう必要がある」と言っていますので「初歩の教え」について否定的に捉えているのではないことがわかります。なお、新改訳聖書における「基本原則」の訳では、ガラテヤ人への手紙4章前半に出てくる訳語「もろもろの霊」（3、9節）についての脚注「別訳」には「幼稚な教え」「原理」と記してあります。

聖書の「基本原則」すなわちキリストの福音と福音に基づく教え、特に奥義としての教会理解は、一クリスチャンに留まらず、地区教会の建て上げに重要な方向性を与えるものです。神が意図されたクリスチャン人生を確立し、地区教会が建て上げられ、さらに世界的規模での主の宣教命令に応え、それぞれが役割を果たすために、まずキリストの「基本原則」にしっかりと根ざしたクリスチャンを建て上げていきたいのです。

新改訳2017に期待を込めていましたが、「この世のもろもろの霊によるものであり……」とあり、残念ながら「基本原則」の文脈は捉えられていません。脚注を見ると以前の第三版の本文「幼稚な教え」を脚注に、以前、脚注にあった「霊力」を言い換えて本文に入れているだけです。新約聖書全体における訳語の統一（ガラテヤ人への手紙4章、ヘブル人への手紙5〜6章）という点でも配慮されていない改訂版です。ただし、脚注に「原理」を加えたことは評価できます。

参考までに文語訳聖書の表現を紹介しますと、実に聖書の意図を的確に解した翻訳です。

「汝ら心すべし、恐らくはキリストに従わずして人の言い伝えと世の小学とに従ひ、人を惑わす虚しき哲学をもて汝らを奪い去る者あらん。」

「世の小学」が「この世の基本原則」の訳語表現ですが、「小学」とは中国最古の王朝時代「夏」から続く王朝の学校において教えられた基本教育の一つ、「進退」（立ち振る舞い）、「洒掃」（さいそう＝掃除）、さらに「造字の根本」（文字構成の六書、文字の解釈＝字句の解釈と字書と発音等）をさしています。まさに注目すべき「小学」、つまり「基本原則」です。私たちキリスト者は「この世の基本原則」ではなくキリストの「基本原則」、すなわち聖書の「基本原則」に基づいて建て上げられなければならないということです。

Ⅳ　奥義としての教会――「共に集まる」ことへの神の意図

本章において「信仰による神の救いのご計画の実現」と、その結果として「良いわざ」に生きる神の家族、いのちの交わりとしての教会、さらに主が命じられた宣教大命令は、「良いわざ」に生きる神の民を通して展開し、実を結び、拡がっていくものであることに注目しました。そのいのちの交わりとしての教会がどのように集まるのか、集まるように教えられているのか、聖書の意図について共に考えたいと思います。

二〇二〇年は特別な年になりました。とりわけ「新型コロナウイルス感染」の急速な広がりの中で、私たちの日常生活、その行動様式に大きな変化が起こっています。教会も例外ではありません。こうした危機的な状況の中で教会の集まり方が感染の広がりを助長してしまう危険性があれば、それは絶対に避けるべきだ、ということは言うまでもありません。と同時に、こうした現実を直視しつつ、むしろこのような状況であればこそ、あるべき神の家族である教会の集まりについて再考してみる良い機会であると思います。神の意図する「共に集まる」ことの原則、その目的、意義、そして今日的課題を共に考え、新たな「教会の集まり」を創出できればと願っています。

ヘブル人への手紙10章1～25節をゆっくり読み、著者の意図を確認してみてください。その上で再度、22～25節に注目してください。「心に血が振りかけられて、邪悪な良心をきよめられ、からだをきよい水で洗われ、全き信仰をもって真心から神に近づこうではありませんか。約束してくださった方は真実な方ですから、私たちは動揺しないで、しっかりと希望を告白し続けようではありませんか。また、愛と善行を促すために、互いに注意を払おうではありませんか。ある人たちの習慣に倣って自分たちの集まりをやめたりせず、むしろ励まし合いましょう。その日が近づいていることが分かっているのですから、ますます励もうではありませんか。」

多くの場合、24節「ある人たちの習慣に倣って自分たちの集まりをやめたりせず」との警告の節にのみ注目して「主日礼拝厳守」がクリスチャン生活の核心部分となっているのがプロテスタント、とりわけ福音派の伝統でもあります。もちろんそれだけでなく「十戒」の第四戒「安息日規定」の今日的適用も「聖日厳守」の伝統を作り上げています。それゆえ主日礼拝を守るために家族、とりわけ未信者である家族、両親や伴侶、あるいは職場の人たちとの戦い、葛藤を乗り越えて礼拝出席を守ってきた方々もおられるに違いありません。

そしてその主日礼拝の大半は牧師の説教です。事実、牧師の中には説教を中心とした礼拝を導くことが牧師のもっとも優先すべき職務、使命であると考えている方がおられます。決して「説教の善し悪し」を議論するものではありません。問題はすばらしい説教、「起承転結」見事に整えられた説教であればあるほど、大半の会衆は受け身になり、自ら考えることはなく満足し、ときにはうとうとしてしまうということです。しかも、二年や三年ではない。礼拝の大半を占める毎週の説教が十年、三十年、五十年と続くと、主日の説教が「クリスチャン人生」と言っても過言ではありません。この現実を直視しつつ聖書の意図に注目し、考えていただきたいのです。

「信仰、希望、愛」を確かなものとする集まり――ヘブル人への手紙10章1～25節の文脈を見ると、完全にすることのできない律法に基づく犠牲は11節「決して罪を除き去ることができません」と明言しています。しかし、10節「このみこころにしたがって、イエス・キリストのからだが、ただ一度だけ献げられたことにより、私たちは聖なるものとされています」。それゆえ22～23節「心に血が振りかけられて、邪悪な良心をきよめられ、からだをきよい水で洗われ、全き信仰をもって真心から神に近づこうではありませんか。約束してくださった方は真実な方ですから、私たちは動揺しないで、しっかりと希望を告白し続けようではありませんか」。そして24節「愛と善行を促すために、互いに注意を払おうではありませんか」、25節「ある人たちの習慣に倣って自分たちの集まりをやめたりせず、むしろ励まし合いましょう。その日が近づいていることが分かっているのですから、ますます励もうではありませんか」と展開しています。注目すべきは「自分たちの集まりをやめたりせず」の集まりの内容です。すなわちそこに至る文脈は「全き信仰をもって、……しっかりと希望を告白し続け……互いに注意を払い、愛と善行を促す」集まりへと一体化した文脈です。まさに「こういうわけで、いつまでも残るのは信仰と希望と愛、これら三つです。その中で一番すぐれているのは愛です」（Iコリント13・13）と語るパウロの理解が反映しています。

牧師による宣教が「信仰、希望、愛」を確かなものにする、実現するために貢献していると考える方もいるかもしれません。しかしクリスチャンの集まり、教会の集まりにおいて、その結実として「信仰、希望、愛」がどれほど主が望まれるように実現しているかどうかです。むしろ、現実はみことばの意図とは異なる理解になっている場合があります。ですから「新型コロナウイルス感染」の広がりに危機感を覚えるとき、これまで何度か確認してきたように、このようなときこそ率先して「良いわざ」に生きるはずの神の民が、ひっそりと退いてしまう。ウェブ上の説教を聞きつつ、ひっそり閑と生きているクリスチャンたち……これは、みことばの意図からイメージできる姿ではありません。

とは言え、これは個々のクリスチャンの問題ではなく、むしろ教会の指導者である牧師、その指導者教育の核となる伝統的な神学教育、そのパラダイムに問題があると言っても過言ではありません。かく言う自分も二十年ほど前までは、多少、問題意識を持ち、教会の地域貢献を考えつつも、そのような牧師の一人でした。現在は「C-BTE パラダイム：教会主体の神学教育・指導者育成」へと転換を決断し、志を同じくする同労者有志と共に考え、試行錯誤を繰り返しつつ変革の道を歩んでいます。

信仰は、創造主を信じ、完全な贖いのわざを成し終えたイエス・キリストを信じ、信頼する心の有り様に通じるものですが、同時に神の福音、それに基づく教え（教義）、価値観、規範、つまり人としての生き方を示す教えそのものでもあります。22節「邪悪な良心をきよめられ」とあるように、自己中心の価値判断から神と共に考える良心（原義＝共に考える）が機能するようになった、ということです。良心の機能を考えると10章22節〈文語、口語訳〉「心はすすがれて良心のとがめを去り」、〈新共同訳〉「心は清められて、良心のとがめはなくなり」――こちらの方が原義を捉えた訳です。つまり、啓示の書である聖書の規範、価値観、倫理観に基づいて考え、行動する。かつ、いのちの創造主と「共に考え」判断し、行動できるようになったキリストによる恵みの救いを表しているのです。そして、生き方の規範としての信仰は真の希望へと続きます。それゆえ、その希望を持って神の前に生きる。その生き方の核心部分が人との関わりを示す「愛」だというわけです。言い換えれば、福音に基づく生き方、それは人との関わり方を示す「愛」であり、広い意味で福音に基づく「良いわざ」なのです。教会内外において、信者、未信者と関わる隣人への愛です。

この生き方を実現するために「キリストのことばが、あなたがたのうちに豊かに住むようにしなさい。知恵を尽くして互いに教え、忠告し合い、詩と賛美と霊の歌により、感謝をもって心から神に向かって歌いなさい」（コロサイ3・16）と命じられています。教会共同体がそれをしっかり受けとめ、日常的に実践できていることが前提になります。いかがでしょうか。そういうわけですから、「ある人たちの習慣に倣って自分たちの集まりをやめたりせず、むしろ励まし合いましょう。その日が近づいていることが分かっているのですから、ますます励もうではありませんか」（ヘブル10・25）と続きます。このように聖書の意図、信仰に基づいて考え、確かな希望を持って「愛と善行を促す」ために共に集まるとなると、コロナ禍の中で退くのではなく、もう少し前向きな発想が生まれるのではないでしょうか。同時に現在の礼拝のあり方（そのプログラム）とは大きく変わる集まり方も推論可能ですし、想定できるのではないでしょうか。いつ、どこで、どのように集まるのかについても発想が拡がります。

確かな「希望」を描き、「愛と善行を促す」――つまり福音に基づく生き方――このことを実現する集まりを考えれば、一般的になされている主日礼拝プログラムがすべてでないことに気づかせられます。大勢のクリスチャンが一箇所に集まれるなら、それも可能ですが、一箇所にそろわなければならない、と考える必要はありません。集まる人たち、時間帯も、曜日も、また集まる場所も多様であってなんら問題ではありません。初代教会が各家族を中心に集まりをしていたというのは、その時代ならではの制約ではなく、聖書の意図「信仰による神の救いのご計画の実現」そのものであったのです。大事なのは神の家族、いのちの共同体を構成する個々のクリスチャンたち、クリスチャン家族が福音理解と福音に基づく生き方を確立することです。

教会は何のためにあるのか、聖書の意図から考えると単なる宗教的活動ではありません。「主日の集まり」にはそれなりの意味、意義があります。私たちの救い主イエス様が十字架上で死に、葬られ、そして日曜朝早く復活されたことによるのものです。主イエス様を信じた私たちも、主にあって新しさに生きる者とされました。復活の主の約束は、「ですから、あなたがたは行って、あらゆる国の人々を弟子としなさい。父、子、聖霊の名において彼らにバプテスマを授け、わたしがあなたがたに命じておいた、すべてのことを守るように教えなさい。見よ。わたしは、世の終わりまで、いつもあなたがたとともにいます」（マタイ28・19～20）。つまり「二人か三人がわたしの名において集まっているところには、わたしもその中にいるのです」（マタイ18・20）。その個々の集まりにおいては、福音を信じ、受け入れた「彼らを教えなさい」。これは新しさに生きる規範「聖書の基本原則」、いつまでも残る「信仰、希望、愛」について教えなさいということです。

このような危機的な時代にこそ「共に集まる」、その目的は具体的にどのような「良いわざ」を実現できるか、実行できるかを共に考え、知恵を得ることが重要です。クリスチャン世界ではもちろんのこと、「教会の外の人々（未信者）にも評判の良い」（Ⅰテモテ3・7）生き方を確立し、実践することだとすれば、なおのことです。まさに教会は、聖書の意図に基づくパラダイム転換を実現してこそ、この先を読めない危機状況、社会不安、経済的不安、政治的不安を乗り越えることができるものと確信し、期待しています。

真理の御霊様が共に集められた神の家族のうちに働き、聖書の意図を共有し、真の集まりを実現することができますように、その教会の営みの中で指導者、牧師と使命を共有できる次世代リーダーが建て上げられ、委任されるよう共に祈りましょう。

第二章　福音理解に始まる聖徒の建て上げ

聖書の意図、「信仰による神の救いのご計画の実現」について、とりわけその根幹となる神の再創造のみわざである神の家族、教会共同体について聖書の本流をたどりました。さらに神の家族教会は置かれた町、地域の繁栄に寄与・貢献する存在として建て上げられることについて確認しました。この「信仰による神の救いのご計画の実現」を念頭に置きながら、クリスチャン生活の出発点である「新生」について、そして「聖徒の建て上げ」について共に考えたいと思います。

Ⅰ　「先行的救い」としての福音

「新生」は先に確認したように、神がキリストにおいて先行的に完全に備えられた救いによるものです。それは「福音」とも「神の恵み」とも言われる、キリストによる救いに基づいています。ですからクリスチャン生活は「信仰による神の救いのご計画の実現」を知り、「ああ、そうだったのか」と神を見上げるところから始まります。つまり、私たちの考え方を変えること、見方を変えることは「パラダイム転換」の決断そのものです。その第一がイエス・キリストを自分の救い主と告白し、創造主を見上げ、みことばの約束を信頼して受け入れることです。その時、真の人としておいでになったイエス・キリストと一体化され、このキリストのゆえに私たちは神の家族の一員、神の子とされます。つまり、キリストが十字架で死に、葬られたように、私たちも死に、葬られ、キリストが三日目に復活されたように、私たちもキリストと共に新しさに生きるのです。そしてその信仰のゆえにキリストにあって「新生」し（Ⅱコリント5・17）、「神の子」（ローマ8・9〜14）として神の家族の一員とされのです。「新生」は、私たちがイエスを信じ受け入れたそのとき、瞬間的に聖霊によってもたらされる霊的いのちであり、神による再創造のみわざの始まりです（ヨハネ3・1〜16、テトス3・5「聖霊による新生」）。その原動力となる「聖霊の内住」については次の章で取り上げます。

この恵みのゆえに、あなたがたは信仰によって救われたのです。それはあなたがたから出たことではなく、神の賜物です。行いによるのではありません。だれも誇ることのないためです。実に、私たちは神の作品であって、良い行いをするためにキリスト・イエスにあって造られたのです。神は、私たちが良い行いに歩むように、その良い行いをあらかじめ備えてくださいました。（エペソ2・8〜10）

これこそ「先行的救い」、福音の内容です。クリスチャン生活はその認識から始まります。私たちはキリストによって「神の作品」として「良いわざ」に歩む者として救われました。しかし、実際に「良いわざ」をしているかはまた別問題です。ですから私たち自身がこれまでの自分中心の考え方から方向転換し、むしろ神の恵みの救いに応答し「良いわざ」の教えについて考え、意志的に踏み出すことが必要です。そしてクリスチャンとして成熟に至るまでの霊的な過程を明確に描き、自覚し、信仰を持って神の家族のいのちの交わりの中で建て上げられていかなければなりません。最終目標はまことの人としてのキリストご自身の人格が私たちの内にかたち造られることです（エペソ4・13、15）。同時に個々人のクリスチャン建て上げは「このキリストにあって、建物の全体が組み合わされて成長し、主にある聖なる宮となります。あなたがたも、このキリストにあって、ともに築き上げられ（第三版＝建てられ）、御霊によって神の御住まいとなるのです」（エペソ2・21〜22）。私たちは個々人に留まらず、互いの麗しい関係におけるいのちの交わりの中に置かれています。すなわち各家族の関係、夫婦、親子、兄弟姉妹において、そして家族の家族、奥義としての教会、神の家族の中での兄弟姉妹として互いに建て上げられるいのちの共同体建て上げに関わっていることに留意します。このような救いの理解が信仰の個人主義に陥ることなく「信仰による神の救いのご計画の実現」に至るのです。その上で「先行的救い」、新生の霊的仕組みを理解し、クリスチャン生活の確かさを共に確認してみようと思います。

Ⅱ　福音による新しいいのち——新生に至る道筋

新生の霊的な出来事について順を追って思い起こし、共に考えてみましょう。新生が霊的なことであるとは言え、曖昧なもの、漠然としたものではありません。新生は神のみことばである聖書の真理の光に照らされ、聖霊の働きによる自己省察の中で起こる自己意識の変化の中に確認することができます。

「風は思いのままに吹きます。その音を聞いても、それがどこから来てどこへ行くのか分かりません。御霊によって生まれた者もみな、それと同じです。」（ヨハネ3・8）

1 「先行的救い」——キリストとの合一

新生についての私たちの自覚、意識の変化について、ローマ人への手紙5章12節から6章において大切な原理、原則が記されています。古い自分に死んで新しさに生きる霊的認識の現在性、つまり不断の理性的、意志的な認識について、上記の聖書箇所に基づいて考えてみましょう。初めに以下の聖句に注目してください。

5・20〜21　律法が入って来たのは、違反が増し加わるためでした。しかし、罪の増し加わるところに、恵みも満ちあふれました。それは、罪が死によって支配したように、恵みもまた義によって支配して、私たちの主イエス・キリストにより永遠のいのちに導くためなのです。

6・3　それとも、あなたがたは知らないのですか。キリスト・イエスにつくバプテスマを受けた私たちはみな、その死にあずかるバプテスマを受けたのではありませんか。

6・6　私たちは知っています。私たちの古い人がキリストとともに十字架につけられたのは、罪のからだが滅ぼされて、私たちがもはやこれからは罪の奴隷でなくなるためです。
6・8　私たちがキリストとともに死んだのなら、キリストとともに生きることにもなる、と私たちは信じています。
6・9　私たちは知っています。キリストは死者の中からよみがえって、もはや死ぬことはありません。死はもはやキリストを支配しないのです。
6・11　同じように、あなたがたもキリスト・イエスにあって、自分は罪に対して死んだ者であり、神に対して生きている者だと、認めなさい。
6・16　あなたがたは知らないのですか。あなたがたが自分自身を奴隷として献げて服従すれば、その服従する相手の奴隷となるのです。つまり、罪の奴隷となって死に至り、あるいは従順の奴隷となって義に至ります。

ここに挙げた聖句で、特に以下の記述に注目してください。

「あなたがたは知らないのですか。」

「私たちは知っています。」

「……と信じています。」

「……と、認めなさい。」

知り、信じ、認めるべきその内容は、キリストにあって古い自分が死に、そしてキリストにあって新しさに生きているという「先行的救い」、キリストとの一体性および合一の確認です。

新生は霊的出来事であって、五感で捉えることはできません。ですから新生の確かさはみことばの約束に基づく聖霊による確信と、信仰によって受けとめること以外にありません。それだけにキリスト信仰の核心としての新生の自覚が、時の経過とともに自分の意識の中から忘れ去られる可能性もあり得るのです。新生の自覚を忘れることは、救いから落ちることではありません。しかし新生の自覚が薄れることによって、神が望まれる新生に基づくクリスチャン生活とはほど遠い振る舞いになりかねないのです。つまり、この章の最後に取り上げますが、コリントの教会に対してパウロが言う「肉に属する人」、霊的な「幼子」、「ただの人」と言われるような信仰者です。彼らは存在としてクリスチャンですが、しかし、その生き方は未信者と変わらない「ねたみや争いがある」生活をしています（Ⅰコリント2・14〜3・3）。ですからパウロは「あなたがたは、自分が神の宮であり、神の御霊が自分のうちに住んでおられることを知らないのですか」（同3・16）、「あなたがたは知らないのですか。あなたがたのからだは、あなたがたのうちにおられる、神から受けた聖霊の宮であり、あなたがたはもはや自分自身のものではありません」（同6・19）と、「先行的救い」の自覚、キリストにある自己認識を促しています。そういうわけで新生の現在性、すなわち私たちが新生の霊的事実を絶えず意識し、健全な教えに基づいて理性を駆使して考え、信仰による一歩を踏み出し続けることが肝心なのです。「福音には神の義が啓示されていて、信仰に始まり信仰に進ませるからです」（ローマ1・17）。そのために互いに励まし合い、知恵を出し合い、ときには訓戒される、いのち交わりである神の家族、教会共同体の重要性があるわけです。

まずパウロは、クリスチャンが主イエスを信じたときにその人が経験するキリストとの一体性、キリストとの合一について述べています。つまり私たちは、キリストとともに死んだのであれば、キリストが死からよみがえられたように、キリストとともに古い自分は死んで、キリストとともに新しいいのちに生きるのです。罪のからだは滅んで、もはや罪の奴隷ではなくなるのです。これが「先行的福音」、完全な救いであり、霊的出来事の実態です。それゆえキリスト者は、この神の家族に属していることを絶えず意識的に確認し続けていかなければなりません。そして新しさに生きること、建て上げられることです。これを怠ると、クリスチャンではあるが「ただの人」（Ⅰコリント３・３）と変わらない、いや「異邦人の間にもないほどの淫らな行い（第三版＝不品行）」をする、むしろ肉的なクリスチャンとして歩むことになりかねません。ですからキリスト者は罪に対して死に、キリストにあって神に生きていることを不断に意識し、自覚し、考え続けるように勧められています。

「兄弟たち。私たちの主キリスト・イエスにあって私が抱いている、あなたがたについての誇りにかけて言いますが、私は日々死んでいるのです」（Ⅰコリント15・31）。キリストにあって新しさに生きるために死ぬべき自分を意識することです。

2　日々のディボーションで確認する「先行的救い」――「新生」

日々のディボーションの大切さはここにあります。「ディボーション」の意味するところは、私たちの全存在を神に明け渡す、献げることです。今や私たちは罪の奴隷から解放されて主にあって義のしもべとなったことを絶えず意識し、キリストとの一体性としての救いを確認すること、そしてそれを自覚し続けることです。そこからクリスチャン生活を志向し、信仰によって意志的に踏み出します。キリストの十字架は過去の出来事だけでなく、実に現在的なものです。ですからクリスチャン生活というのは、絶えずキリストとの合一を確認し続け、それを基に考えることが何よりも大切です。一日の初めにこのことを主の前で確認し、自覚して一歩踏み出すことです。そのために何時間ものときを必要としません。外側に現れる正しさを軽視してはなりませんが、しかし順序を逆転させてはならないのです。まず内側、霊的なことの確立が最優先されなければなりません。私たちの思考の領域が変えられることによって、私たちの外側が変わります。内側、霊的なことに無関心で、外側の正しさをとりつくろうとするなら、それはイエス様が最も厳しく警告した忌まわしい偽善行為となってしまいます。またそのようなクリスチャン生活は決して長続きせず、やがて疲れ、崩壊します。

次世代の子どもたち、若者たちには、キリストにあってなされる再創造のみわざ、つまり「実に、私たちは神の作品であって、良い行いをするためにキリスト・イエスにあって造られたのです。神は、私たちが良い行いに歩むように、その良い行いをあらかじめ備えてくださいました」（エペソ2・10）と約束された「良いわざ」を具体的にイメージさせ、信じて一歩踏み出すように勧め、励ますことが重要です。

Ⅲ 「山上の説教」に込められた福音とその生き方

奥義としての教会を理解し、福音と教えの核心部分を捉えることで、御在世当時のイエス・キリストの教えの意図を明確に捉えることができます。マタイ福音書5章から7章にかけての主イエスの「山上の説教」を読みながら考えてみましょう。初めにマタイ福音書5章1節から16節までを丁寧に読んでください。このときの聴衆は神の主権によって選び分けられた神の民イスラエル、神のことばを預かった民、神が特別な配慮で導かれた民です。そしてイエス様に直接選ばれた弟子たちがいます。

1　絶対的主権者であり、創造者である神認識――神のみ前での自己認識

「心の貧しい者は幸いです」（マタイ5・3）。この自己認識が新生の始まりであり、クリスチャン生活の出発点です。神の民イスラエルは、神の民として生きる規範としての律法を与えられました。しかし多くはこの神の前で「信仰によってではなく、行いによるかのように追い求めた」（ローマ9・32）がゆえに、「心の貧しさ」を認識することには達し得なかったのです。

「心の貧しい者」としての自己認識は、絶対的主権者、創造主である聖なる神を認識したときに生じるものです。人は創造者である神の前に立ってこそ初めて、人格的存在としての自己を確立することができます。主権者である神を拒否することが自己中心であり、罪の本質なのです。今日一般的に知られるようになった「性格障害」とか「人格障害」と言われるものの根源は、自己中心性というゆがみにあ

るように思います。自分が規準になっている限りにおいて、問題の原因をすべて他者に、外に求め、自分を省みる余地はありません。したがって、神の主権性を認めることなしに神の民としてのクリスチャン生活は始まりません。とりわけ次世代の子どもたちに信仰を伝えていくときに、個別の罪を自覚させ、悔い改めることを要求している場面に出会うことがあります。しかしむしろ、神の存在、神の「先行的救い」をわかりやすく、かつ生き方に直結する仕方で伝える中で、本人が自覚できるように導くことが大切です。

3節の「心」は8節に出てくる「心のきよい者は幸いです」の「心」とは区別されており、ここでは自己の存在にかかわる認識ということができます。言い替えれば、聖書のみことばを通して、聖なる尊厳の神、万物の創造主である全能の主権者である神の前に立つとき、人は初めて自分の有限性、さらには自分の罪深さ、またその無力さを正しく認識することができるということです。「神は人を真っ直ぐな者に造られたが、人は多くの理屈を捜し求め」(伝道者7・29)、自分勝手な道を歩んでいた、その自分を認識します。したがって、心の貧しさの認識とは人との比較において起こる劣等意識では決してありません。必要以上に自分を責めたてることが神経症の特徴とも言われています。心の貧しさはそうではなく、創造主である神のみ前での自己認識です。健全な人間性はここから始まります。それはすでに与えられている神の律法、つまり神のみことば、聖書の真理の光に照らされて初めて生じるものです。さらに言えば、創造主なる神を思いめぐらし、みことばによって黙想し、瞑想することから生じる自己認識です。このように絶対的主権者である神の前に屈する自分を自覚することなしに、真の意味で「心の貧しさ」を認識することはありませんし、真のクリスチャン生活も始まりません。

先に引用したローマ人への手紙5章20節「律法が入って来たのは、違反が増し加わるためでした。しかし、罪の増し加わるところに、恵みも満ちあふれました」――神の民はここに立つべきでした。キリストは律法を成就するために来たと証言しています。律法の目的は人を罪に閉じ込め、キリストのもとに導くことでした（ガラテヤ3・15〜29）。ところが、多くのユダヤ人、特に宗教的指導者たちは自分を義とするために律法を誤用してしまいました。そのため、外面的な義、行いによって得られるかのような義を追及したのです（ローマ9〜11章参照）。その結果、彼らは他人を見下し、弱さに苦悩する者の心の痛みを少しも理解できない律法主義に陥ってしまいました。

ある日、パリサイ人と律法学者がイエスを告発するために、姦淫の現場で捕らえられた女を突き出して、モーセの律法ではこのような女は石打ちの刑に処すとあるがどうだ、と迫りました（ヨハネ8章）。「信仰によってではなく、行いによるかのように追い求めた」（ローマ9・32）イスラエル人の典型的な信仰姿勢を示しています。詰問し続ける彼らにイエスは「あなたがたの中で罪のない者が、まずこの人に石を投げなさい」と言われました。すると年長者から順次、その場を去って行きました。そしてイエスは、自分の罪を深く自覚し神の前にあわれみを請う女性に赦しを宣言されたのです。

またあるとき、イエスは「自分は正しいと確信していて、ほかの人々を見下している人たちに」たとえを話されました。一人はパリサイ人、もう一人は取税人で、彼らが宮に上り、パリサイ人は心の中で次のような祈りをしました。「神よ。私がほかの人たちのように、奪い取る者、不正な者、姦淫する者でないこと、あるいは、この取税人のようでないことを感謝します。私は週に二度断食し、自分が得ているすべてのものから、十分の一を献げております」と（ルカ18・11〜12）。それに対して「一方、取税人は遠く離れて立ち、目を天に向けようともせず、自分の胸をたたいて言った。『神様。罪人の私をあわれんでください』」と祈っています。神が人間に与えた律法の意図するところは、まさにこの取税人のように神の前にへりくだって神を仰ぎ見ることです。それが罪を真の悔い改めへと至らせるのです。

ですから主は「心の貧しい者」、つまり律法の光に照らされ、罪を認識し、神の前に心から悔いる者こそが幸いであると言われるのです。その罪認識は人の目で測れるような外面的なものによるのではなく、心の内面を鋭くえぐり出す神のことばの真理に基づくものです。つまり動機とか、ものを発想する心、思考の領域において、神のことばに取り扱われた結果として生じるものなのです。

パウロは「律法によらなければ、私は罪を知ることはなかった」（ローマ7・7）と述懐しています。とりわけ人の内面性をえぐる「隣人のものを欲してはならない（第三版＝むさぼってはならない）」という戒めを知るまで、「むさぼり」という欲望を知らなかった、と言うのです。聖書のことば、神の規範が罪を明らかにし、「戒めによって、限りなく罪深いものと」なった、と告白しています。神の真理規範であるみことばなしに罪の自覚はあり得ませんし、いわんや「心の貧しさ」、中途半端な貧しさではない「赤貧」の貧しさ、思わず天を仰いでしまうほどの貧しさの自己認識に至ることはないのです。決して人との比較において起こる自己認識ではありません。クリスチャンとして建て上げられる信仰生活を始めようとする者は少なくとも十戒を読み、思いめぐらし、深く自分を内省する必要があります。

天地の創造主である聖なる神を見上げ、そして自分を見つめます。その結果、心の貧しさを自覚できるなら幸いです。なぜなら「天の御国はその人のものだから」です。これがクリスチャンとしての「新生」のスタート、クリスチャン生活の出発点です。

2　神の前での自己否定と受容される主——神の絶対的恵みの認識

「悲しむ者は幸いです」（マタイ5・4）。神のみことばによる神の前での自己認識は心の貧しさでした。それは必然的に深い悲しみへと導かれます。人は様々な悲しみを経験しますが、わけても罪を嘆き、罪のもたらす悲惨さに絶叫せずにおれないほどに、深く悲しむことが幸いなのだと主は言われます。人の様々な問題の原因はその罪、「利己的な状態」にあるからです。自分自身、人との比較から生じる劣等意識はあったものの、自己中心性を意識したのは聖書のみことばに対面し、考えるようになってからです。自己中心に気づいたときは数日、十分に眠れぬ夜を過ごしました。そんな自分を牧師に話したときに「そのためにキリストが十字架で死なれたのですよ」と話され、主を仰ぎ見て解放されたことを思い起こします。罪によるプライド高き自己が否定されなければなりません。神に向かって叫ぶ悲しみは聖なる神のみ前における自己中心の自己否定であって、自己憐憫《れんびん》（あわれむこと）ではありません。このような悲しみを経験したダビデの祈りに注目してみましょう。人間の原罪にまで深く自分を見つめているダビデの内省に注目してみましょう。自分の祈りとして朗読してください。

神よ　私をあわれんでください。
あなたの恵みにしたがって
私の背きをぬぐい去ってください。
あなたの豊かなあわれみによって。
私の咎を　私からすっかり洗い去り
私の罪から　私をきよめてください。

まことに　私は自分の背きを知っています。
私の罪は　いつも私の目の前にあります。
私はあなたに　ただあなたの前に罪ある者です。
私はあなたの目に　悪であることを行いました。
ですから　あなたが宣告するとき　あなたは正しく
さばくとき　あなたは清くあられます。
ご覧ください、私は咎ある者として生まれ
罪ある者として　母は私をみごもりました。
確かに　あなたは心のうちの真実を喜ばれます。
どうか私の心の奥に　知恵を教えてください。

ヒソプで私の罪を除いてください。
そうすれば私はきよくなります。
私を洗ってください。
そうすれば　私は雪よりも白くなります。
楽しみと喜びの声を聞かせてください。
そうすれば　あなたが砕かれた骨が喜びます。
御顔を私の罪から隠し
私の咎をすべてぬぐい去ってください。

神よ　私にきよい心を造り
揺るがない霊を　私のうちに新しくしてください。
私を　あなたの御前から投げ捨てず
あなたの聖なる御霊を
私から取り去らないでください。
あなたの救いの喜びを私に返戻し
仕えることを喜ぶ霊で　私を支えてください。
私は背く者たちに　あなたの道を教えます。

罪人たちは　あなたのもとに帰るでしょう。

神よ　私の救いの神よ
血の罪から私を救い出してください。
私の舌は　あなたの義を高らかに歌います。
主よ　私の唇を開いてください。
私の口は　あなたの誉れを告げ知らせます。
まことに　私が供えても
あなたはいけにえを喜ばれず
全焼のささげ物を望まれません。
神へのいけにえは　砕かれた霊。
打たれ　砕かれた心。
神よ。あなたはそれを蔑まれません。

どうかご恩寵により　シオンにいつくしみを施し
エルサレムの城壁を築き直してください。
そのとき　あなたは　義のいけにえを

焼き尽くされる全焼のささげ物を喜ばれます。
そのとき　雄牛があなたの祭壇に献げられます。（詩篇51篇）

なぜ自分の罪を悲しむ者が幸いなのでしょうか。悲しむその人は「慰められる」からです。旧約聖書で約束された救い主は、ユダヤ人伝承のタルムードにおいて「メナヘム＝慰め主」と言われていました。ですから、聴衆はイエス様の口から「慰め」ということばが発せられたときに、この方こそ待ち望んでいた「メシア」ではないだろうかと注目したに違いありません。今や人の真の問題を理解し、義の貫かれた愛をもって解決される「慰め主」が目の前にいます。人間の本来のあり方を回復される救い主、贖い主が目の前におられるのです。人との比較ではなく、神の前での自己認識が心の貧しさと罪に対する深い悲しみをもたらします。しかしその人にこそ救い主が最も近くにおられるという、超自然的な恵み認識です。

旧約聖書にホセアという預言者がおります。預言者とは言え、彼ほど精神的に過酷な体験をした預言者はいなかったのではと思います。彼の妻、ゴメルが何故か夫の誠実さを裏切り、他の男性に走ってしまいます。しかも、夫に愛されていながら姦淫の罪を犯してしまうのです。それはまさに神とその契約の民、イスラエルとの関係を象徴していました。ついにゴメルは堕ちるべき所に堕ちてしまいます。彼女は奴隷同然の値で買い取られるほどにまで堕ちぶれてしまいました。彼女は使い捨てにされたのです。官能的な楽しみはつかの間の快楽でした。自業自得とは言え、あまりにも惨めな結末です。離婚状を渡され、のろいの刑罰を受けても当然の醜態をさらけ出しています。しかし、まさにこのとき「ゴメルよ」と、優しい夫の呼びかけを聞くのです。それはまさに神の愛、いつくしみ、恩寵でありました。「再び行って、夫に愛されていながら姦通している女を愛しなさい。ちょうど、ほかの神々の方を向いて干しぶどうの菓子を愛しているイスラエルの子らを、主が愛しているように」（ホセア3・1）。

好意を受けるに価しない、愛されるにふさわしくないことを自覚すればするほどに、自分の罪を認識したその者に神は近づかれます。このような神の愛、恵みに応答する信仰がクリスチャン生活の出発点、ないし動機づけなのです。そうであればクリスチャン生活は決して苦痛でも、重荷でもありません。むしろ信仰生活は喜び、感謝、賛美に満ちたものとなります。たとえ逆境の中にあっても信仰から信仰へと進み行くものです。なぜなら「……罪の増し加わるところに、恵みも満ちあふれました」（ローマ5・20）とある通りです。

すでに信仰者として歩んでいる方は、神のみことばの真理に照らされて自分の罪を悔い改めたあのときを思い起こしてください。聖なる神の峻厳さに畏れおののくとともに、圧倒的な神の恵みとあわれみ、愛である神の赦しと慰めに、涙をもって感謝をささげたときのことを再確認してください。「慰め主」であるキリストは、深い悲しみをもたらした私たちの罪のなだめのために十字架で死なれたのです。それゆえ神の聖なる怒りは完全になだめられ、私たちは神の子として受け入れられています。キリストのゆえに私たちは無条件に、完全に、神に受け入れられている事実を確認することです。

とかく人は聖書の理想そのものである規準を知ると、聖書の言う正しさを神の目に合わせるのではなく、人の目に自分を合わせようとします。自分は世俗的な人間ではなく霊的なものであることを認めてもらいたいあまり、人が生きる上で必要なものまで否定する禁欲的な生き方をしてしまいます。

自分が自分がと言う利己的な自己がキリストの十字架と共に死ぬこと、これこそが新生の具体的内容、福音すなわち良き知らせなのです。そして、この古い自己の死を日ごとに確認することからクリスチャン生活は始まります。自己の死の度合いは、利己的でプライド高い人を目の前にしたときの自分の反応で確かめられます。そのような人を前にして嫌悪すべき不快感や、ムカムカと拒絶反応がこみ上げてくるようであれば、古い自己が頭をもたげていることの証拠です。しかし、主にあって古い自分が死に、恵みに生かされているとしたら、次のみことばを十分理解することができるでしょう。そこに、プライド高き自己から解放された自分を見出すことができます。

3　主に受容された者——真の謙遜さ

「柔和な者は幸いです」（マタイ5・5）。あるいは「謙遜な者は幸いです」と言い換えることができます。柔和さはまさに新生を経験した者の必然的帰結です。柔和とは神の前に徹底的に取り扱われた者、自己の砕かれた者の典型的姿を示しています。柔和、それは利己心からの解放がもたらすものであり、プライドを捨てきった者の姿であります。キリスト者の「柔和」とは、鍛えて我慢をし、耐えてにっこりしていることではありません。ここで言う「柔和」とは神の御子、イエスを十字架につけなければならないほどの罪深さを知り、そしてそのような自分に対して絶叫せずにいられない悲しみを経験した者、しかもそれ以上に圧倒的な神の恵み、恩寵《おんちょう》（超自然的な神の賜物）体験から生まれるものなのです。まさにキリスト者の謙遜そのものです。人は謙遜になろうとして謙遜になれるものではありません。むしろ謙遜でない自分に気づいた瞬間、そこに謙遜が生まれます。罪深い自分に対する無条件の神の愛に対して、なんという神の恵みなのでしょう、という反応と言えます。

主権者である神認識、主権者である神の御前での自己認識・罪認識、キリストによる恩寵認識、この論理的順序が新生の霊的過程と言うことができます。誤解しないでください。新生は次第に起こることではなく、瞬間的出来事です。ただし、時間の経過とともに新生理解が質的に深められることが必要です。ある神学者は「罪の本質は自己中心の状態である」と言っています。この罪の本質的部分が解決されてこそ初めてクリスチャン生活が始まります。この出発点を明確に理解しておきます。そして大切なことは信仰告白の瞬間、新生の瞬間を絶えず確認し続けることです。新生が霊的であるゆえに継続的にその事実を意識的に覚えることが重要なのです。つまり、より神理解を深め、みことばによる自己認識を深め、そしてそれらにまさる神の恵みを知り、深める――これがクリスチャン生活の秘訣と言っても過言ではありません。

一日の行動を始めるにあたって、まず新生の霊的事実を、関連のみことばを復唱しながら確認してみてください。主権者である神の前に跪《ひざまず》いて（姿勢や恰好ではない）、自分が一被造物にすぎないことをはっきりと意識します。創造主である神の前に自分を冷静に意識することです。キリストにあって新しさに生きるとは、自己中心の自分が神中心へと変わった自分を意識することです。神を拒絶し、利己的に生きるその態度こそが諸悪の根元なのですから。新生の確認のために何時間もの時間を要しません。時間ではなく、みことばの約束に基づく新生に対するあなたの信仰、意識、また自覚です。この出発点が明確でなければクリスチャン生活は成り立ちません。パウロは告白します。「私はキリストとともに十字架につけられました。もはや私が生きているのではなく、キリストが私のうちに生きておられるのです。今私が肉において生きているいのちは、私を愛し、私のためにご自分を与えてくださった、神の御子に対する信仰によるのです」（ガラテヤ2・19〜20）と。このように日ごとに、自分自身を客観的に観察し、新生を自覚して過ごすことができるなら、クリスチャンとしての実質の伴う生活を実感することができます。これらは次世代のクリスチャンにとっても有効な自己省察と言えます。

4　新生していることの確認

だれ一人として荒々しい言葉で侮辱的な取り扱いを受けて気分の良い者はいません。またメンツまるつぶれの批判を受けて心穏やかになれる者はいません。そして他人を批判し、自分を正当化している者を見て不愉快にならない者はいません。さらにプライド高き人間に尊敬の念は生じません。未信者であればまだがまんができるとしても、それが同じ信仰者であれば、がまんどころか、ここぞとばかり怒り、相手を責め、裁きたくなるでしょう。しかし自己中心の発想を思いのままに押しつける者や、プライド高き傲慢さに不愉快になるのは、同じ自己中心性や傲慢さが自分の内にあればこそ、なのだということを知らなければなりません。罪に支配された人間の巧妙な自己中心性の危険性を知るべきです。それはまた、否定されるべき古き人、そのプライド、傲慢の罪です。キリストにあって新生しているなら、罪の本質である自己中心・傲慢であり続けることはありません。

C・S・ルイスがその著書『キリスト教の精髄』の中で「最大の罪」として、この傲慢の問題について実に鋭い分析をしています。傲慢ほど人の評判を悪くするものはなく、またこれほど自分の内にあっても気づきにくいものはない、と言います。しかも、その傲慢が自分の内にあればあるほど、それに比例して相手の傲慢を嫌悪するものだと指摘します。高ぶりは「完全に反神的な心の状態」であり、実に悪魔が悪魔になったのはこの高ぶりのゆえであったのです。そして自分がどれほどに傲慢であるかを試すテストとして、次のように言っています。「だれかがおれにけんつく（荒々しくしかりつける）を食わせたとき、あるいはおれの存在を全く無視したとき、あるいはおれのやることにいちいち口を出したとき、あるいはおれに恩着せがましいことを言ったとき、あるいはおれに何かを見せびらかしたとき、おれはどの程度の嫌悪を感ずるか」と。つまり、私たちの傲慢、「プライドは本質的に――その本性のゆえに――競争的である」と分析します。ですから競争的である傲慢をそのままにしては、決して真の意味で神を知ることにはならないのです。

人が全知全能で全き聖なる方である神の前に立つとき、いかに自分が無に等しい者であるかを認識します。そうでなければ真の意味で神を知ったとは言えません。つまり新生した者として生きているとは言いがたいのです。さらに傲慢がいかに罪そのものであるかということについて「高慢はわれわれの獣性を通してくるのではない。それは地獄から直接くるのである。それは純粋に霊的なものであり、したがって、はるかに陰微かつ致命的である」と厳しく指摘します。私たちもいつ、その「死の落とし穴に落ち込むか分からない」のです。それを試す方法として「わたしは善良だ、とりわけ、だれだれさんよりも善良だ、と感じさせたら、それは神からではなく悪魔からきたものであると考えて、まず間違いない。自分が神の御前にいることのなによりの証拠は、自分を全く忘れてしまうか、自分を卑小な汚れたものと見るか、そのいずれかを経験することである。どちらかと言えば、自分を全く忘れてしまうほうがよい」と言っています。

傲慢は、相手のうちにそれをすばやく気づくのですが、自分のうちにある高慢は気づきにくいものです。もちろん相手が間違っていてもそれを黙認することが正しい、ということではありません。それに対してどのような態度をとるか、どのように対処するかが問題なのです。クリスチャン生活は相手にどのように正しい生活をさせるかにあるのではなく、自分がどのような状況にあっても、キリストにある新しさに生きるかどうかにあります。

この本質的な部分において正しい理解がないと、ほかの具体的なクリスチャンとしての生き方は無意味と言ってよいでしょう。つまり、敬虔さの典型である礼拝行為、麗しい信仰の表明としてのささげ物、主に仕える忠実さとしての熱心な奉仕、クリスチャンとして性格づける愛、親切、喜び、慈善等々は、すべて空しい偽善的な、単なる宗教行為になってしまうのです。

黙　想――「主を恐れることは知識の初め」と箴言にあります。静まって、まず万物の創造主、聖なる、義なる、主権者である神ご自身を深く思いめぐらし、一被造物としての自分、また神の似姿としての自己をしっかり確認しましょう。再度、マタイの福音書5章1〜9節とローマ人への手紙6〜7章をゆっくり読んでキリストにある新生をしっかり意識し、自覚してみましょう。今、あなたは自分が見えますか。そして主の十字架を凝視し、その十字架にプライド高き、傲慢な自己を釘付けにします。救い主イエス・キリストを信じ受け入れることはキリストと合一することです。キリストと共に古い自分が十字架につけられ、共に葬られ、そして復活の主と同じく新しさに生きる者となったことを確認します。その一つ一つの過程を黙想の中で思いめぐらし、約束のみことばに基づき瞑想してください。次に神と和解した自分の内に生じる平安を確かめます（ローマ5・1）。次第に自分の内に生じる主への感謝と賛美を主にささげましょう。ここから神の子とされた新しい人生、クリスチャン生活が始まるのです。しかも、これだけの内容を思いめぐらすことに、多くの時間を必要としません。日ごとに、事の始めに新生の事実を確認しましょう。これはディボーションの最も重要な部分であり、信仰生活の大前提です。

5 「神の先行的救い」——「新生」を出発点としたクリスチャン人生

新生の認識、自覚の後にクリスチャンとしての積極的な行動が生まれます。先の山上の説教に再度、注目してみましょう。「義に飢え渇く者は幸いです。その人たちは満ち足りるからです」（マタイ5・6）とあります。神のみことばに基づく、見える正しさを追求する主体的な生き方、「神のかたち」の再現です。かつては人の前に要領よく生きる者でした。人の評価を優先するために人の目の届かないところで生活のいい加減さ、その落差に悩まされることがしばしばあったのではないかと思います。しかし、今や人の目を気にする生き方ではなく、神の前に生きる生き方が始まりました。しかも、神の家族の中での、同時に神の創造世界、地域共同体の公民の一人としての生き方の始まりです。これこそが主にある人格的主体の確立、主にある自律と言えます。

具体的なクリスチャン生活とは、聖書の価値観を日常のあらゆる分野で確立していくことです。キリスト者はそのように生きることのできる「いのちの御霊」にあずかる者とされたのです。クリスチャンは、あたかも神の国からこの世に派遣されたかのように家族、職場、学校、市民社会の中で生活します。クリスチャンとしての生き方の行動原理は「あわれみ深い者」（同7節）、「心のきよい者」（同8節）、「平和をつくる者」（同9節）です。そのようにして新生を経験したクリスチャンは「地の塩」、「世の光」（同13、14節）として存在できるように整えられます。ですからクリスチャンたちが「逃れの町」を作り、自分たちだけ共同体の中で安住するようなことがあってはなりません。むしろ積極的にこの世にあって「上に立つ権威」を尊重する、公民である神の民としての生き方を表していくことです。この世に背を向けるのではなく、この世に向かって、福音にふさわしく生きるのがクリスチャンの存在です（ピリピ1・27）。そしてこれが、義務感や律法的束縛によってではなく、神の圧倒的な恵みに対する応答としての生き生きとした動的な信仰生活です。それこそキリスト者としての「成熟」への道です。キリスト者の成熟はクリスチャン生活の出発点である「新生」について正しく、正確に認識し、考えることから始まるのです。信仰の特別な修練を積んだ者が登り詰める霊的上流階級なるものはありません。失敗する自分を責める必要もありません。むしろ、失敗や自分の弱さに失望するとき、そのような自分のためにキリストが十字架で死んでくださったのであり、自分もキリストと共に死に、キリストがよみがえられたように、自分も新しさに生きる者とされ、神の子とされていることを再確認することです。そして神の圧倒的な恵みに応答する自分を見出すのです。「しかし、罪の増し加わるところに、恵みも満ちあふれました」（ローマ5・20）と。間違っても、キリスト者の理想を装うようなクリスチャン生活に陥ることのないようにしましょう。むしろ「現実的理想主義者」としてのクリスチャンであり続けたいものです。

Ⅳ 「聖徒の建て上げ」――聖書が喚起する「二種類のクリスチャン」の現実

すでに本章のⅠ～Ⅲにおいて新生について、そして必然的論理として「聖徒の建て上げ」にも言及しながら進めてきました。この項で改めて「奥義としての教会」建て上げに直結する「聖徒の建て上げ」、その必要性について取り上げます。それを必要としている理由とともに、単に受け身の学習ではなく、主体的、自覚的な学びを通して聖書的に考えるクリスチャンの建て上げの必要について共に考えます。また、主日の牧師の説教のみが「聖徒の建て上げ」における唯一の手法ではないことを、聖書の意図に向き合いながら再考してみましょう。

エペソ4・11〜13　キリストご自身が、ある人たちを使徒、ある人たちを預言者、ある人たちを伝道者、ある人たちを牧師また教師としてお立てになりました。それは、聖徒たちを整えて奉仕の働きをさせ、キリストのからだを建て上げるためです。私たちはみな、神の御子に対する信仰と知識において一つとなり、一人の成熟した大人となって、キリストの満ち満ちた身丈にまで達するです。

思い起こすと、様々な教会の諸問題、とりわけ牧師と信徒の間に生じる諸問題に向き合いつつ、仲介の任に関わらざるを得ないときがありました。その際に自分の問題に向き合う姿勢、原則は「最初に訴える者は、／相手が来て彼を調べるまでは、正しく見える」（箴言18・17）とのみことばの視点に立ち、冷静に共に考えることです。しかし必ずしも、いつも対立が解消され、あるべき人間関係を修復し、実質の伴う円満解決と言える結果が得られるわけではありません。ある程度、方向性を共有しつつも、当事者同士の対立のゆえに神の家族である教会共同体に様々な亀裂や痛みが生じている現実にも直面しました。次善の策は二つの異なる道を互いに認め合うことです。

こうした諸問題を直視つつ、牧会支援の中で、問題を引き起こしてしまう核心的、霊的根源が明確になってきました。その上で、今後の教会建て上げ、本人の自覚的、意志的な「聖徒の建て上げ」の必要性を考えます。また取り組みを再考する課題として、教会において発生する諸問題の根源、それに対する聖書が諭す教えに注目し、再考してみようと思います。

教会、そしてクリスチャンたちがすばらしいのは、先に記したように聖書に開示されている全き恵みとしての「福音」に尽きるのであって、他の何ものでもありません。その福音とは「だれでもキリストのうちにあるなら、その人は新しく造られた者です。古いものは過ぎ去って、見よ、すべてが新しくなりました」(Ⅱコリント5・17)との恵みによる新生です。「神は人をご自身のかたちとして創造された」(創世1・27)その人間だけが、人格的主体性をもって創造主の意図を実現していくはずでした。ところが人は、神のことばの真理性を疑い堕落の道、自己中心へと踏み出してしまいました。しかし、創造主は永遠のご計画のうちに、神の御子イエス・キリストにある再創造のみわざとしての全人類の救いを成就されました(エペソ1章)。アダムの腰の内にあった私たちも同じ罪の性質を受け継いでいます。人は三位一体の神の「似姿に」造られただけに主体的な人格を持ち、善悪を判断し、そして自ら取捨選択し、意志して行動します。人は決して単に本能のおもむくままに生きる動物とは異なります。意志的に神を離れた人間の罪、「原罪」の本質は利己心、「自己中心の状態」そのものです。しかし、キリストは十字架の死をもって私たちの罪、過去、現在、未来にわたる罪を完全に贖ってくださったのです。無条件の贖い、全き恵みの救い、これこそ福音です。しかも、その救いはキリストにあって新しく造られる、「再創造のみわざ」そのものです。その「再創造のみわざ」とは、信じる私がまことの人としてのキリストと共に死に(十字架の死)、そして復活されたキリストと共に生きる、というキリストにある新生です。「私はキリストとともに十字架につけられました。もはや私が生きているのではなく、キリストが私のうちに生きておられるのです。今私が肉にあって生きているいのちは、私を愛し、私のためにご自分を与えてくださった、神の御子に対する信仰によるのです」(ガラテヤ2・19〜20)。自己中心の状態、その生き方から、いのちの創造主である神中心の生き方への変化です。ほとんどのクリスチャンはここまでは共有していると思います。

しかし、問題はこの先です。ここからクリスチャンの生き方が分かれてしまいます。多くの問題に直面していたコリントの教会に対して、パウロは的確に語りかけています。コリント人への手紙第一の1章から3章まで丁寧に読んでみてください。ここでパウロは三種類の人間に言及していることに気づくと思います。

第一は「生まれながらの人間」(Iコリント2・14)です。つまりキリストの救いとは無縁の生き方をしている普通の人、救い主キリストを必要としているがまだ知らない人々、かつての私たちです。

第二は「肉に属する人」(Iコリント3・1)です。イエス・キリストを救い主として信じました。確かに救い主として信じる信仰のゆえに過去、現在、未来の罪は完全に赦され、神の子として迎えられ、永遠のいのちが保証されています。「もう一人の助け主」御霊が信仰の告白に基づき内住しています。しかし、それゆえの「聖徒の建て上げ」の取り組みが教えられていない、あるいは関心もない、そして実際になされていないクリスチャンたちです。それでパウロは「肉に属する人」であるクリスチャンは「キリストにある幼子」(Iコリント3・1)だと言います。その振る舞いは「ただの人として歩んでいる」(同3節)。つまり普通の人と変わりなく「自己中心」のまま、自分の都合、自己中心のプライドを優先し、この世の価値観のうちに、その思いのまま生きている、同時にその生き方を神の家族である教会の活動の中に持ち込んでいるクリスチャンたちです。

このようなクリスチャンはある程度、聖書を知っているだけに、むしろ一般の人たちより「質《たち》の悪い」生き方（偽善）をしてしまいます。これがコリント教会の核心的問題点でした。その結果、分派があり、互いに争いがあるのです（同1・11〜12）。「異邦人の間にもないほどの淫らな行い」（同5・1）があり、「仲間と争い」（同6・1）、そして訴え合う等々が次々と指摘されています。パウロは勧め、促します。「あなたがたは知らないのですか。あなたがたのからだは、あなたがたのうちにおられる、神から受けた聖霊の宮であり、あなたがたはもはや自分自身のものではありません。あなたがたは、代価を払って買い取られたのです。ですから、自分のからだをもって神の栄光を現しなさい」（同6・19〜20）と。つまり、新たなキリストにある新生の自覚、それゆえに意志して一歩踏み出すべき救い理解の欠如が問題です。ヤコブは「神が私たちのうちに住まわせた御霊は、ねたむほどに（私たちを）慕い求めておられる」（ヤコブ4・5別訳）と語っています。第三章でも改めて取り上げますが、ヤコブの手紙の本文と別訳の違いは「神は……御霊を……慕い求めておられる」と「神が……住まわせた御霊は……私たちを慕い求めておられる」にあります。お気づきのように、「御霊を」と目的格とするか、「御霊は」と主格にするかで、解釈が大きく異なります。しかし、翻訳上はどちらも間違いではありません。ギリシア語の「御霊」は中性で、主格と目的格、その格変化は同じであり、翻訳上どちらも可能です。それだけに聖書の文脈からの解釈が重要になります。御霊は信仰告白と同時に私たちの内に内住されています。問題は私たちが自覚的に、みことばを解き明かし、さとしてくださる内住の御霊に思いを集中し、考えるかどうかです。「あなたがたは、自分が神の宮であり、神の御霊が自分のうちに住んでおられることを知らないのですか」（Ⅰコリント3・16）と問われているのはそのためです。私たちは自覚し、意志して、神の約束のことばを信じて踏み出す必要があるのです。それがなければ、クリスチャンではあるが「キリストにある幼子」、自己中心のまま考え生きている「肉に属する人」、「ただの人」たち同様の振る舞いとなるのです。

第三は「御霊に属する人」です。この人たちは神の約束を信じて自覚的に一歩踏み出し、取り組み、聖徒として建て上げられ、「神の御子に対する信仰と知識において一つとなり、一人の成熟した大人となって、キリストの満ち満ちた身丈にまで達する」（エペソ4・13）方向に共に歩み出しているクリスチャンたちです。同時に「御霊に属する人」は、パウロように「私は、すでに得たのでもなく、すでに完全にされているのでもありません。ただ捕らえようとして追求しているのです。そして、それを得るようにと、キリスト・イエスが私を捕らえてくださったのです。兄弟たち。私は、自分がすでに捕らえたなどと考えてはいません。ただ一つのこと、すなわち、うしろのものを忘れ、前のものに向かって身を伸ばし、キリスト・イエスにあって神が上に召してくださるという、その賞をいただくために、目標を目指して走っているのです」（ピリピ3・12〜14）と告白するクリスチャンです。この延長線上に実を結ぶ「良いわざ」、福音に基づく「生き方」は、教会内ではもちろんのこと、教会の外においても、つまり未信者の中でも「評判の良い人」（Ⅰテモテ3・7）と評される生き方を実現していきます。そのために大切なことは、キリストにある変革への自覚です。

「私はキリストとともに十字架につけられました。もはや私が生きているのではなく、キリストが私のうちに生きておられるのです。今私が肉において生きているいのちは、私を愛し、私のためにご自分を与えてくださった、神の御子に対する信仰によるのです」（ガラテヤ２・19〜20）。「同じように、あなたがたもキリスト・イエスにあって、自分は罪に対して死んだ者であり、神に対して生きている者だと、認めなさい」（ローマ６・11）。「耳のある者は、御霊が諸教会に告げることを聞きなさい」（黙示録２・７）。今、このときの自覚が大切です。

諸教会、クリスチャンたちが繰り返してきた多くの問題は、無条件で約束されている第三の「御霊に属する人」としての自覚、その自覚に基づく真摯な建て上げの取り組みに踏み込まず、むしろ第二の「肉に属する人、キリストにある幼子」のまま成長しているがゆえに生じているのです。健全な「聖徒の建て上げ」がなされない結果として「肉に属する人」にとどまっているクリスチャンこそが、教会において様々な問題を引き起こす要因となっていた、そして今もなっている、と言っても過言ではありません。言うまでもなくこの問題は信徒だけの課題ではなく、仮に牧師であっても例外ではありません。結果として欧米のキリスト教界のように実質のない教会、形骸化した教会、個人主義を核とした一宗教集団になってしまうのも時間の問題です。こうした問題は特殊なことではなく、聖書の意図する健全な教えに基づく「聖徒の建て上げ」が実行されていないがゆえの必然の結果なのです。ぜひとも真剣にこの問題に向き合い、「信仰による神の救いのご計画の実現」に至る「聖徒の建て上げ」に確かに取り組みたいものです。聖書の基本原則から始まるイエス・キリストと使徒たちによる「健全な教え」に基づく建て上げ、その取り組みが不可欠です。牧会者には真摯に聖書に向き合って、とりわけ次世代のクリスチャンたちのために「御霊に属する」クリスチャンとしての方向性に、確実に、着実に建て上げられていくように、健全なリーダーシップと牧会上の知恵を尽くしていただきたいと思います。

「実に、私たちは神の作品であって、良い行いをするためにキリスト・イエスにあって造られたのです。神は、私たちが良い行いに歩むように、その良い行いをあらかじめ備えてくださいました」（エペソ2・10）。古きに死んで、新しさに生きる神の約束を信じ、約束されている栄光を望みつつ、確かな一歩を踏み出すこと、これこそ「奥義としての教会」、いのちの交わりとしての共同体の建て上げを実現する唯一の道です。これらを実現するのは主日の説教だけでは不可能です。それはキリスト教の歴史（ヨーロッパキリスト教界）が証明しています。個別に神の前に自覚するとともに、各家族や、兄弟姉妹の交わりの中で共に考えながら、知恵を得ることで実現していきます。人は「神のかたち」として創造された人格的存在であるがゆえに、神は全き恵みの救いを備えられたということだけでなく、他でもない神の約束に信頼して一歩踏み出す信仰が必要です。同時にみことばの真意をさとしてくださる内住の御霊を意識し、取り組むことで「再創造のみわざ」、福音による変革が実現していくのです。

キリストの似姿への変革の道は、あなたの霊的自覚が鍵です。パウロは意志的に、「ですから、私は目標がはっきりしないような走り方はしません。空を打つような拳闘もしません。むしろ、私は自分のからだを打ちたたいて服従させます。ほかの人に宣べ伝えておきながら、自分自身が失格者にならないようにするためです」（Ⅰコリント9・26〜27）と自覚していました。信仰の道は無条件の救い、恵みに始まりますが、クリスチャンならではの努力が必要です。仮に失敗の連続であっても失望しません。なぜなら「私には、自分のしていることが分かりません。自分がしたいと願うことはせずに、むしろ自分が憎んでいることを行っているからです。自分のしたくないことを行っているなら、私は律法に同意し、それを良いものと認めていることになります。ですから、今それを行っているのは、もはや私ではなく、私のうちに住んでいる罪なのです。私は、自分のうちに、すなわち、自分の肉のうちに善が住んでいないことを知っています。私には良いことをしたいという願いがいつもあるのに、実行できないからです。私は、したいと願う善を行わないで、したくない悪を行っています。私が自分でしたくないことをしているなら、それを行っているのは、もはや私ではなく、私のうちに住んでいる罪です。そういうわけで、善を行いたいと願っている、その私に悪が存在するという原理を、私は見出します。……私は本当にみじめな人間です。だれがこの死のからだから、私を救い出してくれるのでしょうか。私たちの主イエス・キリストを通して、神に感謝します……」（ローマ7・15〜25）。ここに生まれる、主を仰ぎ見る信仰が大切です。その必然の結果としてクリスチャンの品性、真の謙遜が生まれます。そのためにこそ恵みによって救われたクリスチャンが、さらに成熟へと成長していくために、いのちの交わりとしての共同体が、神の家族において先に救われ建て上げられているクリスチャン指導者たち、長老たちとの対話・問答を通して、また牧師からの指導と訓戒によって、「健全な教え」に建て上げられていく必要があるのです。

最後にクリスチャン生活における「聖徒の建て上げ」については——それは愛を前提としますが——、

実に厳しい取り組みでもあることを再確認したいと思います。福音理解の曲解は当然の結末を迎えますが、また「御霊に属する」クリスチャンへの自覚の欠如、意志的な取り組みに踏み出せなかったゆえに生じるゆがんだクリスチャンたちに対する、パウロの姿勢に注目してください。

Ⅰテサロニケ5・14　兄弟たち。あなたがたに勧めます。怠惰な者を諭し、小心な者を励まし、弱い者の世話をし、すべての人に対して寛容でありなさい。

Ⅱテサロニケ3・6　兄弟たち。私たちの主イエス・キリストの名によって命じます。怠惰な歩みをして、私たちから受け継いだ教えに従わない兄弟は、みな避けなさい。

Ⅱテサロニケ3・14〜15　もし、この手紙に書いた私たちのことば（クリスチャン建て上げの健全な教え）に従わない者がいれば、そのような人には注意を払い、交際しないようにしなさい。その人が恥じ入るようになるためです。しかし、敵とはみなさないで、兄弟として諭しなさい。

Ⅱテサロニケ3・10　働きたくない者は食べるな、と私たちは命じました。

テトス3・10　分派を作る者は、一、二度訓戒した後、除名しなさい。

残念ながら、こうした神の前でのパウロの率直さ、真なる厳しさを誤解しているクリスチャン、牧師、指導者が多く、真の愛とは無縁の訓練、指導をしている方々がいます。知恵の書「箴言」に注目するとパウロの意図は明確です。

10・12　憎しみは争いをひき起こし、
愛はすべての背きをおおう。
12・1　訓戒を愛する人は知識を愛する。
叱責を憎む者は間抜け者。
15・12　嘲る者は叱られることを好まない。
知恵のある者にも近づかない。
27・5～6　あからさまに責めるのは、
ひそかに愛するより良い。
愛する者が傷つけるのは誠実による。
憎む者は多くの口づけでもてなす。

ただイエス・キリストを信じた、というだけに留まらず、個々のクリスチャンが自覚的に「信仰による神の救いのご計画の実現」に至ることを願って一歩踏み出し、共に知恵を尽くし「聖徒の建て上げ」に取り組みたいものです。何よりも摂理の主ご自身が、それぞれの地に建てられた教会において、建て上げられたリーダーたちを用いて「奥義としての教会」にふさわしく建て上げられていくよう、共に祈りたいと思います。

第三章　再創造のみわざにおける「いのちの御霊の原理」

イエス・キリストを主と告白する信仰は聖霊の主権的なみわざによる、とあります（Ⅰコリント12・3、エペソ2・1〜10）。そしてキリストにあっての新生も聖霊によるものであり（ヨハネ3・3、5）、その後の実際的なクリスチャン生活も聖霊によるものです（ローマ8・14）。

Ⅰ　三位一体の神、第三位格としての聖霊

聖霊は、父、子、聖霊、三位一体における唯一の神の第三位格として示されています。すなわち御父と御子とは本質において一つであるが別々の神格であるのと同様に、聖霊も、分離せず、混同されず、区別される神格を持つお方です。ヨハネの福音書14章16節「わたしが父にお願いすると、父はもう一人の助け主をお与えくださり、その助け主がいつまでも、あなたがたとともにいるようにしてくださいます」。さらに26節と16章7節において、御霊に対して「助け主」ということばを使っています。このギリシア語（パラクレートス）には多くの意味があって、一語で置き換えることの難しい用語の一つです。

たとえば「慰め主」(力を与えてくださるお方)、「相談員」、「助け主」、「支持者」、「助言者」、「弁護者」、「協力者」、「先輩の友」といった意味があり、御霊ご自身お一人で、私たちのためにこれらすべての役割を完全に担われる方であり、おできになる方です。さらに御霊はもう一人の「助け主」、すなわち主イエスの働きを引き継いでおられるお方、イエス様に代わることのできる唯一のお方ということです。聖霊はイエスの意図を伝えるお方であると同時に、昇天後のイエスご自身は御霊を介して必要な啓示をなさいました。とりわけ「奥義としての教会」についての啓示は、聖霊を通して主ご自身がなされたものです。

通常、ギリシア語での「霊」あるいは「御霊」は、男性でも女性でもなく中性名詞です。それで「御霊」である「助け主」も中性名詞にすべきところ、ヨハネはイエスの御霊への言及である「もう一人の「御霊」助け主」についての記述する際、についての記述する際、繰り返し男性名詞を使っています。これはとても重要な点です。つまりヨハネはこの「御霊」は「人格」であって「もの」ではないことを一目瞭然、読者にわかるようにしたと思われます。

さらに、聖霊は聞いてくださると同時に、みことばの真意を語ってくださるお方です。しかも御霊は証しをし、確信を与えてくださいます。そして聖霊はキリストを崇め、先頭に立って聖書の規範に基づき、つまり主イエス様の意図に沿って私たちを導き、教え、命令し、ときには禁止し、要求し、必要な言葉と助けを与えてくださいます。さらにクリスチャンたちの祈りにおいて、言葉にならないうめきの部分を聖霊ご自身が代わって神に求めてくださる、「とりなし」てくださるお方なのです(参照=ヨハネ

14・26、16・7〜15、使徒2・4、8・29、13・2、16・6〜7、ローマ8・14、16〜27、ガラテヤ4・6、5・17〜18）。つまり、聖霊は人格的存在そのものです。それゆえ「聖霊を欺き」（使徒5・3〜4）とか、「神の聖霊を悲しませてはいけません」（エペソ4・30）という表現が出てきます。このような表現は、御霊が単に影響を及ぼすもの、ある種の力ではなく、御父や御子と同じく、一つの神格として存在しているということです。

クリスチャン生活と聖霊に関係する明快でかつ重要な聖書の命令「御霊に満たされなさい」（エペソ5・18）に注目し、またヤコブ4章5節の私たちを慕い求めている御霊についての聖句を中心に、クリスチャン生活の原動力である聖霊の働き、再創造のみわざにおける「御霊の原理」について理解を深めたいと思います。聖霊の働きは神の主権的な働きであるとともに、本人の聖霊に対する意識、自覚が大切です。

Ⅱ　「御霊に満たされなさい」

「満たし」は文字通り充満すること、器が満ちあふれることです。しかし、聖霊は人格的な存在ですので、聖霊が私たちの内に充満するとは量的な意味でないことは明白です。「満たし」は内住しておられる聖霊の支配関係の度合いを示していると考えられます。そうであれば「聖霊の満たし」は私たちの自覚、意識領域に関わる課題であることが明確です。クリスチャンにとって聖霊の支配が大切であることは、その前の節で「愚かにならないで、主のみこころが何であるかを悟りなさい」との勧めからも理解できます。聖書の意図を解する大切な手法は聖書の性質上、その書簡全体を読み、前後関係から理解することです。

エペソ人への手紙を通読すると、私たちは神が永遠の領域でキリストにあって神の子とされたということ、そして摂理のうちにキリストによる福音を信じたときに神の再創造のみわざが始まることがわかります（エペソ2・1〜10、4・22〜24）。御国を受け継ぐ保証として、私たちの内に「約束の聖霊によって証印を押されました」（同1・13）。そして聖霊は、奥義としての救いをさらに明確に理解し、確信させるための働きとして記されています。救われた私たちは共に建て上げられ、やがて御霊によって神の御住まいとなるのです（エペソ2・22）。御霊こそが神の家族、教会の奥義を解き明かし、救われた私たちの「内なる人」をいよいよ強められるお方です。また御霊こそが教会の一致を保ち、福音に基づく日常の生き方、「良いわざ」を確立するようにとの勧めの中に「御霊に満たされなさい」と命じられるお方です。さらに御霊の与える武具によって、神の救いのわざを壊そうとする悪に立ち向かうように勧められています。これらのことを前提に、まず「満たされなさい」という表現について分析し、「御霊の満たし」の原則を確認しておきましょう。

命令――明確なことは「御霊に満たされなさい」という表現がクリスチャンに対する「命令」であるということです。神の命令に反することは罪です。同時に、クリスチャンにとって「聖霊の満たし」は可能であればこその命令であるということです。また命令であることは、クリスチャンであればだれもが聖霊の満たしを目指すべきであり、特別なことではないということを示唆しています。

現在――次に「御霊に満たされなさい」は過去でも未来でもなく「現在」の命令です。つまり「聖霊の満たし」は現在のこと、つまり日常的であり、決して突発的で特別な出来事ではなく継続性を示しています。「聖霊の満たし」は特別な状況や時に限らず、普段の生活の中での瞬間、瞬間における可能性を暗示しています。

受動――さらに「御霊に満たされなさい」の「されなさい」でわかるように、「聖霊の満たし」は「受動形」であることです。つまり満たしに関する大切な視点は、満たす方、神ご自身の主権の領域にあるということです。聖霊の満たしは私たちの行為に基づくものではありません。つまり、身を切るような献身的生き方、犠牲や難行苦行、また激しい祈りの結果として、あるいはカリスマ性のある特別な指導者を介して満たしが実現するものでもないということです。「聖霊の満たし」は「満たされよ」と命じられる主、全能の創造主の意図に沿うものです。

複数――「聖霊に満たされなさい」との日本語表現からは特定できないのですが、ギリシア語本文は複数で表現しています。つまり「聖霊の満たし」は特別な人の特別な経験、特異な体験ではなく、すべてのクリスチャンがクリスチャンとして生きる通常の体験であるということが想定されています。

問題は私たちがどれほど聖霊の支配のもとで、神の御旨にかなう生き方を願うかにあります。主イエスは「だれでも渇いているなら、わたしのもとに来て飲みなさい。わたしを信じる者は、聖書が言っているとおり、その人の心の奥底から、生ける水の川が流れ出るようになります」（ヨハネ7・37～38）と約束されました。この約束はイエスを信じる者が後になってから受ける聖霊のことを言われたと記されています。だれもがわかるように、私たちの心の奥底から流れ出る「生ける水」は福音に基づく「良いわざ」、置かれた共同体の中での生き方、隣人への振る舞いや建徳的な言葉、等々を推論できるのではないでしょうか。

そして大切なことは、エペソ書全体の文脈の中で「聖霊の満たし」について考え、理解することです。第一に、「聖霊に満たされなさい」との命令は神の主権の領域でなされたキリストによる救いが大前提となっています。それゆえ私たちは「約束の聖霊によって証印を押されました」。そして神の再創造のみわざの奥義としての「教会はキリストのからだ」であり、キリストをかしらとして私たちが召され、建て上げられることについて記されています。私たちはその召しにふさわしく生きるよう具体的な勧めの中に「御霊の満たし」が命じられています。さらに続く節を読んでいくと、「詩と賛美」とあるように礼拝行為が語られ、さらに結婚、夫婦のあり方についての勧めが続きます。次に子どもの親に対する姿勢、および親の子に対する態度が語られています。そして主従関係について、今日的に言えば労働倫理や労使関係のあり方に言及しています。つまり、「聖霊の満たし」は一時の気分や、何か高揚した感情でも、特異な霊的状態でもありません。先に確認した「信仰による神の救いのご計画」における、福音に基づく「良いわざ」に生きるクリスチャンの普段の信仰生活に対する神の御心に関する理解に直結していることがわかります（参照＝使徒6・3、5）。

真理の御霊――主イエスが約束された「もう一人の助け主」である聖霊は「真理の御霊」と言われて

います。「真理の御霊」は私たちに神の御旨に関するすべてのことを教えさとし、主イエス様が教えられたことを思い起こさせてくださる、とあります（ヨハネ14・26）。さらに聖霊はクリスチャンたちをすべての真理に導き入れてくださいます（ヨハネ16・13）。つまり聖霊は主イエス様ご自身のことば、またご自身の救いのみわざを私たちに適用するということです。聖霊は聖書のことばを適切に私たちに理解させ、その真理の確証を与えることを主たる使命としています。このような働きをする聖霊に支配される（「満たされる」）ということは、私たちのみことばに対する理解、服従とに密接な関係があると言えます。さらに言えば、聖書のものの考え方、価値規範を理解し、クリスチャンとしての生き方を確立していくことです。そのためには私たちの理性や良心をも十分に働かせなければなりません。

「なぜなら、キリスト・イエスにあるいのちの御霊の律法が、罪と死の律法からあなたを解放したからです。肉によって弱くなったため、律法にできなくなったことを、神はしてくださいました。神はご自分の御子を、罪深い肉と同じような形で、罪のきよめのために遣わし、肉において罪を処罰されたのです。それは、肉に従わず御霊に従って歩む私たちのうちに、律法の要求が満たされるためなのです」（ローマ8・2〜4）。律法は私たちを神の前に罪を認識させ、罪に閉じこめました。そして恵みによる救い、キリストへと向かわせました。そのようにしてキリストを救い主として信じ受け入れた者には「いのちの御霊の原理」が支配するようになりました。その内住の聖霊は律法の要求を成就させてくださるのです。とは言え「聖霊の満たし」、それ自体が「霊的完全」ということではありません。完全については別項で共に考えます。

Ⅲ　私たちを慕い求める内住の御霊

クリスチャンはキリストにあって新生し、新しい生き方を確立していくわけですが、それはまさに聖霊によるわざです。そうであれば、この後の具体的、実際的信仰生活も聖霊がその原動力になるということでもあります。では、自分の意志と聖霊の働きはどのように関係するのかを考えてみましょう。

1　聖霊の内住を自覚

「聖霊の満たし」の前提は、クリスチャンの内には聖霊がすでに宿っているということです（エペソ1・13〜14、Ⅰコリント3・16）。それゆえ私たちは、聖霊の内住を常に意識して神のことばを考える必要があります。絶えずキリストにあって古い自分に死んで、新しさに生きていること、またイエス・キリストとの合一を常に意識していなければなりません。同時に聖霊の内住をも日ごとに、いや瞬間、瞬間、自覚する必要があります。「私たちはみな、ユダヤ人もギリシア人も、奴隷も自由人も、一つの御霊によってバプテスマを受けて、一つのからだとなりました。そして、みな一つの御霊を飲んだのです」（Ⅰコリント12・13）。クリスチャンが絶えず祈るように勧められているのは、まさに聖霊の内住を確認することにおいても大変重要です（エペソ6・18）。

様々な問題に直面していたコリント教会のクリスチャンたちが、その問題解決の原点として何度か、あなたがたは「神の宮」、あるいは「神殿」（第三版）であることを「知らないのですか」と問いかけられています（Ⅰコリント3・16）。つまりコリントのあるクリスチャンたちは、聖霊の内住について意識することも、いわんや御霊の思いに心を向けることもなかったのではないでしょうか。その結果、ねたみや争い、分裂分派が生じ、さらに未信者にもないような不道徳な罪に陥ってしまった者もいました。またパウロはガラテヤの手紙で「私は言います。御霊によって歩みなさい。そうすれば、肉の欲望を満たすことは決してありません。肉が望むことは御霊に逆らい、御霊が望むことは肉に逆らうからです。この二つは互いに対立しているので、あなたがたは願っていることができなくなります」（5・16〜17）と言明しています。クリスチャン生活は肉の思いと御霊の思いとの霊的葛藤に基づいてなされます。ここにも御霊の内住を意識し続けることの大切さを喚起しています。

ヤコブの手紙4章5節を見ると「それとも、聖書は意味もなく語っていると思いますか。『神は、私たちのうちに住まわせた御霊を、ねたむほどに慕っておられる。……』」とあって、この本文では三位一体の神の親しい交わりを暗示する表現になっています。しかし新改約聖書の脚注に記されている別訳に注目してください。「神が私たちのうちに住まわせた御霊は、ねたむほどに（私たちを）慕い求めておられる」とあります。ここでは内住の聖霊がご自身の働きに関心を示すように、私たちを慕い（「霊的交わり」を）求めておられるという表現になっています。本文と脚注では意味上、大きな違いが生じますが、いずれの翻訳も文法上間違いではありません。「御霊」は、ギリシア語では文法上、中性であって主格（「……は、……が」）と目的格（「……を」）が同じ形であるために、どちらに訳すのが適切か、聖書全体（文脈）から判断し、決定しなければなりません。内住する三位一体の聖霊のクリスチャンに対する関係から判断すると、むしろ脚注の訳のほうが適切であると思います。とすれば、内住の聖霊が私たちクリスチャンに対して関心を示すように切望しておられる、となります。同時に私たちクリスチャンは内住の聖霊に無関心のまま生活をしてしまう可能性がある、ということをも示唆しています。ですからパウロは、同じクリスチャンであっても、ある者は「肉に属する」信仰者であったり、ある者は「御霊に属する」信仰者であったりする可能性を記しているわけです（Iコリント3・1）。肉に属するクリスチャンは「キリストにある幼子」であり、そのような者の内にはねたみや争いがあると指摘しています（同3節）。つまりクリスチャンであることには間違いないのですが、その生活規範は未信者と変わらない生活をしているのです。これは単なる信仰の年数の問題ではなく、霊的な理解度、信仰の成熟度に関係しています。ヘブル人への手紙では同じようなことについて、年数からすればもう教師になっていてもいいのに、実際は義の教えに通じていない「幼子」であると評しています（ヘブル5・11〜6・2）。単に時間の長さ、信仰歴というより、信仰の正しい理解がいかに重要であるかを示しています。

クリスチャン生活の第一歩は、古い自己が死んでキリストにあって新しく生きることを継続的に自覚することから始まるのです。次に大切なことは、聖霊が自分の内に住んでおられることを絶えず自覚することです。とりわけ聖書を読み、聖書の意図を解そうとするとき、みことばの原則に基づいて実際の生活の中で知恵を得ようとするとき、聖霊の内住を意識して考えます。そして自分の経験や生来の能力に基づいてクリスチャン生活を始めるのではなく、御霊の支配のうちにみことばの価値規範をわきまえて信仰生活を送ることです。

ガラテヤ人への手紙5章の16節以降を見ると、キリスト者は古い自分のままで生活することのないように、絶えず御霊によって生活するよう勧められています。クリスチャンは肉の働き、つまり罪の性質に支配されないために御霊によって生きるべきなのです。それゆえクリスチャン生活とは、古い肉の思いと、御霊の思いとの霊的葛藤の継続状態とも言うことができます。しかしやがての日、キリストの再臨のときにその葛藤は終わり、「キリストは、万物をご自分に従わせることさえできる御力によって、私たちの卑しいからだ（つまり罪に束縛されたからだ）を、ご自分の栄光に輝くからだと同じ姿に変えてくださいます」（ピリピ3・21）。

2　聖霊が内住される目的

ここで、聖霊が私たちの内に住む目的はどのようなものであるかを簡単に整理しておきましょう。第一に、聖霊は人に神への志向性を与えます。これは前の章で取り上げた信仰と新生のみわざ、それです。第二に、聖霊は新生したキリスト者に書き記されたみことばを通して、神ご自身および神の御旨を理解させます。第三に、聖霊はクリスチャン一人一人にキリストのからだなる教会を建て上げるための賜物を与えます。これは、この世に生を受けたときにすでに与えられている潜在的能力に関係します。クリスチャンに与えられた使命の一つ、神の創造目的を実現するいのちの交わりとしての共同体を互いに建て上げていく賜物です。第四に、聖霊は神の子たちの緊急時に際し、特別な力を与えます。ただし、これは神の主権に属することですから、必ずしも一様ではありません。特に宣教の進展という文脈において経験する聖霊の顕著な働きのことです。これは主イエス様が約束されていることです（マルコ13・11）。クリスチャンが福音宣教のゆえに迫害されたり、国家権力によって拘束されたりすることがあります。しかしそのときに聖霊は必要な言葉を与えてくださるというのです。「使徒の働き」には聖霊の顕著な働きとしての具体例が記されています（参照＝使徒2・1以降、3・1以降、5・1以降等々）。同時に、信仰上の危機的状況の中で、特別な神の力が現されることなく殉教してしまうこと（使徒7章、12・2）もあるということを心に留めておきたいものです。教会の歴史の記録においてもそれを物語っています。しかし、殉教は一見、敗北に見えますが、そのうちにも輝かしい栄光に満ちた終わりがあり、むしろそれによって人々に畏れの念を生じさせました。

いずれにせよ、聖霊が働くどの分野においても、聖霊の主権性をはっきりと認めなければなりません。聖霊の満たしが何か特定の条件を満たした結果とか、必然であるかのように考えてはなりません。福音を信じ受け入れる行為も、信仰も、神の主権的な先行的恵みによるものであり、また新生も、悔い改めも同様です。そして「聖霊の満たし」も、私たちの正しい理解、自覚、そして意思を前提にしつつも、神ご自身の主権に基づくものです。大切なことは、「神のかたち」としての主体性、信仰生活における私たちの意思の領域において、神の救いの事実を自覚的に意識しつつ、神のことばである聖書の理解を深めていくことです。

第四章　再創造のみわざを象徴する礼典

これまでは聖書を貫く「信仰による神の救いのご計画の実現」に焦点を当て、神の先行的救いについて考えてきました。さらに私たちが神の摂理のうちに、天地の主、創造主を知り、方向転換を決意して「神の子」とされたこと、とりわけその霊的な領域での新生の事実、そして「いのちの御霊の原理」、聖霊の内住について確認してきました。次に神の家族教会に与えられている二つの礼典、「バプテスマ」と「主の晩餐記念」について考えます。

Ｉ　バプテスマ――神の家族教会共同体に迎えられる

イエス・キリストが、失われた者が再び見出されるときの喜びについて話されました。一人の罪人が悔い改めるなら、他の悔い改める必要のない九十九人の正しい人にまさる喜びが天にあり、天の御使いたちに大きな喜びと賛美がわき起こる、というのです（ルカ15・7、10）。一人の魂の救いが神様にとってどれほど価値あるものであるかを示しています。その一人の魂が「信仰による神の救いのご計画の実現」における、奥義としての神の家族教会共同体を建て上げる大切な存在だからです。それゆえ福音宣教は教会の最優先事項であり、そして先に救われた私たちが「良いわざ」としての生き方を確立しつつ、主の宣教大命令に応えることによって、尊い一人の魂の救いがあります。しかも、この宣教命令の一部として「バプテスマ」があることに注目してください。

「ですから、あなたがたは行って、あらゆる国の人々を弟子としなさい。父、子、聖霊の名において彼らにバプテスマを授け、わたしがあなたがたに命じておいた、すべてのことを守るように教えなさい。」（マタイ28・19）

バプテスマはキリストの命令に基づくものです。しかもバプテスマは、キリストによる「弟子としなさい」との宣教命令に含まれる命令です。バプテスマは宣教命令の一部として理解するべきです。①「行って」、つまり宣教し、②「弟子とし」、つまり福音を信じ受け入れ、福音に生きるようにすること、③「バプテスマを授け」、そして④「教えなさい」、つまり福音理解に基づく「良いわざ」、信仰告白から始まる神の民としての「生き方」を教えるようにと続き、「良いわざ」と宣教は一体のものとして教えられています。

新約聖書のバプテスマの事例を見ていくと、福音を受け入れるように決心を促すことと、バプテスマを受けるようにという勧めが一体となっていることに気づかせられます。たとえばペンテコステのときに回心した会衆に向かって、「それぞれ罪を赦していただくために、悔い改めて、イエス・キリストの名によってバプテスマを受けなさい。そうすれば、賜物として聖霊を受けます」（使徒2・38）と勧めています。またエチオピアの宦官がピリポに教え諭されたとき、「道を進んで行くうちに、水のある場所に来たので、宦官は言った。『見てください。水があります。私がバプテスマを受けるのに、何か妨げがあるでしょうか。』」（使徒8・36）と直ちにバプテスマを受けました。さらにコルネリオとその家族の者が福音を受け入れた後、続いてペテロは「イエス・キリストの名によってバプテスマを受けさせた」（同10・48）とあります。またパウロの回心の証しの中で「さあ、何をためらっているのですか。立ちなさい。その方の名を呼んでバプテスマを受け、自分の罪を洗い流しなさい」（同22・16）と言われています。これらの記述は、信じた者が単に聖書の信仰的な背景があったからとか、ないからとかではなく、バプテスマが宣教と一体になっているゆえに、信仰告白と同時にバプテスマが行われたことを示しているのです。

福音なしにバプテスマは何の意味をもなしません。つまりバプテスマその儀式が人を救ったり、罪をきよめたりするのではありません。そうではなく、バプテスマは福音に従属します。またバプテスマは特殊な権限の一つではなく、なんら人間の名、特定の牧師の名によるものでもありません（参照＝Ｉコリント1・13～17）。バプテスマは神の主権的かつ先行的恵みとしての救い、福音が前提になっています。

バプテスマの意味――まず、クリスチャンのバプテスマが行われる以前にあったバプテスマの事例に注目してみましょう。バプテスマのヨハネは「罪の赦しに導く悔い改めに基づくバプテスマ」（ルカ3・3）を授けていました。またユダヤ教には「改宗」のバプテスマがありました。ある意味でバプテスマにはこれらの意味が含まれています。しかし、それまでのバプテスマとクリスチャンのバプテスマとが異なるのは「イエス・キリストの名による」という点です。キリストの「名による」というその意味は、キリストに基づく、あるいはその名の所有、つまりキリストの所有を意味します。キリストをかしらとして構成する教会共同体に迎え入れられる、キリストに基づくバプテスマ、キリストの贖いに基づくバプテスマ。つまりイエス・キリストを自分の救い主として信じることによる、霊的新生に基づくバプテスマです。それが罪の赦しをもたらします。単にバプテスマを受けるという行為があなたの罪を赦すのではありません。キリストの内にあるバプテスマです。あくまでも神の霊的祝福の結果がバプテスマなのです。

あなたがたはみな、信仰により、キリスト・イエスにあって神の子どもです。キリストにつくバプテスマを受けたあなたがたはみな、キリストを着たのです。（ガラテヤ3・26〜27）

1　キリストとの一体化

つまりキリスト者はバプテスマによって、救い主キリストの支配と主権の領域に入っていることを示します。キリストを信じるという信仰告白はキリストへの服従を表明することを意味します。それゆえバプテスマは救いのみわざと一体化しているのです（ローマ６・４）。罪の汚れからのきよめ（使徒22・16）とか、古い自分に死んで新しさに生きる（ローマ６・４）ことと密接に結びついています（コロサイ２・12）。したがってバプテスマにおいては、救いと信仰告白とを切り離すことはできません。バプテスマは決して信仰のランクづけ、あるいは何か霊的な達成度の証明ではありません。そういうわけで信仰告白はしたがまだバプテスマを受けていない者とバプテスマを受けた者との間には、霊的な差別や区別はありません。しかし、新約聖書ではバプテスマを受けないクリスチャンはいません。キリストの弟子となる者は、キリストをかしらとする教会に加わるためにバプテスマを受けます。バプテスマは決して個人の信仰告白、その証しの表明ではないのです。

2　教会との一体化

また「ちょうど、からだが一つでも、多くの部分があり、からだの部分が多くても、一つのからだであるように、キリストもそれと同様です」（Ｉコリント12・12）とあるように、クリスチャンは直接的にはそれぞれの地域にある各個教会に、その神の家族の一員として迎えられますが、同時にバプテスマによって、キリストをかしらとするキリストのからだなる公同の教会の、神の再創造のみわざである神の家族教会共同体を構成する一員となります（エペソ２・15〜22）。このようにクリスチャンがバプテスマを受けることによって、この世との結びつきから神の家族としての共同体との結びつきへと変わったことを示します。主の家族の一員として、共に礼拝し、共に学び、共に訓戒し合い、共に励まし、共に祈り、共に徳を高め合いながら、キリストの救いを達成し、宣教命令を含めた「信仰による神の救いのご計画の実現」に取り組みます。バプテスマによって、私たちはキリストをかしらとする教会の一員に加えられ、この世にあって神の民として生きる出発点となるわけです。バプテスマは決して終着点ではなく、キリストを模範とし、また目標として生きるクリスチャン生活の出発点です

3 バプテスマの祝福

先に初代教会では信仰の告白の後にすぐバプテスマが施されていることを確認しました。エチオピア人（使徒8・36）、コルネリオ（同10・47）、ピリピの看守（16・33）等々はその事例です。そしてバプテスマの後に聖書の教え――聖書の健全な教え、つまり基本原則――を教えられました。これはバプテスマと信仰が密接に結びついているからです。そういう意味では信仰の祝福や賜物は、同時にバプテスマの祝福、賜物なのです。バプテスマの効力は信仰のそれと等しいものです（参照＝使徒2・38、22・16）。バプテスマは福音宣教の一つの締めとなっています。それゆえ信仰告白の新鮮さ、感動そのものの中でバプテスマを受けるのが理想です。バプテスマはクリスチャンであることの証明ではなく、クリスチャンとしての歩みの第一歩、出発点です。先に記したように、バプテスマを受けた者は教えられ、建て上げられなければならないのです（マタイ28・19～20）。また、個人の信仰はバプテスマによって客観的に表明されるとも言えます。

4　バプテスマの意義と様式

バプテスマは、受ける者の信仰の応答と、その信仰に対する救いのみわざとを象徴しています。バプテスマの核心は、私たちがキリストの死とよみがえりにおける神のみわざと完全に一体化していることを象徴することにあります（ローマ6・1〜11）。バプテスマその行為、儀式そのものが祝福をもたらすものではありません。それゆえ初代教会におけるバプテスマを受ける資格者は、福音理解と信仰を明確に認識した者であったと想定されます。したがって、バプテスマは救いのみわざの象徴です。

教会は長い歴史の中で環境の特殊性、パプテマを受ける信仰者の特殊事情等により、三つの異なる様式、つまり浸礼、滝水礼、滴礼によってバプテスマを行ってきました。しかし「バプテスマを施す」の語義は「浸す、水中に沈める、没入する、合一する」ことを意味することについては一貫しています（ヨハネ3・23、使徒8・38〜39）。「浸す、水中に沈める、没入する、合一する」というバプテスマは、福音を信じ救われることがキリストとの合一、一体性を意味しますので、意義ある象徴行為と言えます。聖書の時代はまさに「浸礼」が行われていました。

使徒の教え「ディダケー」（AD一〇〇）は、その当時、通常は浸礼を行っていたことを明らかにしています。ただし、水不足の場合は滝水礼が認められていました。重病で床を離れられない場合、便宜的に滴礼が発達したと考えられます。同時に、滴礼がいかに例外的であったかを示すものとして「病床でバプテスマを受けた者」はいわゆる「聖職者」に叙任されることはなかったのです。学者の一致した見解は、バプテスマは通常、浸礼によってなされていたということです。またユダヤ教の改宗者のバプテスマも浸礼でした。他の様式を排他的に考える必要はないのですが、浸礼の様式はキリストのみわざである救い（「古きに死んで、新しさに生きる」）を象徴する意義深い、自然な様式と言えます。

5　バプテスマの象徴性

バプテスマは、神によって成し遂げられた救いのみわざを象徴しています。キリストにあって、古い自分が死んで新しいいのちに生きる（コロサイ2・12、ローマ6・4）ことを示しています。キリストとの一体化はキリストと共に十字架につくことを含み、それはまたキリストと共に葬られたことを意味します。そしてキリストが復活したように、私たちも新しいいのちに生きる者とされるのです。バプテスマによって先に確認した、新生の現在性を感覚的に実感することになります。そういう意味でも、信仰告白に続いてバプテスマを実施することに霊的に重要な意味があります。ですから、自らの責任において信仰告白の困難な「幼児洗礼」は聖書の原理に基づくものではなく、他の独自の神学に基づくものです。典型的なものとしてローマカトリックのサクラメントの原理を挙げることができます。つまり「洗礼」という儀式そのものが、受ける者の内に働き始める「義化」への作用因となるとの考えです。

私たちの国では、多くの教会が信仰告白とともにバプテスマを実施しているわけではありません。信仰告白の後に、所定の学びを終えてからバプテスマにあずかります。聖書の規範について背景のない私たちにとっては、救いの教理の基本、信仰生活、とりわけその教会の特質を踏まえた信仰の基本を学ぶことはとても大切なことです。しかしバプテスマを受ける前に「バプテスマクラス」で数回の学びをし、バプテスマによってクリスチャン生活、信仰生活に関する学びが完了したかのような錯覚に陥ることのないようにしたいものです。むしろバプテスマによって、キリストにある新生――その救いの感動――を本人だけでなく、いのちの交わりである神の家族、教会共同に迎え入れられることと実感し、その後じっくり神の家族の一員として、継続的に生涯にわたるクリスチャン人生の建て上げについて学びを共にすることの方がより建徳的です。バプテスマは信仰の成熟度を示すわけではなく、信仰の出発点と考えるべきものです。キリスト者は成熟を目指し、生涯、神のことばを学び続ける者です。

Ⅱ　主の晩餐記念――神の家族教会に加えられた喜び、記念

「主の晩餐」という表現は新約聖書にただ一度、コリント人への手紙第一11章20節に出てくるだけです。そこではパンを裂き、杯を飲むキリスト者の特別な儀式としてではなく、それに伴う「愛の会食＝愛餐会」、つまり食事の交わりの流れで行われています。「パンを裂く」という表現は「使徒の働き」に頻繁に出てきますが、新約聖書では「主の晩餐」に代わるものとして用いているようです。その後のキリスト教史の中でも、確かにそのような使われ方をしています。しかし後世になって使われ出した「コミュニオン（Communion＝聖体拝領）」とか「ユーカリスト（Eucharist＝聖餐用のパンとぶどう酒）」といった呼び名は、新約聖書の中には出てきません。ただし、「コミュニオン」はコリント人への手紙第一10章16節でパウロがキリストのからだと血に「あずかる」と言っており、それが起源となっている

ようです。「ユーカリスト」はイエス様が弟子たちに杯を与えられる前、感謝をささげられたその行為に由来すると思われます（マルコ14・23）。

1 「最後の晩餐」

「主の晩餐記念」は、ご自身の死を前にイエス様が弟子たちととられた「最後の晩餐」から始まりました。「最後の晩餐」は「過越の食事」であったのかどうか、近年になって、「主の晩餐」について学者たちの間で議論されるようになりました。その論争の中心は、この「主の晩餐」と「過越の食事」との関係です。いまだに共通理解には至っていないようです。問題点の一つは、共観福音書の「最後の晩餐」に関する記述と、ヨハネの福音書のキリストの十字架刑の日時のずれからくるものと、もう一つはマタイ、マルコ、ルカの共観福音書の「主の晩餐」そのものと、それを取り巻く出来事の記述の相違によるものです。

共観福音書では、イエス様が過越を弟子たちと共に祝われ、そしてその過越の食事を通し、その中で「最後の晩餐」が執り行われた、としているように思われます（マタイ26・17〜29、マルコ14・12〜25、ルカ22・7〜20）。一方ヨハネは、「最後の晩餐」は「過越の食事の前」に行われたと理解し（ヨハネ13・1〜2、21〜30）、イエス様は弟子たちと過越の食事はせず、イエス様ご自身が過越のための子羊と同じようになられて死に渡され、最高の過越の犠牲となられたと述べています（ヨハネ18・28、19・12〜14比較対照）。

学者の中にはヨハネの記事が正しく、三福音書の「最後の晩餐」の記事は通常の食事か宗教的な集まりの仲間が定期的に集まって開いていたもので、過越ではなかったと考えている人もいます。また過越の食事の性格からいっても、共観福音書は間違って過越と「最後の晩餐」を結びつけてしまったのではないかとも考えています。これらの学者たちはルカの福音書22章15節の「わたしは、苦しみを受ける前に、あなたがたと一緒にこの過越の食事をすることを、切に願っていました」というイエス様のことばを、イエス様の側の強い意志の表明であるが、実際にそれが実現し満足して言われたことばとは解しません。また「最後の晩餐」のことを述べるのに、三福音書は決して種入れぬパンという特別なことばを使っていないし、子羊とか苦菜ということばも出てこない点に注目します。福音書には、弟子たちはみな同じ杯を共有したと書かれていますが、言い伝えでは、過越の祭りのときだけは個別の杯が使われたとされています（過越の祭りに四つの杯がどう使われたかについては「2　制定の由来」を参照）。

パウロはコリント人への手紙第一11章23～26節で「最後の晩餐」のことを書いていますが、それを過越の祭りとは言っていない点、また「最後の晩餐」が年ごとに祝われる過越の食事に起源を持つなら年一回のみ行われたであろうが、初代教会は「主の晩餐」を週一回、あるいはそれ以上行っていた点が指摘されています。さらに福音書の中に書かれている記事から、「最後の晩餐」が過越の食事ではないと反論しています。つまりニサンの月の第十五日の祭りの日にサンヘドリンが召集されてイエスが有罪となり、その同じ晩に過越の食事がなされたとは考えにくいと言うのです。しかし学者によっては三福音書に味方し、ヨハネの福音書は神学的論理性を追求しており、歴史的に正確ではないと主張する人もいます。ヨハネはイエス様を他の過越の子羊とともに、一段と優れた過越の子羊として死に渡されたお方として提示したかったのだと言うのです。

共観福音書の著者が「最後の晩餐」は過越の食事であると言いたかったことは確かです。特にルカはそうです。ルカの福音書には晩餐の準備がなされた場所が事細かに書かれていますが、その日は過越の子羊がほふられた日であったのです（ルカ22・7）。この説を支持する福音派の人たちは、「最後の晩餐」が夜行われたこと（マルコ14・17）に着目し、イエス様と弟子たちはユダヤ人が普通の食事をするためにテーブルについていた日の夕方の食卓に着いていた（マタイ26・20）と読みます。そこでは鉢に手を浸す儀式が行われました（マタイ26・23）。そして晩餐は賛美の歌を歌って締めくくられたのです（マルコ14・26）。これらすべては、過越の儀式に見られる重要な特色です。

三福音書の記事とヨハネの記事とを調和させ、各々の神学的強調点を認め合うと同時に歴史的な正確さも追求しようという真摯な取り組み、研究がなされています。今のところ一番好ましい結果を出しているのが、ユダヤのカレンダーに関する最近の分かってきたことを根拠にしたものです。それによるとイエスの時代に過越を祝う日が二通りありました。クムランの人々や他のグループの人たちは、正規のカレンダーではないカレンダーに従っていたのです。それによると子羊を殺し、過越の夕食を食べるのは普通、火曜日の午後から夜にかけてで（ニサンの月の十四、十五日）、明らかに正規のカレンダーの過越の日とは異なります。もしそうだとすると、祭司や人々が過越の子羊をキリストが死んだ日の金曜日の夜に食べたということと、またイエスと弟子たちはすでにその前の火曜日に食べていたということの、両方の説明がつくことになります（マルコ14・12、ルカ22・7）。エルサレムの慣例にイエス様が反対しようとされたのかという点は別にして、イエス様がこのように過越を祝われた理由は、公に使われていた暦の上での過越の日にご自分が死ぬことによって、過越の祭りを終わらせる前に、律法で決められた日に、この昔から定められていた儀式を執り行っておきたかったのではないでしょうか。このように解釈すれば、晩餐と十字架刑の間に時間があることになります。そしてなぜユダヤの律法が禁じているイエスの死と裁判が同じ日に執り行われたかといった、受難週の出来事の今まで説明がつかなかったことも説明がつくことになります。

2　制定の由来

イエス様の「最後の晩餐」が過越の食事だったとすると、新しいキリスト者の晩餐を作り出すイエス様のおことばは過越の儀式との関連において話されたこととなり、そのように解釈されなければなりません。過越の礼典は、主催する人が最初にワインの入った杯を祝福することで始まります。過越の食事のときのぶどう酒は必ず赤いワインでした。祝福の後に、祝福をした人が飲み、列席している人々が飲みました。次に苦菜をフルーツソースにつけて食べました。次に実際の食事が運ばれてくるとき、この宴の意味の説明がなされました。まず息子が父親になぜ今夜はいつもと違うのかと尋ねます。父はエジプトで先祖の家々を神が通り過ごされたので過越の羊を食べるのだ（出エジプト12・26〜27）、父祖たちがエジプトから贖われた（12・39）から種を入れないパンを食べる、エジプトに父祖たちがいたとき、エジプト人が父祖たちの生活をつらいものにした（1・14）ので苦菜を食べるのだと語ります。

それが終わると家族、または集っているグループがハレル（詩篇113篇あるいは詩篇113、114篇）の最初の部分を歌う。次に家族の長が種入れぬパンをとり、「地よりパンを生じさせる方に祝福あれ」という神への賛美のことばを述べてから第二の杯を飲みます。それからパンを客に手渡し、家族の長がもう一つの祈り、第三の杯、「祝福の杯」を宣言し、食事の感謝の祈りをしてから本来の食事になります（Iコリント10・16）。食事の後、ハレルヤの詩篇118篇で終わる第二部を歌い、最後に第四の杯を神の国を祝福するためにとり、過越の儀式を終えます。

3　制定の形式

特別の思いを持ち、また新たな解釈を与えるべく、私たちの主が夕食の後、過越の儀式の中からパンとぶどう酒の杯を選び取ったとき、どのように言われたか、その詳細を知ることは不可能です。福音書の中でも細かい点になると違いが見られます。しかし全体をつなぎ合わせてみると、パンに関しては「とって（マタイ、マルコ）、食べよ（マタイ）。これはわたしのからだです（マタイ、マルコ、ルカ、パウロ）。これはあなたがたに与えられています。わたしを覚えてこれを行いなさい」。杯に関しても各々著者によって記述が異なり、「みな、この杯から飲みなさい（パウロ）。なぜなら（マタイ）この（マタイ、マルコ、ルカ、パウロ）杯は（ルカ、パウロ）私の契約の血です（ルカ、パウロでは「私の血による新しい契約です」）」とあります。この血は注がれました（マタイ、マルコ、ルカ）。多くの人のために（マタイ、マルコ）、（「あなたのために」ルカ）罪の贖いとして（マタイ）。飲む度ごとにわたしを覚えるためこれを行いなさい（パウロ）」。この杯に関することばの後すぐに、マタイとマルコではイエス様の、わたしの父の御国で、あなたがたと新しく飲むその日までは、わたしはもはや、ぶどうの実で作ったものを飲むことはありません、という約束のことばが続きます。ことばは違いますが、同じ終末論的希望がパウロの中にも見え、やはり杯に関することばのすぐ後に置いています。ところがルカは、ぶどうの実で作ったものは飲まないという約束と、もう一つ別の似たような約束、過越が神の国において成就するまでは、わたしはもはや二度と過越の食事をすることはありません、という約束をあわせて載せ、両者をパンと杯に関して語られる前に置いています。

次に、それぞれ全く別々に書かれた大変重要な二つの記述があります。一つはマルコ（14・22〜24）に、もう一つはパウロ（Ｉコリント11・23〜26）に書かれています。どちらの記述が古いか決めるのは、どちらともとれる点があるので難しいし、重要なことではありません。二つの記述に小さな違いが色々ありますが、お互い重要なところでは一致があります。各々霊感を受けた著者が「最後の晩餐」の神学的な意味を導かれるまま解釈し適切に表そうと、同じ伝統的な資料から自由に選択して書いたというのが正しいと思います。

4　「最後の晩餐」の意味

パンとぶどう酒からなる晩餐は、私たちの主のからだと血を象徴するものです。「これは、あなたがたのために与えられる、わたしのからだです」、また「この杯は。あなたがたのために流される、わたしの血による、新しい契約です」と主は言われます。ここでの文脈ないし他でのことばの使われ方から、動詞「〜です」が「同じもの」の意味ととらなければならないという必要はありません。「表す」とか「意味する」といった意味で使われているに過ぎない場面がよく出てきます。たとえばマタイの福音書13章38節のたとえの解釈に見られます（ヨハネ10・9、14と比較参照）。それだけでなく、イエス様がパンを実際にご自身のからだであり、ぶどう酒を実際にご自身の血であると言ったとしたら、ユダヤ人であるご自身の弟子たちにそれを食べ、飲むように求めることはまず不可能だったはずです。イエスの弟子たちは、イエス様を旧約の預言者という伝統の中で見、イエス様のことばや行いをその範疇で解釈していました。昔の預言者たちが後に起こる出来事を象徴的で劇的な仕方で預言していたように（Ⅱ列王1・11〜16、エレミヤ19・1〜11、エゼキエル4・1〜3）、イエス様もご自身の来るべき死を告げ、その意味を指摘するためのたとえとして、実際にパンを裂かれ、杯を取られたのです。

ローマカトリックとプロテスタントとの大きな違いの一つが「七つのサクラメント」、礼典の理解です。その一つ「ミサ」は、司祭が「これはキリストのからだです」と宣言するその瞬間、外見上の形はパンそのものですが、その本質はキリストの肉そのものになるという考え方です。先に説明した動詞「〜です」を「同じもの」の意味に解しているのです。

キリストの死の象徴としての晩餐という捉え方には、いくつかの考え方があります。主はご自身の死を身代わりに、代理としてご自身をささげることと理解しておられました。「これは、あなたがたのために与えられる、わたしのからだです。」「これは多くの人のために流される、わたしの契約の血です。」

（注＝「多く」とは「すべての人ではなく、そのうちのあるもの」という限定用法と解すべきではない）これはセム語的な使い方で「一人」に対する「多」であって、結果的に「すべて」を意味します（マタイ10・22とⅠテモテ2・6、ローマ5・18、19を比較参照）。

さらにイエスは、ご自身の死をエレミヤによって語られた新しい契約（エレミヤ31・31〜34）を批准するものとして解釈されていました。これは「わたしの契約の血」（マルコ14・24）ということばに見られます。これはイスラエルとの古い契約が記されている出エジプト記24章8節に出てくることばとほとんど同じです。違いは代名詞「わたしの」です。イエス様はこの「わたしの」を入れることで旧約の動物の血を必要とした契約とダブらせ、動物の血のところにご自身の血を置かれたことがわかります。またイエス様がご自分の死を、約束を成就することにより古い契約を終わらせる、成就するものであり、また新しい契約を導入するには最高の犠牲が必要であることを示し、それによって新しい契約が永久に履行されるものであると理解していたのです。

そしてこの晩餐の記事には、イエス様がご自身の死をイザヤが述べている主のしもべとしての働きを完了するものとして理解していたことが示されています。このことはマタイがイエスの血が注ぎ出されることについて述べているところで「罪の赦しのため」ということばを加えているところに特に顕著に現れています（マタイ26・28）。「彼が自分のいのちを死に明け渡し、／背いた者たちとともに数えられたからである。／彼は多くの人の罪を負い、／背いた者たちのために、とりなしをする。」（イザヤ53・12）

最後の晩餐が過越に由来していることは明確なので、最後の晩餐に付随するもっとも顕著な意味は過越に関するものではないかと思われます。イエスの時代の過越は、二つの出来事を祝う祭りでした。
（1）エジプトでの抑圧からイスラエルが救い出されたことを思い出して記念する（出エジプト12・14）。
（2）来るべきメシア王国を思いみる（出エジプト12・42、15・1〜18）。

この二つのテーマは、最後の晩餐の会話の中にはっきりと出てきます。過越の儀式から唯一、二つの主要なものを取り出すとすれば、種入れぬパンと食事の後の杯です。イエス様は「イスラエルが滅ぼす天使の手からいのちを取り留め、過越の子羊を殺し、その血を塗ることでパロの労役から救い出されたように、裂かれたわたしの肉と流されたわたしの血によって永遠の死から贖われ、罪の奴隷から解放されるのです」と言われているように思われます。ここにいたって過越の本来的意味が取って代わられたのです。キリストが本物の過越の子羊です（Ⅰコリント5・7）。そしてその死によって、キリストが奴隷となった人々の贖い主、新しい出エジプトの立て役者となるのです。少なくとも、これが初代教会の理解でした。

その他に終末論的期待というテーマもここに含まれます。それは、再び神の国が来るまではぶどうの実で造ったものは飲みません、というイエス様の約束に見られます。この約束はあきらめのことばではなく、喜びのことばです。イエス様はカルバリの暗黒の向こうに、ご自身の弟子たちとメシアニック宴会を共にし、来るべきいのちを楽しんでいる様子をご覧になっておられます（参照＝イザヤ25・6〜8）。このようにイエス様は晩餐の中でご自身の弟子たちに、十字架上でご自身をささげたことに伴う贖いの恵み、つまりこの世のなわめから解き放ち、罪から贖い、神の新しい民を一つにし、神の御旨に心から服従し、来るべき世でのご臨在と神との交わりを楽しみ、祝福することを百パーセント享受するようにと招いておられるのです。

「主の晩餐記念愛餐会」――各教会によって「主の晩餐記念」が実施される頻度、またどのように持つかは異なります。いずれにせよ、食事と共に行う「主の晩餐記念」、ないし簡略化された「主の晩餐記念」であったとしても、それが行われるたびに、キリストとの合一、キリストにある新生を実感し、また神の民として新しい共同体、神の家族の一員であることを確認し合うことができるなら幸いです。主の晩餐記念のごとに、キリストとの合一という霊的真理がより深められるように取り組みたいものです。そして神の家族共同体の存在意義、目的を共に自覚する時としたいものです。つまり、儀式それ自体だけでなく、それによってもたらされた新しい生き方、新しい真の家族関係を真に実感し、証しする時であるとするなら、主が定められた「主の晩餐記念」の意図に合致するのではないでしょうか。

そうであるなら、主の晩餐記念は神の再創造のみわざとしての「先行的救い」を、個々人に留まらず家族、またキリストをかしらとする神の家族の一員として招き入れられ、共に地域の繁栄に寄与・貢献する共同体として存在することを証しする「主の晩餐記念愛餐会」でもあるのです。使徒後の古代教会の宣教の最前線は「主の晩餐記念愛餐会」であったということです。神の家族に加えられた奴隷も主人もそれぞれの家族も共に集まり、贖いのわざを成し遂げられた主イエス・キリストを覚え、福音の確かさを実証する「主の晩餐記念愛餐会」でした。ですから「主の晩餐記念愛餐会」には、先に救いの恵みにあずかった人たちの関係者、親族、知人、友人も共に招かれて会食を共にしたのです。また助けを必要としていた人々への愛の給食の提供でもあったのです。結果として当時の身分の制約、貧富の制約を超えて福音による兄弟愛に動かされた人々が教会に加えられ、広がっていったのです。まさに福音に基づく「良いわざ」と主の宣教命令が一つとなって行われた、一つの実証例です。今日においても、まだ神の恵みにあずかっていない親族、知人、友人たちを「主の晩餐記念愛餐会」に招き、共に食し、幸いな賛美と証しの時、真のいのちの交わり、教会共同体の幸いを証しする時として開くことは十分可能です。

しかし、キリスト教の公認、国教化に伴い、信仰の本質は変質していきました。サクラメント、典礼中心の教会に変わってしまったのです。十六世紀宗教改革において形作られた礼典は、カトリックの典礼の本質を変える大改革であったことは間違いありません。しかし、約千年のローマカトリックの伝統、「ヨーロッパキリスト教世界」の思考枠を越えられない限界もありました。改めて宗教改革の先達に倣って「聖書のみ」の原則に基づき、使徒たちの教えを継承した使徒後の古カトリック時代の教会にまで戻って、礼典に限らず「信仰による神の救いのご計画の実現」を再考することが必要なのです。

「私たちが神をほめたたえる賛美の杯は、キリストの血にあずかることではありませんか。私たちが裂くパンは、キリストのからだにあずかることではありませんか。パンは一つですから、私たちは大勢いても、一つのからだです。皆がともに一つのパンを食べるのですから。」（Ｉコリント10・16〜17）

第五章　再創造のみわざ――クリスチャン生活の行動原理

「信仰による神の救いのご計画の実現」をもたらすためには聖書の意図、また聖書の基本原則を明確に捉えていなければなりません。この章で取り上げる行動原理は、クリスチャンとして人生の方向性の真偽を見極める大切な原理となります。

これまで取り上げ、共に考えてきた聖書の意図を踏まえて、クリスチャン生活の普遍的な五つの行動原理について共に考え、確かなものにしていきたいと思います。

行動原理Ⅰ　内から外へ
行動原理Ⅱ　主に導きと私の責任
行動原理Ⅲ　キリスト者の自由
行動原理Ⅳ　クリスチャンの目指す「完全」
行動原理Ⅴ　摂理信仰

行動原理Ⅰ　内から外へ

クリスチャン生活の普遍的な行動原理の第一、「内から外へ」について考えてみましょう。外面の正しい行為は必ずしもその内面、心の正しさを保証するとは限りません。しかし、内面の正しさは外面の正しさを保証します。主イエス様が最も厳しく戒めたのは偽善行為でした。「イエスは群衆と弟子たちに語られた。『律法学者たちやパリサイ人たちはモーセの座に着いています。ですから、彼らがあなたがたに言うことはすべて実行し、守りなさい。しかし、彼らの行いをまねてはいけません。彼らは言うだけで実行しないからです。……わざわいだ。偽善の律法学者、パリサイ人。おまえたちは杯や皿の外側はきよめるが、内側は強欲と放縦で満ちている。……同じように、おまえたちも外側は人に正しく見えても、内側は偽善と不法でいっぱいだ。』」（マタイ23章）。神の前に生きるという行為そのものが、最も典型的な敬虔さを表します。しかし、見せかけの敬虔さほど醜い偽善はないのです。そこでこの偽善行為に陥らないために、キリスト者の行動原理を明確に理解しておきましょう。まずローマ人への手紙12章を精読し、以下の本文に読み進んでください。

考え方を変え、行動を変える――主題に進む前にローマ人への手紙12章1〜2節の前後関係を確認しておきます。12章は「ですから」という接続詞から始まっていますので、それが何を受けているかを確認する必要があります。ローマ人への手紙全体を見てみると、12章は大きな区切りであることがわかります。その上で1章から11章までのパウロの記述に注目します。パウロは1章から8章まで、キリストの福音とは何かについて順を追って展開しています。つまりキリストによる救いの過去、現在、そして未来への展開です。福音は歴史上のキリストの十字架の死による贖いのわざのゆえに信じる信仰によってのみ救われること、そして信じる者に働く御霊の原理が信仰から信仰へと進ませ、成熟に向かう聖めのわざがなされること、さらに「御霊に従って歩む私たちのうちに、律法の要求が満たされる」（8・4）、「召した人たちをさらに義と認め、義と認めた人たちにはさらに栄光をお与えになりました」（同30節）と記されているように「やがて私たちに啓示される栄光」（同18節）へと向かわせています。

次に9〜11章は「神の救いのご計画」の中で、神の民イスラエルから異邦人に広がる神の再創造のみわざが記されています。したがって「ですから」の指し示す理由は、キリストによる福音の包括的な確かさです。それゆえにあなた自身を神にささげよ、というわけです。そして個人の救いにとどまらず、神の家族、教会共同体の中での互いの生き方、13章では地域社会の中で公民として上に立つ権威を認めつつ神の民としての地域共同体の中での生き方を確立すること、14、15章では信仰によって生きる生き方を尊重しつつ、互いに建て上げられることの大切さを記しています。つまり、クリスチャン生活はまさに「パラダイム転換」、考え方を変えることから始まるのです。

1　心の一新によって

キリスト者は「この世と調子を合わせてはいけません。むしろ、心を新たにすることで、自分を変えていただきなさい。そうすれば、神のみこころは何か、すなわち、何が良いことで、神に喜ばれ、完全であるのかを見分けるようになります」（ローマ12・2）と勧められています。ここに「内から外への」原理が明示されています。「この世と調子を合わせる」の「調子を合わせる」という行為は外側をそれなりの格好に変えることです。人はそれなりの服装によって紳士淑女を装うことができます。また人は服装によって人に与える印象が変わります。もちろん貧しい服装で、しかも心も貧しい人もいないわけではありませんが、しかし普段着装とは対照的に実に心豊かな人もいます。お化粧によって人は別人のように変身することができます。またどのような家に住んでいるかによって――見る目を持っていれば別ですが――人の価値判断まで左右される場合があります。スクっと立つ美しい婦人が話しをしたとたん、その落差に驚くことがあります。婦人に限らず、一見、紳士のように見える場合も同様です。つまり内側を変えることなく、外側だけをそれなりの格好に装うことからくる落差、ゆがみです。

パウロはクリスチャンたちに対して、偽教師に注意するように警告しています。彼らは「キリストの使徒に変装している」のだと言っています。しかしサタンさえも光輝く天使のように「変装する」ので驚くな、とも言っています（Ⅱコリント11・13〜15）。注意深く観察すると、この「変装する」行為は「この世と調子を合わせる」行為であることに気づかせられます。サタンは悪の本質をそのままにして、本心を偽って悪には無縁であるかのように外側だけを変え、装うのです。同様に偽教師も本物の教師であるかのように振る舞うのです。このような変化、変装がまさに「この世と調子を合わせる」の「調子を合わせる」生き方なのです。神の恵みに応答し、意志的に心を変え、考え方を変えなければ本当の変化はありません。単なる外面的な変化は問題の真の解決になりません。クリスチャンは内側から変わり、価値観や倫理観を含む考え方を変えて初めて外側に変化が生じます。その逆はあり得ません。

考え方を変え、生き方を変える――キリスト者は「心を新たにすることで、自分を変えていただきなさい」と勧められています。行動の源である心を新たにする、まさに考え方、価値観を変えること、その内面の変化に基づいて見える外側を変えなさい、ということです。見せかけの変化ではありません。イエス様がご在世のとき、ペテロ、ヤコブ、ヨハネ、ヤコブだけを連れて高い山に登られたそのとき「弟子たちの目の前で、その御姿が変わった。顔は太陽のように輝き、衣は光のように白くなった」と記されています。キリストは神の本質を持ちながらまことの人として、むしろ仕える者の姿をとり神の本質は隠されていました。しかし、ひととき神ご自身の本質の輝きを彼らに現されたわけです。このように内側にあるものが外に現れる、これが「御姿が変わった」という変化の意味内容であり、キリスト者の変わり方、「心を新たにすることで、自分を変えていただ」く変わり方なのです。

「心を新たにすることで」とは、イエス・キリストを救い主として信じ受け入れる者に約束されている内住の「いのちの御霊」のさとしによる、みことば理解に基づく考え方の変化です。過去の決定的な変化ではなく、継続的な聖霊のきよめ、「愛をもって真理を語り、あらゆる点において、かしらであるキリストに向かって成長する」（エペソ4・15）こと、「神の満ちあふれる豊かさにまで、あなたがたが満たされますように」（同3・19）との成熟への過程を示しています。かつては善を願っても行えず、悪とわかっても、むしろしたくない悪を行ってしまう者でありました。しかし今や神の御旨を実現することができる「いのちの御霊」が与えられています。この「いのちの御霊」に支配された者が聖書を読むときに、真理のみことばは私たちを裁くものとしてではなく、神の御旨を実現しようとする私たちの力、励ましとなるのです。「義に飢え渇く者は幸いです。その人たちは満ち足りるからです」（マタイ5・6）。真理のみことばによって、あらゆる分野にわたるものの考え方をしっかり身につけることができます。ものの考え方が変わり、見方が変わり、これまでと異なる価値観を持つことによって、私たちの生き方が変わります。そうすることによって人格的存在である一人の人間が永遠無限、全知全能の神との深い交わりを深めることになります。

神は、何も考えようとせず、ただ直接神からの指示を待つ、いわゆる人が言う「霊的」な人間を望んでおられません。自分の意志、責任で考えて判断する、神と等しい価値判断とその行為を実現しようとする人間を望んでおられるのです。それこそ「神の似姿」の回復、「神の再創造のみわざ」です。ただし、キリストにある新生は神の創造目的、「神のかたち」（エペソ4・24、コロサイ3・10）の実現なのです。聖書を読まず、またみことばの原則を考えない状態が続くなら内側の変化は起こりません。内側に変化が起こらない、考え方を変えない信仰生活はまわりの信仰者を見て行動するようになります。いわゆる見かけ上の正しさを追いかける信仰生活、神よりも人の評価を優先してしまう信仰生活です。それは律法主義を助長する温床でもあります。みことばの真の理解は私たちに真の変化をもたらし、そしてみことばの真の理解は、私たちの生き方が変わることを通して証明されるのです。

神の前に生きる――「人はうわべを見るが、主は心を見る」（Ⅰサムエル16・7）。隠れたところを見ておられる神の前に生きることを明確に自覚しましょう（マタイ6・4、6、18）。神の前に生きることの自覚は、当然のことながら神の御旨が何であるかを考えることになります。「神に喜ばれるためにどのように歩むべきかを」（Ⅰテサロニケ4・1b）真剣に考えます。神の御旨、生き方の原則は聖書の中に示されています。ですから神と対話しながら聖書を読むようにします。同時に信仰の家族、兄弟姉妹と共に対話・問答することによって、変わるべき私たちのものの考え方、ものの見方に気づき、変わるべき自分を見出します。そして考え方が変わり、また生活の優先順位の立て方が変わる知恵を得ます。変わらなければならない自分を見出す、神の前にありのままの自分を認識することが信仰生活の出発点でした。決して他者の強制によってではなく、自分の自覚によってなされることが大切です。というのは、信仰は一人の人間の人格的自律の最も重要な土台であり、信仰者は共同体の中での尊厳性を互いに共有する者だからです。この点において誤ると、神の名を借りた自己中心そのものになるか、逆に主体性のない教祖的指導者に、ただ妄信して従うことに快感を求めるようなゆがんだ信仰者になるか、いずれかです。

2　内から外へ

自分がみことばの真理に照らされて罪深い者だということが本当にわかるとき、神と人とに対してどのような態度を取るべきかがわかり、わかるだけでなくこれまでの自分の振る舞いを変え実行します。

そこに見せかけでない真の謙遜な態度が生まれます。神の神聖さがわかるとき、自分自身、身の回りを清潔にし、かつ美しさを保とうとします。また見える部分だけでなく、心のあり方においても潔白さを保つようになります。神の愛を本当に理解するとき、愛するふりをするのではなく、真実な愛を実践しようとします。見せかけでないがゆえにその愛は、ときには相手にとってつらいことをも告げることになります。「あからさまに責めるのは、ひそかに愛するより良い」（箴言27・5）のです。愛は真理に裏打ちされ、恐れを締め出します（Iヨハネ4・18）。場合によっては誤解され、離れ去って行くことが起こるかもしれません。しかし真実な愛は相手の利益を考えるゆえに、神の前の正しさをないがしろにできないのです。永遠に価値あるものがわかることにより、一時的なこと、見えるものに執着したり、惑わされたりしません。さらに「神の似姿」としての人格の尊厳性を理解するなら、隣人に対してどのように振る舞うべきか、自らわかるはずです。クリスチャン生活は見せかけの敬虔さとは全く無縁です。外側の正しさを装うのではなく、内側の変化から、外側への変化に固執します。これらの原理が明確になっていればこそ、現実に神の御旨にかなわぬ自分をすなおに認め、謙虚に自己反省します。自己弁護や弁解は不用です。神の前に静まって自己を深く観察し、そして「内から外へ」の信仰生活の原則を確立します。「内から外へ」の原理は形式や様式を軽んじているのではありません。正しい認識があって型が生まれます。神との正しい関係から生まれる内面の変化があって初めて行動の変化に意味があるのです。そしてその型から自分を整えることによって信仰者として成熟していきます。これこそ新生した者の生き方の原理であり、主にあって自律することの根拠です。

神の栄光を現すために——まず何をするにも神の栄光を現すことを第一とする意志が大事です。「こういうわけで、あなたがたは、食べるにも飲むにも、何をするにも、すべて神の栄光を現すためにしなさい」（Ⅰコリント10・31）。自分の都合を先行させ、無思慮で、思いつきや、場当たり的、発作的な生き方ではなく、ひととき立ち止まって、どのように行動することが神の栄光を現すことになるのかを考え、意志することです。しかも絶えず意識していることが大切です。ものによっては決断までの時間を要するものがありますし、瞬時に行動しなければならないことも多くあります。枝葉の問題にとらわれず、見失ってはいけない行動原理を明確に確立しましょう。言い換えると私たちがどのように歩んで、神をお喜ばせすることができるかを考えることでもあります。

最後に兄弟たち。主イエスにあってお願いし、また勧めます。あなたがたは、神に喜ばれるためにどのように歩むべきかを私たちから学び、現にそう歩んでいるのですから、ますますそうしてください。（Ⅰテサロニケ4・1）

そのために神の尊厳性を重んじ、神認識をより深め、聖書の基本原則に基づく価値観をしっかり学び、心に留めていかなければなりません。また、神が聖なる方ですので、私たちも聖であるように求められています。神の栄光は生活のあらゆる分野で、神ご自身の聖を貫き通すことです。さらに言えば、神の真実さや正しさを私たちの生活に反映させることなのです。ここで注意すべき点はクリスチャン生活の多様性です。クリスチャンは決して画一的な生活スタイルを目指すものではありません。同じ原理原則を共有しても、行動の多様性は許容されます。ある人は神の栄光を考えるゆえに野菜だけを選び、肉食を避けることがあります。同じクリスチャンであっても、何でも食べる喜びや自由をもって神の栄光をたたえようとする人もいます。「特定の日を尊ぶ人は、主のために尊んでいます。食べる人は、主のために食べています。神に感謝しているからです。食べない人も主のために食べないのであって、神に感謝しているのです」(ローマ14・6)。とは言え、他の兄弟の信仰に無関係であるはずはありません。信仰によって選択した自分の行為を他人と比較したり、自分の生活のスタイルを絶対化したりして、異なる者を裁き、排除するようなことがあってはなりません。信仰生活は成熟に向かう過程なのです。

信仰の最も重要な部分は私たちの考え方、それに基づく動機です。動機が不純であったり、二心であったりしてはなりません。そのために内住の聖霊の支配、御霊の満たしの中で互いに謙虚にみことばの真理を学び合うことが大切です。キリスト者はみことばの学び、聖書の基本原則を心に刻むことによって変革していきます。しかしその変革の行動の違いから、互いに裁き合う関係にならないようにします。同時に自分勝手とか、独断的な信仰でなく、互いの信仰の良心を大切にしながら自分を律していくことも大切です。同時に私たちは、個人主義の信仰者は聖書の許容範囲を超えていることを知るべきです。私たちは神の家族共同体を建て上げます。それゆえ、励まし合うことはもちろんのこと、ときには訓戒したり、指示されたり、教えたり、互いに建て上げられるいのちの共同体の一員であることを自覚したいものです。

神の再創造のみわざの豊かさを求めて――「神のかたち」である私たちには本能が備わっており、その必要を満たそうとする生理的欲求（欲望）があります。基本的には生きる前提としての食欲があり、また所有欲があります。さらに身体的に成人となることで性欲が機能し始めます。これらは「神のかたち」として創造された人間の生得的なものです。それ自体、善悪の対象ではありませんし、決して否定されるものではありません。しかし、人間が他の哺乳動物と違うのは「内から外への原理」、各自が創造目的にかなう規範が必要であり、その規範に基づいて意志的に人が生来持っている本能的欲求を制御する能力をも備えた存在であることです。それは人格的存在としての特質でもあります。さらに人に備わっている五感、つまり、視覚・聴覚・嗅覚・味覚・触覚の五つの感覚を持っています。これらの五感を通して私たちの本能は刺激的に作用し、同時に感情、「喜怒哀楽」に連動します。そこで大切なのは「内から外への原理」です。つまり私たちの心に据えられるキリストによってもたらされた福音に基づく聖書の基本原則、価値観や倫理観がしっかりと心に据えられることによって、人間の生得的に与えられている本能は美しく機能するのです。

クリスチャンとは個性の押しつぶされた生き方をしている人々であるとか、一見、真面目で、清いが融通が利かず、面白味のない堅物な人間だと評されることもあります。ときにはキリスト者自身が禁欲的な生き方を信仰の理想と描き、それを追求してしまいがちです。しかし、それは大きな誤解です。個々人の信仰の選択として禁欲的な生き方は否定されませんが、創造主の望まれる本来の生き方、その理想ではありません。「内から外へ」の原則に基づき、摂理のうちにある文化の中で聖書の規範に基づいて共に考え、神の再創造のみわざの美を追究していきたいものです。

信仰生活における自主性・自発性――クリスチャン生活は神と私との関係が最も重要です。つまり神との関係で自分を見い出している者は、信仰生活においてすべて自発性、自主性が優先されます。自発性があらゆる行動の動機づけになっていなければなりません。一般的にも自主性が人の成熟を証しするものとして共通の認識があります。しかし実態はと言えば、これほど困難なものはないのです。とりわけ日本人は「世間体」という行動規範があるように、長い間、他人の目を意識して生きる生活が続いたがために、瞬時に自分の損得を計算し、人の目や評価に気を取られてしまいます。もっとも、一説によると「世間体」は皮肉にも江戸時代のキリシタン弾圧の一つとして施行された「五人組連座制」のゆえの相互監視から生まれたと言われています。そうであれば「世間体」は日本人生来の性向ではない、と考えられます。聖書の規範が私たちの心に刻まれることで、「世間体」はむしろ周りの人々を配慮する建徳的な視点へと変えられることを期待します。

ところが信仰生活に自主性、自発性が失せるなら真の信仰とはいえません。神の前になすべきことを意識し、神の評価のみを動機として行動します。たとえ人の賞賛がなくても意に介せず、主の前にすべきことをしたことに対する充足感を大切にします。祈りも聖書を読むことも、礼拝への参加も各種の奉仕に携わることも、すべて信仰の自主性が動機になっていなければなりません。自発性と自分勝手とは全く次元の異なることです。何をしたら良いかわからないということがありますが、それが理由になって行いが伴わないということがあってはなりません。自主性には謙虚さが伴います。信仰生活のすべてのことにおいて自主性、自発性を純粋な動機とします。

受けるよりも与える生き方――クリスチャンであるかどうかに関わりなく、成熟した人間、精神的にも大人であることの特徴は、自分のことだけでなく他者のためにいかに生きるかを考えるということです。クリスチャンであればなおのこと、このことについて真剣に考えてみる必要があります。「何事も利己的な思いや虚栄からするのではなく、へりくだって、互いに人を自分よりもすぐれた者と思いなさい。それぞれ、自分のことだけでなく、ほかの人のことも顧みなさい」（ピリピ2・3～4）。もちろん、与えられた恵みを私たち自身が楽しむことは主の祝福でもあります。同時にイエス様が言われた「受けるよりも与えるほうが幸いである」（使徒20・35）ということを、いかに実体験できるかを考えてみましょう。勘違いしないようにしましょう。他者のために生きるという行動は宗教的義務とか使命感で実現できるものではないし、仮にできても長続きしません。それは神の恵みに対する真心からの感謝、神の恵みに対する誠実な応答としての行為です。報いを求めない純粋な動機が大切です。クリスチャンに与えられた愛に基づく献身的な行為、自分というものを意識しない自然な愛の行為です。

やがて人生の結末を迎えるときに、その人のこれまでの生き方が良くも悪くも関係するのではないでしょうか。つまり他者のために喜んで尽くした人生には必ず平安と充足感があるはずです。自分に与えられている能力、富（金銭）、時間等々が他者のためにどれほど配分されているでしょうか。つまり

「来たるべき世において立派な土台となるものを自分自身のために蓄え、まことのいのちを得るように命じなさい」（Iテモテ6・19）ということです。まず冷静に自分を観察し、受けるより与える幸いについて神に祈りましょう。聖書の成熟にはほど遠い現実の自分に気づいたとしても、少なくとも「謙遜」だけは身近にあるのではないでしょうか。

キリスト者の理想を描く――クリスチャンの行動原理を明確にすることによって、行動の動機づけを確立します。しかしそれでクリスチャン生活が完成というのではありません。みことばの学びを通して理想的なクリスチャン像を明確にします。一言で言えばキリストのご人格こそがクリスチャンの理想と言えます。「私たちはみな、神の御子に対する信仰と知識において一つとなり、一人の成熟した大人となって、キリストの満ち満ちた身丈にまで達するのです」（エペソ4・13）。つまり、主権者である神を知っている者としての自己認識から生じる謙遜、悪には一点の妥協も許さない義の生活の追求、不道徳に身を汚さない清さを愛し、しかも本当に助けを必要としている者の友となる隣人愛、また仕えることを通して人を生かす愛の実践等々、クリスチャンとしての理想を持つことによって現実の自分を真に磨くことができます。それらは日常を超えたものではありません。そうならないために、私たちはこの世に生を受けたときにすでに創造主から与えられた能力を開発、発展させ、心から喜べる仕事を見出し、取り組むことが必要です。

成長すること、変革することを願う者に高慢になる余地はありませんし、自己正当化のために弁解する余裕はないのです。何よりも恵みによって、救いの完成を約束されているわけですから、悲壮感に支配された奴隷になる必要はありません。神の圧倒的な恵みへの応答として絶えず理想に向かって成長し続ける努力が大切です。「私は、すでに得たのでもなく、すでに完全にされているのでもありません。ただ捕らえようとして追求しているのです。そして、それを得るようにと、キリスト・イエスが私を捕らえてくださったのです」（ピリピ３・12）。しかもいかなる状況にあってもクリスチャン生活は賛美と感謝、喜びをもって主に仕えることが可能なのです。「詩と賛美と霊の歌をもって互いに語り合い、主に向かって心から賛美し、歌いなさい。いつでも、すべてのことについて、私たちの主イエス・キリストの名によって、父である神に感謝しなさい」（エペソ５・19〜20）。自分の与えられた領域で神の民の一員として、神の家族と共に生き、共に建て上げられ、さらに自らも家族を建て上げ、神の再創造のみわざを実現していきます。それは同時に主の宣教大命令に応えることにもなります。誠実な取り組みの中で、この生き方を成り立たせているキリストの福音を語る機会を見出すのです。

行動原理Ⅱ　主の導きと私の責任

クリスチャン生活の鍵は、新生した者として、いかに主と共に歩むかにあります。「主と共に歩む」とは「主の導き」に従うことの言い換えと言えます。聖書は「愚かにならないで、主のみこころが何であるかを悟りなさい」（エペソ５・17）と勧めています。私たちは神の子として父なる神の御心に関心を持っています。クリスチャンでありながら、神の御旨などどこ吹く風のような生活をしているとしたら、信仰者としての意味を失うことになります。ですから神の導きを求める行為は、信仰深く敬虔である生き方の具体的な現れであるとも言えます。問題はどのようにして神の御心を知り得るか、また神はどのような仕方で私たちにご自身の御旨を知らせると解しているかです。

ある人々は、「導き」はある特定の分野においてのみ適用されるものと考え、日常的なことでは神の導きを意識せずに行動しています。またある人々は、どの分野の、どんなことにおいても、神の御心を求めるべきであると考え、一挙手一投足、文字通りすべての領域で神に伺いを立てるべきだと考えています。そして神は直接、私たちに声をかけられ、選択の正しい指示を与えると考える人々もいます。このように「導き」をどのように考えるかはその人の聖書理解、信仰理解に基づくその人自身の信仰のあり方を示すことになります。また「導き」をどのように理解するかは、クリスチャンであることがどういうことかという基本的な認識にまで戻るものでもあります。聖書に教えられている、キリストによる救いに込められた「信仰による神の救いのご計画」を思い起こしながら、信仰生活のより基本的なことである「主の導き」について理解を深めたいと思います。

1　「主の御心」は聖書に記されている

神の啓示の書である聖書の記述は、神の御心を明らかにしています。聖書は、あらためて神に導きを求めて指示を待つまでもなく、クリスチャンが行動すべき原理原則を明示しています。親は子どもたちを「主の教育と訓戒によって育て」なければなりません。子どもたちは「主にあって自分の両親に従い」「父と母を敬え」とあります。善をすべきであって悪を行ってはなりません。隣人関係においても徳を高めるように、自分にしてほしいように相手にしなければなりません。これらは明確です。

一例ですが、「伝道すべきかどうか」ということであれば、祈り問わずとも明確です。聖書は「みことばを宣べ伝えなさい。時が良くても悪くてもしっかりやりなさい」（Ⅱテモテ４・２）と命じています。あとは私たちの状況判断に委ねられているわけです。「あなたがたのうちにある希望について説明を求める人には、だれにでも、いつでも弁明できる用意をしていなさい」（Ⅰペテロ３・15）と勧められていますので、問われるときに的確に語る備えをしておく必要があります。またクリスチャン生活における神の御心を知る大半は、この聖書で十分です。ただし聖書は信仰生活の原理原則を与えているのであって、個々人の判断、選択、決断の余地のないほど事細かに指示されている信仰生活の「マニュアル」ではありません。ですから私たちは聖書を読むとき、「神の御心」を適切にわきまえさせてくださるように祈りつつ、聖書の真理、価値観、倫理観など基本原則をわきまえられるように取り組みます。そして日常のあらゆる場面に対応できる知恵を得ることです。

職業の選択においても、結果から考えれば神がそれぞれに必要な働きを定めていると言えますが、しかし宝くじが当たる当たらないというような仕方で、「あれか、これか」というように定められているわけではありません。決定に至る過程でのその人の興味や判断など、その人自身の選択の余地が十分に残されています。ここが神の御心を考える上でとても大切な点です。神の聖さや正義から考えて必然的にしてはいけない仕事を想定できるでしょう。それゆえキリスト者は人間の尊厳性を損ねるような職業を選択することはありません。聖書の記述から神の御旨にかなわぬことをある程度判断できるわけです。「あれか、これか」の選択を神に迫るのではなく、原理原則を知ることによってキリスト者は自ら考え、判断し、選択していきます。その取捨選択の過程で神の御心に沿う次善の決断ができるように祈ります。そのような主体的判断、人格的行為を神は喜ばれます。ゆえに最終の選択において、その人がどちらを選んでも神の御心の領域内にある場合も十分あり得るわけです。したがって主の御旨を知る最善の道は聖書に親しみ、聖書のものの考え方、価値観を共有し、心に据え、あらゆる場面で具体的一歩を踏み出すために考える「聖書の人」になることです。当然のことながら自分一人の判断だけでなく、神の家族教会、主にある兄弟姉妹、信仰の先輩たちとの対話も主の御心を確信する大切な手法です。

行動の原理原則、価値観を示す聖書――聖書に書き記された神の御心は一定の原則、また価値観を示しています。ですから私たちはその原則に基づいて考え、判断し、自分の責任において取捨選択します。具体的例として結婚について考えてみましょう。結婚について聖書は、男性は女性と、女性は男性と結婚するように教えています。また、人はすでに結婚している人を伴侶にすることができませんし、親、兄弟姉妹と結婚することも許されていません。最近では同性愛を認めるようにとの運動がありますが、聖書に示された結婚に関する神の御心は明確です。また結婚できる年齢に関する神の御旨は法の秩序を超えるものではありません。いつ、だれと結婚するかは法の秩序の中で、そして聖書の原則の範囲内にある限りにおいて、その人が真剣に考え、話し合い、助言を得、最終的に両者の合意によって決断していきます。もちろん結婚の導きについて祈り求めなくても良いということではありません。むしろ聖書に従った適切な理解と的確な判断ができるように熱心に祈るべきです。また私利私欲や目先のことに捕らわれ判断することのないように真剣に祈ります。しかし「Cさんと結婚するように神は私にみことばを与えてくださった」というような仕方で神の御旨が示されることはありません。ただし、互いに結婚を考え、祈る二人に共有するみことばによって確信を与えてくださるということはあるでしょう。神は全知全能のお方ですから「二人の結婚は時空を超えて定められていた」と言うことも検討違いではないでしょう。しかし大事なことは、人が聖書の価値観、倫理規範に基づいて熟考し、相談し、話し合い、総合的に判断を下し、自らの意志で決断するという一連の過程が神の御心の中にあるということです。このように結婚に限らずクリスチャン生活の他の分野においても同じように、みことばを読み、理解し、考え、判断し、選択し、ときには助言を受け、そして決断することを通して、神の御心が実現していきます。「聖徒を建て上げる」とは、このような判断を日常的にできるようになることです。

みことばによって確かめられる「主の御心」――聖書のみことばは私たちに単に知識や倫理規範を与えるだけでなく、自分の行くべき道に志を与え、そしてみことばによる志を考えることによって心に平安を与え、また確信を与えます。しかし人がいずれかを選択しなければならないとき、「これが神の御心だ」と確信することと、書き記された神のみことばによる「ゆるぎない神の御旨」とは区別されなければなりません。前者はみことばの許容範囲の中で「あれか、これか」を選択し、決断することであり、これも神の御旨を求める行為に関係します。たとえば「全世界に出て行き、すべての造られた者に福音を宣べ伝えなさい」という宣教命令は、主のゆるぎない御旨です。それがある人に適用され心動かされます。しかしその宣教命令は自分に対する神の御心が中国宣教だとか、カンボジアだ、あるいは国内に留まるべきと確信することとは区別しなければなりません。それが神の御旨ではないというのではなく、その人にとって御旨であるかどうか確かめられなければなりません。その人が確信することがそのまま神の御心であると断定することはできないからです。

主の御旨を確信するためには神の家族教会の兄弟姉妹、信仰の先輩に相談するとか、助言を受けるとか、また自分について熟考することが必要です。そして意志して行動する中で神は道を開いたり、閉じたりします。そこに聖霊による導きがあるわけです。事によっては、ある一定期間の時を必要とする場合があります。大切なことは聖書の価値規範に基づいてよく考えることです。「ですから、愚かにならないで、主のみこころが何であるかを悟りなさい」（エペソ5・17）と勧められています。御心が示されたと言って人の助言や意見に耳を傾けようとしないことほど、神の御旨から逸脱した行為はありません。「よく相談しなければ、計画は倒れる。／多くの助言者によって、それは成功する。」（箴言15・22）

2　御霊の促しと神の直接指示

クリスチャンには「いのちの御霊」が内住しておられます。御霊の促しがあったがゆえに私たちはイエス・キリストを主と告白し、確信することができました。その御霊が信仰告白と同時に内住されました。書き記されたみことばは、外側から私たちに主の御心を示します。御霊は私たちの内側からみことばに基づいて御旨の確信を与えようとします。「私は　あなたが行く道で／あなたを教え　あなたを諭そう。／あなたに目を留め　助言を与えよう。／あなたがたは／分別のない馬やらばのようであってはならない。／くつわや手綱　そうした馬具で強いるのでなければ／それらは　あなたの近くには来ない」（詩篇32・8〜9）。ですから静まって祈りの中で、今、自分がなそうとしていることについて、これが主の御心かどうか自分の意識の中に聖霊の促しを祈ります。聖書の規範とは無縁の自分の願いや欲求を脇に置き、静まって聖霊が自分の意識の中心部分に介入されるように祈ることです。祈りの姿勢は何よりも神の前に従順に聞く耳を持って祈ることが大切です。ただしここで注意しなければならないことは、自分の心に思い浮かぶ感銘や印象を絶対視しないことです。やはり、みことばの真理に照らして試されなければなりません。なぜなら、神は書き記された聖書の原則を超えて私たちを導くことはないからです。

神の御心を教えていただくために内住しておられる御霊の促しを祈り求める際に、私たちが注意すべきことは、心に生じる思い「転職せよ」「進学しよう」「会堂を新築すべきだ」等々のすべてが即、神の御心であるとは断定できないということです。ですから一つ一つの思いをみことばの真理の光に照らして見ること、またときには同じ御霊が内住しておられるクリスチャン仲間に相談したり、助言を得たりすることが必要です。また御霊の促しと言っても、私たちが互いに言葉を交わし合うような仕方で御霊が声をかけられるということではありません。聖霊は決して私たちに「わたしを見なさい。わたしに聞きなさい。わたしに来なさい。わたしと親しく交わるようになりなさい」とは言わず、いつも「イエス・キリストを見なさい。その栄光を見なさい。神の御子イエスの言うことに耳を傾け、イエスのことばを聞きなさい。イエスのみもとに行き、いのちを得なさい。親しく交わって喜びと平安というイエス・キリストからの贈り物を味わいなさい」と言います。聖霊は、仲介者、聖なる仲人であり、その役割は私たちとキリストを一つにし、確実に共に居らせることです。

聖書には確かにサムエルやダビデのように、神が直接に声をかけ、直接指示している記事があります。しかしだからと言って、私たちも同じように神の直接の声を期待すべきだという解釈は適切ではありません。聖書解釈の原則において、聖書の出来事の記述と教理的教えとでは後者を優先させます。つまりヤコブやダビデが二人以上の妻を持っていたという記述から「人は複数の妻を持っても良い」という倫理観を確立することは聖書解釈の逸脱です。他の箇所で結婚に関して明確に教えられている教理「一夫一婦制」を優先させなければなりません。しかも考慮すべきことは、聖書の中の出来事が記述された時点では、まだ私たちが今手にしているような完結した神の啓示の書である聖書を彼らは持っていなかったということです。そのような状況の中では、神の導きに特異性があったとして不思議ではありません。もちろん、今日においても緊急時には神が直接指示することもあるかもしれません。神の主権と全能性を私たちが勝手に制限する必要はありません。しかしたとえ、あったとしても重要なことは、神は書き記されたみことばの真理に反することを指示されることはないということです。自分の聞いた声や促しは聖書と同等の権威を持つ「ことば」ではなく、みことばの権威に服するものです。それゆえ、聖書の客観的な権威性が否定されないように、注意しなければなりません。

聖霊が私たちを導きやすい要件は、私たちが聖書により親しんでいることです。「聖書はすべて神の霊感によるもの」（Ⅱテモテ3・16）とあるように、聖書は聖霊の支配の下で導かれた著者によって書き記されました。そして聖霊は、みことばを通して働くことをその使命としています。「それを、神は私たちに御霊によって啓示してくださいました。御霊はすべてのことを、神の深みさえも探られるからです。人間のことは、その人のうちにある人間の霊のほかに、いったいだれが知っているでしょう。同じように、神のことは、神の霊のほかにはだれも知りません」（Ⅰコリント2・10～11）とあります。大切なことは単に聖書を機械的に読み続けるのではなく、聖書の内容理解を最優先することです。聖書を読んでよく考えることです。同時に神の家族、教会のいのちの交わりにおいて共に考え、知恵を見出し、またみことばを思いめぐらすことです。このような聖書の読み方によって聖書のものの考え方、価値観をしっかり身につけることになります。そして私たちの日常的な諸問題との突き合わせの中で聖書の原則を適用していきます。このようにして、みことばの真理に基づく知恵が豊かになっていくのです。たとえ瞬時に選択、決断しなければならない状況にあっても主の御心を的確に捉えることができるようになります。また私たちが勝手に解釈の原則を当てはめるのではなく、聖書の著者である真理の御霊のさとしを得ながら「聖書は聖書をもって解する」ように読むことです。

「生まれながらの人」、つまり未信者は聖書を読んである程度の理解はできても、そこには限界があります。なぜなら真理の御霊がその方の内に住んでいないからです。人が主イエス様を信じ受け入れるのは、やはり真理の御霊の働きによるとあります。そして私たちの内にある聖霊は、聖書をわきまえさせます。それゆえ的確な主の導きを確信できるのは、主にあって新生している者の特権と言えます。

「主はこのように示された」との決まり文句は、自分の選択また行動が誤りのないものであることの決定的な権威づけになります。なぜなら不完全な人間の判断ではなく、全知全能、完全である神が「よし」とされたと言うわけですから。ときには神が直接的な指示をなさることもあるかもしれません。しかし、もしも直接指示があったと確信したとき、しかもそれが第三者の意志をも巻き込むような場合は、神からのものかどうか十分に、聖書のみことばによって吟味されなければなりません。先に、神の前に歩んだ信仰の勇者たちの御心を損ねた事例を紹介しました。そのようなことが起こったのは彼らが神の御旨を伺わなかったということではありません。自分の責任において、みことばの原理原則、その価値規範に基づいて熟考し、判断かつ選択し、そして決断していくことが神の御心に沿う行為なのだ、ということを示しているのです。「神の人」といえども神の御心からそれる可能性が許容されています。

イエス・キリストに倣う――まことの人としての主イエス様が、荒野でサタンの試みに会われたときの情況を思い起こしてください。サタンのしつような試みの間、父なる神は沈黙しています。一方、イエス様はご自分が理解している父なる神の御旨、みことばの真理に基づいて完璧な対応をし、サタンの誘惑を退けられました。まことの人であるイエス様の行動に、神の導き理解の原則を見い出すことができます。つまりその都度、父なる神に伺いを立て、指示を待って行動するまでもなく、神のことばの価値規範に基づく的確な判断を下し、対応しているということです。イエス様の言動は神の御心を知り、それを行う上で大切な原則であり、模範です。しかし、不完全な私たち人間のみことば理解、判断、選択には当然のことながら、神の御心からそれてしまう場合もあり得るのです。むしろ信仰者には失敗があってはならない、と考えるところに信仰理解のゆがみがあります。祈ったらたちまちにして万事解決する――クリスチャン生活はそんなに単純なものではありません。

もし夫婦間に不信が生じたら、神に祈りつつも、その解決のために互いに公平に聞き合い、向き合うことが必要です。そのまま放置することによって、その影響が二人の関係だけでなく、子どもの心身の健康にまで及ぶこともあります。いつでも何事においても神に信頼して歩むことは、敬虔さのしるしの一つです。だからと言って一挙手一投足、常に神に教えられ、示されながら、また一つ一つ指示を仰ぎながら歩むべきだ、ということにはなりません。それは一見、いかにも「霊的」そのもののように見えますが、「神は人をご自身のかたちとして創造された」、その創造目的から考えるとむしろ不自然、かつ矛盾に満ちた行動であることに気づかせられます。ですから再創造のみわざとしての福音によって救われるとはどういうことか、また救われた者が目指すものとは何かについて、福音の核心部分の理解がより大切になってきます。

祈りのうちによく考える――主が私たちを導かれる通常の方法は、私たち自身がみことばの真理に基づいて祈りのうちによく考えることを通してです。「神はみこころのままに、あなたがたのうちに働いて志を立てさせ、事を行わせてくださる方です」(ピリピ2・13)。ですから常々私たちは神のことばである聖書を丁寧に読み、学び、考え、聖書の価値規範を身につけることが大切です。また、神のことばそのものである神の御子イエス・キリストに注目します。キリストは永遠の神ご自身を啓示されただけでなく、父なる神の御前に生きる一人の人間として、私たちに模範を示されました。それゆえ「主の導き」を考える際にみことばの理解とともに、「この場合、キリストはどのように判断し、行動されるだろうか」と考えめぐらすことです。その問いの中で、神は御心を教えさとしてくださいます。子どものことや夫婦間のこと、職場での問題に直面したとき、静まってかつ迅速に自分がこれまで読んだみことばを思いめぐらしながら、祈りの中で「主はこの問題をどのように考え、扱われますか」と問います。また私たちは「ことばであれ行いであれ、何かをするときには、主イエスによって父なる神に感謝し、すべてを主イエスにおいて行いなさい」(コロサイ3・17)と、何事もイエスの名によって行うように勧められています。自分が今、行おうとしていることは栄光の主イエスの名において行えるかどうかを判断します。私たちの選択がキリストに対する冒瀆となり、あるいはキリストの信用を落とすようなことにならないかどうか、熟考することです。「こういうわけで、あなたがたは、食べるにも飲むにも、何をするにも、すべて神の栄光を現すためにしなさい」(Ⅰコリント10・31)。自分の行為が神に対する敬虔さ、畏敬の念を生じさせるように心がけます。これこそ神の御心なのです。

3　人間の考え、取捨選択能力は「主の導き」の手段の一つ

聖書に示された神の御心は不動のものです。父なる神・子なるキリスト・聖霊の三位一体、イエス・キリストの神性・人性、およびキリストの復活、再臨の理解等は決定的な言明であって、もし他の解釈の余地を残すならキリスト信仰の本質が揺るぎかねません。しかしクリスチャン生活に関することの多くは、選択の余地のないカミソリの刃の上を歩むかのようなものではなく、選択の幅のある許容範囲のあるカミソリの背の上を歩む道を示しています。

みことばの誤用――クリスチャン生活の中での決まり文句として「みことばを与えられた」ということをよく聞きます。実は、これが神の導きに誤解を与える典型的な決まり文句です。具体例で考えてみましょう。クリスチャンが共に集まること、主の家族と共に礼拝を優先すべきことは明白な主の御旨です。自分が迎え入れられた神の家族を優先順位の第一にすることは自然な行動です。しかしどの教会に集まり、礼拝すべきか、どの時間に礼拝すべきかとまで指示されているわけではありません。また転勤その他の理由で現在の所属教会から離れ、どこかの教会を選択しなければならないとき、どこの教会に集まり、礼拝を共にするかはその人の判断に委ねられています。優先順位として、自分の信仰の立場や教会観の判断があります。ときには自分の家族、その霊的必要、また地理的環境等々を考えて次善の道を選択することになります。だからと言ってたびたび教会を変えても良い、ということを言っているのではありません。「導き」という視点から考えたい事例です。「私はこの教会から出てA教会に出席するよ

うにみことばを与えられました」という手紙を置いて教会を去って行った方がいました。この問題点は何でしょう。この人は教会を変えるのは自分の好き勝手な好みによるのではない、という弁明の正当的根拠として指示的な「みことば」を選び、神の御旨の代弁として語らせていると考えられます。しかしこれは自分を正当化しようとする自己中心から発する、神のみことばの完全な誤用です。キリスト者の非常識と言われる典型でもあります。何か理由があってその教会での交わりに満足できなくなったはずです。

主の教会であればどの教会であっても、個々人の信仰の良心を尊重されるはずです。その教会での交わりにおいて他教会に移りたいほどの問題意識を覚えたとき、神の家族である兄弟姉妹とその問題について率直に話し合い、共に祈り、知恵を持って解決策を見出すことこそ教会のかしらである主イエス・キリストの御旨、導きであるはずです。そういうわけで「神の導き」を語るとき「みことばが与えられた」という表現は、よほど注意深く用いないと健全な信仰を損ねることになります。神の御心は聖書の価値規範や倫理原則に基づいて祈りつつ考え、取捨選択し、判断、決断するという「神の似姿」としての自律した人格の精神的な能力を介して実現していくのです。

人格的存在としての自己責任は主の御旨のうちである――「みことばが与えられた」という決まり文句について少し否定的なことを述べましたが、言わんとすることは人格的存在としての自己責任を自覚するべきだということです。神がご自身に似る者として創造された人間には、自分の行動において自分自身が主人であることを求めておられます。

親子の例で考えてみましょう。幼いときは親の言いつけを何の疑いもなく守り、むしろ親の言葉に安心を見出します。それは健全な親子関係を示していると言えましょう。しかしそれが中学、高校生になってても親に身を任せ、大学生になっても親に頼り、就職する段になっても親が手取り足取り、そして結婚する決断においても親の指示を待たねばならないとしたらどうでしょう。それはもはや精神的に健康な親子の関係とは言えません。人はある年代に達したら、親の意見をないがしろにするわけではありませんが、自分で責任ある選択や決断ができるようになるのが主にある自律の証し、成熟した人格のしるしです。なぜなら人は自律自存の神の「かたち」として創造された人格的存在だからです。また親も子に対して常に助言は惜しみませんが、最終的にはその子が自分で判断し、決断するように配慮します。主にあっての自律は人格的成長のしるしです。同様に、私たちの創造主も主にあって自律した歩みを求めておられます。ですから聖書の価値規範に基づいて自らよく熟考し、判断し、選択し、決断すべき自己責任を「みことばが与えられた」という仕方ですり替えるようなことがあってはなりません。

動物は個々の意志というよりも、本能装置によって秩序づけられています。しかし人間は本能を持っていますが、その本能のおもむくままに行動しているのではありません。むしろ人は、本能を自分の持つ価値規範によって制御してこそ人格的存在と言えるのです。また全知全能である永遠無限の神と非力な有限的存在である人間の人格的な交流を可能としているのは、まさに人間がこの自己責任を持つ人格的な存在として創造されたからにほかなりません。創造主は決して機械的でロボットのような生き方を意図されているのではないのです。聖書の真理規範に基づき熟考すること、そのようなクリスチャンに建て上げられることこそが主の御心を知る健全な道なのです。

状況からの判断――神の御心は聖書から、聖霊の促しによって確認するものであること、そしてそれは私たちの理性的な判断や選択とかけ離れたものではないことも確認しました。次に状況判断がありま す。御心と思って何度試みても道が開かれないということがあります。健康状態、経済的困難、能力の限界、思いがけない出来事等々による障害、そのときは静まって、今、しようとしていることとは別の仕方で神は導こうとされているのではないかと、状況を通して語られる神に祈ることです。もっとも神は少々の障害で落胆、失望せずに求め続けることも御心であることを教えています。そのことをも含めて今の状況の中で神の御旨を悟るわけです。

「使徒の働き」に記録されているパウロの第二次伝道旅行は、第一回目の伝道の際に救われた兄弟たちの信仰状態を確認して来ようという状況判断が動機づけでした。「それから数日後、パウロはバルナバに言った。『さあ、先に主のことばを宣べ伝えたすべての町で、兄弟たちがどうしているか、また行って見て来ようではありませんか』」（使徒15・36）。その延長線上でさらにアジアでの伝道を試みたのです。しかし思うようには道が開かれません。その状況判断として「それから彼らは、アジアでみことばを語ることを聖霊によって禁じられたので、フリュギア・ガラテヤの地方を通って行った。こうしてミシアの近くまで来たとき、ビティニアに進もうとしたが、イエスの御霊がそれを許されなかった。それでミシアを通って、トロアスに下った」(同16・6〜8)のです。彼らを取りまく状況から、これが聖霊の導きと判断しました。そしてたどり着いたトロアスで当初、予想もしなかったヨーロッパ伝道の道が開かれていくわけです。私たちも状況の変化に神の促しがありますので、賢い心をもって主の導きを洞察できるようにしたいものです。

神はご自身の御心を、私と私の周りの状況を通して示そうとします。もちろんクリスチャンが「運命論者」とか「宿命論者」というわけではありません。むしろ状況をも変えていくのが信仰の力と言えます。そのことを前提にしながらも現実の状況を冷静に判断し、主の御旨を洞察することが大切です。たとえば、どんなに伝道への熱い思いがあったとしても異文化に違和感があり、また学ぶに消極的な状態で、また神様の救いの計画について、その全容を知らずに宣教師に召されているとは言えないでしょう。また子どもを扱うことが苦手という人に神が教師の道を開くでしょうか。本当に助けを必要としている弱者に対する深い同情心や愛を持てない者に、神が福祉の仕事や看護を託すはずはありません。経済的な見通しが全く立たない状況での結婚はもう少し待て、ということになるでしょう。確かな主の導きを求めるにあたって、私たちキリスト者は理想をきちんと描きながらも、現実をしっかり見据える必要があります。今ある自分を生い立ちから振り返りつつ、客観的に、正しく自分を認識することも必要です。

ここで注意しなければならないことは、神の御心を知るためにと自分で条件を設定して神に求めないということです。士師ギデオンのことを思い出してください。ギデオンは祈りました。もし主が自分自身を用いて民を救おうとされているなら、地にではなく、一頭分の羊の毛にだけ露が降りるようにしてください、という条件設定をしました。そして確かに主はそれに答えられました。しかしこれは主ご自身からギデオンに呼びかけられ、それに対してちゅうちょするギデオンの応答として記されている特例であって、普遍的、かつ積極的な導きの原則ではありません。私たちが特殊なギデオンの例を誤用し、条件を設定して神の御心を確認しようとすることは正しい状況判断ではありません。たとえば、「A社に入社することが主の御旨であるなら、虹を現してください」と祈るような御心判断は、自己中心的な〝霊的発想〟と言わなければなりません。そうではなく、状況を通して語られる神の御旨を洞察することが大事なのです。

主の御心は他人の助言にも示される——信仰者の陥りやすい欠点は、何事も、主と共に歩むということから、自分ひとりで決断できることが強い信仰者の生き方のように錯覚してしまうことです。しかし主はご自分の御心を、その人を取り巻く人々を介して、人々との関係の中で示されるということを知るべきです。ですから信仰の友や先輩たちの助言を求めること、これも御心を求める上で大切です。

先に、導きを求めている課題について自分自身、よく考えることの必要性を挙げました。この「考える」には他者の意見をも参考にすることを含みます。経験豊かな人からは自分にはない知恵が期待できます。信仰歴の豊かな人は、聖書のみことばの理解の点で自分の知らなかったみことばの真理を教えてくださるでしょう。また他人であるがゆえに問題をより客観的に捉え、冷静な判断が期待できますし、当事者とは異なり問題を突き放して考えることができ、感情的に左右されることなく判断することが可能です。

結婚なら、独身の者よりも既婚の先輩からより適切な助言が得られるでしょう。転職については、転職を経験された人の助言が有効でしょう。人に相談をすることは、信仰者として成熟した姿勢の現れの一つです。私たちは決して完全な者ではないことを認識しています。それゆえ私たちは互いに補完し合うことによって、より普遍的な真理に到達することを可能にします。自分を絶対化し、完全な者とし、相手を完全に否定することによる決断は、自分の判断の確かさを否定することになります。むしろ謙遜に物事を判断しようとする態度が大切です。他人の助言を排除し、自分の考えや思いを神様に押しつけてはいけません。「したい」とか「したくない」といった自分の意志は明確にしながらも、神様に対して心が自由になることが御心を知る最も近いところに立っていると言えます。ただし、導きは本人が決断するのであって、他人に決断させることではありません。ですから助言する側も、あたかも自分は神の御心を断定できるかのような仕方で意見するのは問題です。自分の助言は一つの視点であって、完全ではない、という謙虚さを忘れずに助言すべきでしょう。何よりも本人が神の御心を確信する手だてになるような助言の仕方でなければなりません。助言を求める者も、決断するのは自分であることを自覚し、助言を受けることが肝要です。

まとめ———これまで、いかにして神の御旨を知るか、また主の導きをどのように理解するかについて述べてきました。最後にまとめをしておきます。クリスチャン生活の中で常に、優先的に意識しなければばならないことは「神の御心は何か」ということです。それが祈りへと、私たちを促しますし、聖書を読み、共に学び、考えることの動機づけにもなります。さらに「神の御心は何か」を知ろうと願う者は私的、公的を問わず、神の家族と共に集まる、共に礼拝することへと向かうのです。信者が共に集まること、共に礼拝することは「神のことば、教えを共に聞き、学ぶ」ことでもあります。そして示された御心に対して一面的、部分的な応答であってはなりません。全存在をもって応答しましょう。つまり、私たちの生活の全領域において神の御心を実現しようとすることです。神の御心どこ吹く風のような信仰生活とは明確に決別し、神の御心に生きることを決意しましょう。

クリスチャンの生涯は神を喜ぶことにあります。そこにこそ真の自由があり、心の平安が約束されています。そして何よりも大切なことは、「主の導き」を求めることは私たちが考え、取捨選択することであって、判断することを放棄することではないということです。それゆえ、聖書の価値規範をしっかり身につけておくことが大事になります。というのは、みことばの真理規範が私たちの内になければ、何が善で、何が悪なのかを判断しようがありません。また神は私たちの内に志を与える方でもあります。ですから、それらが本当に神からのものか、あるいは自分の思いなのかを判断するためにも、聖書のみことばの真理を内に持っていることが重要です。また信仰は漸次成長するわけですから、各々信仰の計りに応じて判断することです。同時にたとえ御旨をしそこなったとしても、故意にではない限りにおいて、恐れる必要はありません。謙虚に、恵みの神に信頼します。たとえ私たちが失敗したとしても、私たちの主は回復させてくださる全知全能の摂理の神です。

神が人を造られた目的は、人が人格的な存在として神と自由に交わることです。神は全知全能の神、無限の存在であるのに対し、私たちは有限の存在、実に小さな者です。しかし「ご自身に似る者」として創造された私たちは無限の神様との人格的交流が可能な存在として、しかも自由意志を持つ主体的、精神的存在なのです。ですから「主の導きは何か」を考えるとき、この大事な創造目的を見失ってはなりません。主は私たちに指示することだけで満足されず、また強制されるお方でもなく、人格的存在として、自らの価値規範に基づいて取捨選択し行動することを願っています。

「キリストは、自由を得させるために私たちを解放してくださいました」（ガラテヤ5・1）。これまで私たちは自由に振る舞っていたと思いますが、実は自己中心の罪の束縛、サタンの奴隷として不自由の身であったのです。イエス・キリストの十字架の死と復活とにより、再び創造主の前に立ち、自由を得ました。この自由は神との関係のみならず、隣人との関係における自由をも意味します。そしてこの自由は聖書の真理、価値規範に基づいて行動する自由です。聖書の価値規範を把握すれば、普段の生活において、主の御心はなんであるか迷うことはありません。私たちの父なる神をお喜ばせしようとの動機から聖書に親しみ、その価値規範を自分の行動原理に確実に据えることです。ことが起こるたびに聖書に問います。とっさの判断を迫られる場合もありますので、不断に聖書を学び、聖書は何と言っているのか、何度も何度も通読しておくことです。少しまとまった時間が与えられたときはじっくり聖書を読んでみましょう。一度、聖書の基本原則を捉え、真理を解したなら、それは一生の財産となります。丁寧に聖書を読み、原則を見出すその過程を通し、聖霊は私たちにみことばの真理を悟らせてくださいます。聖書の学び、聖書の知識の豊かさに伴って私たちのものの考え方が変わり、その結果として私たちの行動は変化していきます。その変化こそ神の御心にかなう神の栄光なのです。

「主の御心」を損ねることも主の御旨である――真剣に神の御旨を求め続けながらも、御心を実行しそこなうことがあります。「主の御心」を損ねることは、導き自体が人間の判断、取捨選択、決断することを前提にしているとしたら、避けられないことなのです。しかし仮にあったとしても、それによって信仰者としての人生は全く絶望的と考えてはなりません。私たちの神は愛と恵みに富む全知全能の主です。もしかしたら信仰生涯の中で、神の御旨を取り違える可能性を拒むところに「みことばが与えられた」という決定的な御心を確信しようとする思いが出てくるのではないかと思われます。しかし聖書には神の御心を損ねた人たちのことが赤裸々に記されています。

アブラハムに対する神の約束は妻サラを通して子どもを与えることでしたが、二人は人間的な状況判断によってサラの女奴隷であるハガルを通して子を得ようとしました。ダビデはバテ・シェバとの罪を覆い隠すため、また彼女を自分のものとするために王位を利用してその夫ウリヤを、しかも忠実な家臣であるウリヤを戦死させました。ヨナは自分の偏見でニネベに対する神の宣教命令に背いて逃れようとしました。ペテロは身の危険を感じたとき愛する主イエス様を一瞬にして、かつ決定的に否んでしまいました。しかし神の御心を実行しそこなった彼らの人生は、それで終わったのでしょうか。そうではありません。むしろ彼らの失敗をはるかに超えて神はご自身のご計画を実現され、失敗をしたその者を回復されました。もちろん私たちが故意に神の御旨を拒絶し続けるなら、神は公正な審判と怒りを示されるでしょう。しかし神はご自分の御心を損ねた人に過ちを気づかせ、心から悔い改めのチャンスを与え、再生し、さらに霊的に成熟した者とされる恵み深い全能の主です。

人は失敗を通して神の御心をより明確に確信します。神の民イスラエルの歩みには、まさに神の恵み深さが示されています。彼らに対するのろいと祝福の戒めは明確でした。そのみことば通りのことが起こりました。しかし敗北と挫折の中で悔い改める民に対して、神は慈しみ深い救いの御手を差し伸べられたのです。しかも二度、三度と繰り返しの不従順にもかかわらずです。恵みに富む神、無から有を呼び出す全能の神は、たとえ私たちが失敗したとしても回復させることのできないようなお方ではありません。「神を愛する人たち、すなわち、神のご計画にしたがって召された人たちのためには、すべてのことがともに働いて益となることを、私たちは知っています」（ローマ8・28）。「ああ、神の知恵と知識の富は、なんと深いことでしょう。神のさばきはなんと知り尽くしがたく、神の道はなんと極めがたいことでしょう。／『だれが主の心を知っているのですか。／だれが主の助言者になったのですか。／だれがまず主に与え、／主から報いを受けるのですか。』／すべてのものが神から発し、神によって成り、神に至るのです。この神に、栄光がとこしえにありますように。アーメン。」（ローマ11・33～36）

要は私たちが神の御心を真剣に知ろうとすること、そして御心を実現するにあたって自分のすべきことを自覚することです。人間の責任を伴う自由意志の行動によって、しかも過ちに陥ったときも神の規範に基づき行動しようとする限りにおいて、神はご自分の御旨を実現することがおできになります。個人の行動決断の場合は、クリスチャンとしてなすべきことをしたならば、自分の志に正直に生きることに尽きるのです。「神はみこころのままに、あなたがたのうちに働いて志を立てさせ、事を行わせてくださる方です。すべてのことを、不平を言わずに、疑わずに行いなさい。」（ピリピ2・13〜14）

行動原理Ⅲ　キリスト者の自由

兄弟たち。あなたがたは自由を与えられるために召されたのです。ただ、その自由を肉の働く機会としないで、愛をもって互いに仕え合いなさい。（ガラテヤ5・13）

1　回復すべき自由

新生したクリスチャンのうちには「信仰の成熟」を目指すという明確な目標、意志があります（ピリピ3・12〜14）。そして注目すべきは、私たちが目指す「キリスト者の成熟」、追求するキリスト者の理想は互いの人間関係に密接に関わっているということです。私たちはどのような人間関係を実現しようとしているのでしょうか。これが冒頭に記した聖句です。関連の聖句、ガラテヤ人への手紙5章1節を見ると「キリストは、自由を得させるために私たちを解放してくださいました。ですから、あなたがたは堅く立って、再び奴隷のくびきを負わされないようにしなさい」とあります。真に自由な存在であり続けるように、自由にされる以前の状態に戻ることのないようにと警告しています。かつては奴隷のくびきを負う者でありました。すなわち自分の意志は間違った規範に基づいていました。それゆえ真の満足は得られず、創造主とは無縁の生き方、むしろ聖なる神の怒りとなる自己中心性、肉の思いを満足させるものであったのです。「私たちもみな、不従順の子らの中にあって、かつては自分の肉の欲のままに生き、肉と心の望むことを行い、ほかの人たちと同じように、生まれながら御怒りを受けるべき子らでした」(エペソ2・3)。私たちはかつてサタンの思うつぼであったわけです。そのような自分にとって、真の意味で良い隣人関係を持つことには困難さがありました。奴隷の身分を完全に解消するには、死ぬか、十分な値をもって買い取られるか、他の方法はありません。イエス・キリストは完全な贖いを成し遂げ、すなわち私たちの払うべき代価を代わって払ってくださり、そして復活されました。それゆえ私たちもその「先行的救い」のゆえに、それを信じる信仰のゆえにキリストと共に死に、キリストにあって新しく生きる者となりました(ローマ6・4～6)。つまり先に学んだキリストにある「新生」によって、私たちはキリストのしもべ、神に愛される子として、栄光ある自由と祝福に満ちた状態へ移し変えられたのです。

失っていた「自由」――私たちが失っていた「自由」とはどのようなものでしょうか。神は「ご自身に似る者」として人間を創造されました(創世1・26～28)。それは人間が人格的な存在であると同時に、人間は自由な存在であるということの根源がそこにあります。ですから人間の自由はいわゆる「完全な自由」ではなく、神様との関係における自由です。これこそ回復すべき自由です。その神との関係を自ら断ってしまったのが最初の人、アダムでした。アダムの神からの離反は、自由を得たかのように思えたのですが実は逆で、人としての真の自由を失うことになりました。人類の堕落、ゆがみの始まりです。

大気の中でこそ鳥は自由に飛び回ることができますし、魚は水中にあって自由に動き回ることができます。同様に人間は創造主との関係でこそ真の自由を得るのです。主権者である神から離れては、むしろ不自由の身、この世の君、サタンの奴隷となります。それは、神を拒絶した人間は自己中心性にあるからです。神から離れることは、一見、自由のように見えますが、錯覚です。己を神としてしまう自己中心の人間集団の中に平和な真の秩序はありません。むしろ、力や組織による支配、つまり従属関係か、あるいは孤立のいずれかの束縛に置かれます。国家――とりわけ法治国家の国家権力――、そして憲法や法律、それに基づく司法制度は、ある程度の秩序を保つことになります。しかし、自己中心に起因する人の邪悪性はある程度抑制されるものの、真の解決をする手段にはなりません。

2　隣人関係における自由

神は、人類がもたらした自己中心性による混乱を回復するために、信仰による救いのご計画を実行され、最終的にイエス・キリストにおいて完成されました。「信仰による神の救いのご計画の実現」のためにイスラエルを選ばれました。まずアブラハムを召し出し、神の民イスラエルを起こされたのです。そして民族として、国家として整えられるにあたり、モーセを通して十戒が与えられました。神と人との関係、人と隣人との関係における真の自由を実現する規範が律法です。その構成はまず主権者である神との関係を示し、その後に隣人との関係を規定しています。神はただおひとりであること、神は霊なるお方ですから、この神のために偶像を造ってはならないこと、また神の尊厳性のゆえにみだりに神の名をとなえてはならないこと、そして神の創造秩序の中に安んじることが示されています。真の自由を得る第一歩は私たちの創造主である神の主権の下にあることの自覚、創造主の意図に生きることで神との関係を取り戻すことです。

十戒の後半は隣人との関係が示されています。主権者である神の前に自己を見い出した人は自己中心の罪を克服します。創造主であり絶対的主権者であるという神認識と、その神の前における自己認識、そこに生じる認罪の自覚が、キリストの十字架の救いに向かわせます。隣人関係における諸悪の根元は自己中心、わがままです。この人間の根源的な罪がキリストにあって克服され、そして隣人関係が正常化されます。これが人間に与えられている真の自由の意味です。隣人の存在、尊厳はかえりみず、ひたすらわが道を行く「個人主義」、それは自由ではなく、むしろ自由の曲解です。主権者である神を認める、神の御前における自己認識から真の自由を得ます。この神を畏れ敬うがゆえに、神の代理者である「あなたの父母を敬え」に通じます。その神の与えたいのちの尊厳性、神聖さのゆえに人を「殺してはならない」のです。また人は創造の秩序としての結婚の神聖さのゆえに姦淫してはならず、人の労働の尊さ、富、その所有権の神聖さのゆえに盗んではならず、神の似姿としての人格の神聖さのゆえに隣人に対して偽証してはならず、人の人格性、心の神聖さのゆえにむさぼってはならないのです。神と自分との関係が正常化されることで、真の意味で自己の存在を自覚し、神からくる真の価値規範を得ます。

それが私たちと隣人との関係を規定し、秩序を保ち、かつ真の自由を与えるのです。

自らを神としてしまう自己中心性を創造主である神の前に自覚しないと、その後の律法の意図がゆがめられます。神の民イスラエルは義の律法を追い求めつつも、その律法に、すなわち真の隣人関係における自由に到達することはありませんでした。信仰によるのではなく、行いによるかのように、つまり、自力で到達しよう、自分自身の義を立てようとして、神の義に従わなかったからです（ローマ9・31～32、10・2～3）。以上の観点から、クリスチャンは真の自由を得る者となりました。ただし「その自由を肉の働く機会としない」ことが肝腎なのです。

人に仕える自由――「肉の働き」とは罪、自己中心、わがまま性から隣人の尊厳性を否定する罪の行動を意味しています。真の自由を実現するためには神の定める規定に基づく価値規範を持つ必要があります。その目指すところは「愛をもって互いに仕え合」う、ゆとりのある自由です。往々にして私たちは、とりわけ日本の文化の中で育ったがゆえに、人の目を気にします。周りの人々の自分に対する評判や評価を気にするあまり、私たちの振る舞いが束縛されがちになります。また神ではなく、人の評価を高めることを求めるあまり、人のご機嫌とりをしてしまうこともあります。これらの行動は真の自由を理解していないばかりか、真の自由を得ていないことから生じる振る舞いです。主にある自由人にはゆとりがあります。なぜなら、神との関係を正し、神の前に律する者として、神の評価の基準を知る者となり、もはや人ではなく神の評価を優先し、人の評価に縛られることはないからです。しかし、隣人に対する気遣いもなく、ひたすら「我が道を行く」隣人になることはありません。
もちろん、自分が周りの人にどのように理解され、感じられているかを知ることは大切です。なぜなら、それによって自分自身を点検し、改善すべき自分を見出すことができるからです。そして人の評価にではなく、神の基準に従うことです。神の前で、自らの動機を確認できるなら、もはや人を気にしません。主にある自由人として、凛《りん》とした歩みを実現します。主は「鼻で息する人間を頼りにするな」と言われます（イザヤ2・22参照）。ただし、キリスト者が目指す自由は人をはねのける自由ではなく、むしろ、みことばによる人の尊厳性の理解に基づく、隣人への尊敬を土台とした仕える自由です。救われて神の家族である教会共同体に加わるのは、まさに神の意図した人間の自由を確立するためです。つまり、神が備えられた秩序の中で建て上げられながら従い、仕える自由を確立します。

自由そのものである信仰――信仰生活における強制感を克服します。信仰生活に欠かすことのできない共に集まること、礼拝やみことばの学び、共に祈るなどの諸集会への参加、聖書の朗読や学び、祈り、奉仕、献金等々、これらのことはすべて神に与えられた仕える自由から発想されるべきです。大切なことと承知しながらも、人から強く要請されたりしますと、なおさらうっとうしくなったりします。しかし「キリストは、自由を得させるために私たちを解放してくださいました」。この約束に目を留めます。救いは神の「先行的救い」、恵みに基づくものです。しかも私たちがまだ神様に敵対していたときに、キリストにおいてなされた神の愛によるものです。現実はともあれ、私たちはキリストにあって新しいいのちにあずかり、神の家族の一員に加えられています。栄光に輝く神と親しく交わることのできる者としての立場を得ています。それは私たちの何かに基づくものではなく、キリストの十字架に基づくものです。私たちはキリストの十字架の死と共に死に、キリストと共に葬られ、キリストが死を打ち破り、栄光のからだに復活されたように、私たちも新しさに生きるために、キリストにあってよみがえり、キリストが天にお帰りになり、父なる神の右に座されたように、私たちもキリストにあって天に座しているのです（エペソ2・4～8）。このようにキリストにある者は、過去、現在、未来の罪は完全に赦され、神の子として永遠の祝福を受け継ぐ者とされています。それは私たちの「ただ信じる」信仰のみによるものです。これらの神の圧倒的な恵みをしっかり自覚するなら、自虐的になったり、理想的なクリスチャン生活にほど遠い自分に愛想をつかしたり、失望したりせず、むしろ、そのような自分がキリストにあって永遠の祝福に迎えられていること、罪深く信用ならないこの自分がキリストのゆえに愛され、無条件で受け入れられていることに注目します。この自覚がクリスチャンとしての自由の出発点となります。主権者である神のもとで自分を律する自由を得、結果として家族の秩序を重んじ、神の家族共同体の秩序を建て上げる自由を行使するのです。

3　禁欲でもなく、律法主義でもなく

信仰生活が禁欲主義や律法主義に陥らないよう注意します。パウロは明言します。「あなたが持っている信仰は、神の御前で自分の信仰として持っていなさい。自分が良いと認めていることで自分自身を

さばかない人は幸いです」（ローマ14・22）。信仰は自分の自由意志に基づくもので、決して他人から強制されるものではありません。信仰は人間の自律の証しでもあります。ですから信仰告白後の信仰生活においても、その自由が保たれなければなりません。たとえば飲食について「私は主イエスにあって知り、また確信しています。それ自体で汚れているものは何一つありません。ただ、何かが汚れていると考える人には、それは汚れたものなのです」（同14節）と言われています。テモテには「食物は、信仰があり、真理を知っている人が感謝して受けるように、神が造られたものです。神が造られたものはすべて良いもので、感謝して受けるとき、捨てるべきものは何もありません」（Ｉテモテ４・３～４）と言っています。コロサイ書では「『つかむな。味わうな。さわるな』といった定めに縛られるのですか。これらはすべて、使ったら消滅するものについての定めで、人間の戒めや教えによるものです」（２・21～22）と注意を促しています。そして個人の自由とともに「愛をもって互いに仕え合う」よう勧められています。つまり真の自由の行使が意味するところは、自分の行為が兄弟姉妹のつまずきになっていないかどうか注意し、ときには自分の自由な行為を兄弟姉妹への愛のゆえに制限できる、制限できてこその自由なのです。決して人を押し退ける自由であってはなりません。主権者である神を押し退けるのが真の自由ではなく、むしろこの主権者である神の前に立つことで真の自由を得るように、この世にあってもキリスト者は秩序の中での自由を行使します。

自分自身からの自由――「愛をもって互いに仕え合う」、相手の意志、良心を尊重し、相手の利益を求めることができるところに、キリスト者の自由の真価が発揮されます。そのために、ときには自分の自由を兄弟姉妹への愛のゆえに制限することがあります。さらにその制限が他者からの強制感に縛られるものではなく、自分の意志でできるなら、それこそ真の意味での自由を得ていると言えます。隣人のために自分を制限することは、いつも他人の目、評判にビクビクし「世間体」を気にして生きる生活とは次元を異にします。クリスチャン生活は、自分に対する人の批判や、評価に対して自由であることを特徴とします。そのために自分を冷静に自己観察できるようにすることです。

客観的に自分を見つめることは神の前に祈る行為によって可能となります。主なる神の前に静まるときに、自分の心の状態や動機などが見えてくるはずです。さらにみことばを思いめぐらすことによって、私たちがどのように行動すべきかがわかります。神を神としない以前の古き自分は自己中心そのものでした。それこそがプライドや傲慢を生み出す根源です。ですから何をするにも他者に対して自分を意識してしまいます。当然のことながら評判や、評価を気にします。また自分に対する賞賛がないとわかると、いともあっさりと自分の責任を放棄してしまうのです。しかし、今やキリストにあって、利己的な自分は葬り去られました。キリストにある新しさに生きています。それはただ恵みにより、信仰によるもので、私たちの何かに基づくものではありません。そこから生まれる行為は自分を全く意識しない、自由で、好意に満ちた振る舞いなのです。

「良心のうずき」からの自由――キリスト者の自由、自分自身からの自由のすばらしさの一つは「良心のうずき」からの自由です。してはならない悪とわかっていたにもかかわらず、やってしまったとか、あるいはなすべき善を知っていながらしなかったり、また全く自分の利益を優先させたりするために、相手に多大な犠牲をしいることになってしまったとき、私たちの良心はうずきます。また周囲の目を恐れ、本心を偽った行為を人にしてしまうことがあります。それもまた、良心のうずきを生み出します。主にあって自由とされた私たちは、永遠の神の前に立って生活をしています。聖なる神の前に少しもやましいことのない――その行動が完全という意味ではありませんが、自分に正直な――歩みをしています。それは私たちの功績に基づくわけでもなく、ただ恵みにより、キリストにある新しさのゆえです。にもかかわらず、結果的にすべきでないことを行ってしまうこともあり得るわけです。しかし、私たちの行動の動機が主にあって意志したことが明白であれば、良心のうずきに支配されることはありません。

とはいえ、主にあって意志すると言っても、「私たちは到達したところを基準にして進むべきです」（ピリピ3・16）とあるように、その人、その人の信仰のはかりに応じての判断になりますので、すべて完全を選択するとは限りません。ただ、その動機において、自分の名誉を優先させる行為とか、また故意に自分を偽る行為ではないという意味で、自分を責めるものは何一つありません。それこそ主にある自由です。もちろん結果的に不適当だったとわかったときは、謙虚に修正し、ときには不利益を被った人に謝罪する必要もあります。このように、主にあって自律した者が共に生きる共同体が神の家族教会です。多様性の中の一致はこのような関係から生まれます。そのような人間関係は唯一、主にあっての自由、仕え合う自由を得ているゆえ、互いに尊敬をもって認め合うことに基づきます。

付記　ルターの「キリスト者の自由」に学ぶ

ルターの『キリスト者の自由』は十六世紀宗教改革におけるルター自身の宗教改革三大文書の一つです。一千年もの間続いたローマカトリシズムの悪弊から解放されたクリスチャンがどう生きるか、キリスト者の行動規範を示した名著です。その中でキリスト者とはどのような者であるかについて、次のような命題を挙げています。「キリスト者はすべてのものの上に立つ自由な主人であって、だれにも従属していない。キリスト者はすべてのものに奉仕する僕であって、すべての人に従属している。」自由な主人と奉仕する僕《しもべ》という、一見、相矛盾するような課題をどのように理解すべきでしょうか。

「内なる人」——キリスト者の、霊に属する「内なる人」はキリストのゆえに新しくされています。しかし同時に、肉に属する古い「外なる人」も確かに存在しています。ここに自由と仕える奉仕という、相反することが言われるゆえんがあります。この新しい自由な存在である内なる人とは、どのようなものなのでしょうか。「内なる人」はどんなに外なるものをもってしても、自由にすることはできません。お金で買うことはできませんし、功績を積むことによって得ることもできません。みことば、福音以外にこれを生かし、義とし、自由にするものはないのです。みことばのみが魂を養うのです。そしてそのみことばとは、キリストご自身とその教えです。私たちはしっかりと信仰をもって、キリストに自分を委ね、信頼します。その信仰のゆえに罪が赦され、神の前に受け入れられるのです。心から信ずることが、人を正しくしまた義とする（ローマ10・10参照）のです。戒めは私たちが何をすべきかを教えますが、それを実行する力を与えることはできません。むしろ戒めによって、人間が善に対して無力であることを知り、自分に絶望することを学びます。しかし感謝なのは、そこで、つまり絶望で終わるのではなく、それゆえにキリストを信ぜよとの招きを聞きます。その信仰が恵みと義と平和と自由をもたらすのです。

キリスト者であるためには唯一、信仰だけで十分です。神の前に義とされるための行為は一切不要です。だからと言って怠けて、悪を行ってもよいということではなく、神の前に義とされ、祝福を受けるためにはいかなる行為、功績をも要求されることはないということです。しかもキリスト者はすべての戒めや掟から解放されています。ここに真の自由があります。相手に対して最大の名誉を帰すことが「信じる」という行為です。つまり、神に最高の栄誉を帰す行為が「神は真実な方、善なる方と信じる」ことなのです。逆に人が神を信じないこと以上に神を侮辱することはありません。それは己を神とし、傲慢な態度を生み出すからです。神を信頼し、信じるその行為をごらんになる神はその人を真実な者とされ、祝福されます。神を神として心から崇めることのできるのは、ただ神を信じる信仰のみです。信仰によって満たされたとき初めて、神はみことばそのものにおいて義であり、真実であり、最善であることを信じて疑わない、という行為を実現できるのです。しかもキリスト者は祭司として神の前に出ることができ、神の全能の力を動かすことができます。このような特権はただ信仰によってのみ与えられたものです。キリストのなされたことを真に理解するなら、心底、キリストを喜び、キリストを崇め、かつ慰めを受けることになります。これらは律法によっては実現できず、信仰によってのみです。

「外なる人」——奉仕するしもべとしての「外なる人」について考えてみましょう。キリスト者は自由であるという限りにおいて、何かをしなければならないということはありません。しかし、しもべであるという限りにおいて、あらゆることをしなければなりません。人は精神的存在であるだけでなく、この世にあっては肉体にとどまり、隣人との関係の中に存在しています。しかし、そのしもべとしての行いが人を義とするのではありません。信仰によって霊的に自由とされた新しい人、その人の肉体が、従順に善行に励むようになるのです。報いを求めず、自由な愛から出発し、その動機は神を喜ばせようとの思いのみです。そのために自分を規律正しく訓練します。信仰によってきよめられたキリスト者が善行をなすことで、より善く、より多くきよめられるのではありません。「善い、正しい行為が、善い、正しい人をつくるのでは決してなく、善い、正しい人が、善い、正しい行いをするのである。また、悪い行いが悪い人をつくるのでは決してなく、悪い人が悪い行いをするのである」(ルター)。つまり、人は善行に先立って善く、正しくなければなりません。善行は正しい、善い人格から生れるのです。人の信仰、不信仰いかんによって、その行いが善くも、悪くもなります。行いよって、不信仰であったり、正しかったりするのではありません。信仰が人を義とするとともに、善い行いを生み出します。

他者との関わりにおける行いについてですが、人間はこの地上にあって自分一人で生活しているのではなく、隣人との関係の中に生きています。つまり私たちは他者への働きかけ、他者からの働きかけという行いなしに生活することはできません。しかしこの行為が、神の前に私たちを義とするものではありません。義とされたゆえに全く違った基準に立つのです。すなわち、隣人の必要のみを考え、その人に役立つ仕方で仕えようとします。キリスト者の行いは隣人のためという目的以外にないからです。「ですから、キリストにあって励ましがあり、愛の慰めがあり、御霊の交わりがあり、愛情とあわれみがあるなら、……何事も利己的な思いや虚栄からするのではなく、へりくだって、互いに人を自分よりすぐれた者と思いなさい」（ピリピ２・１、３）。キリストご自身がその見本を示されました。イエス様は隣人を助けるために進んで自らをしもべとし、隣人の益のために仕えられました（ピリピ２・５〜８）。キリスト者は自分のため神に対する愛と喜びが生まれ出ることで、何も報いを求めず隣人に仕えます。キリスト者は自分のために何か善いことをしようとは考えず、他の人々が喜ぶように、彼らが益することを考えて行います。これがキリスト者の行いです。「キリスト者は自分のうちに生きるのではなく、キリストと自分の隣人とにおいて生きる。すなわち、キリストにおいては信仰を通して、隣人においては愛を通して生きるのである」（ルター）。これこそキリスト者の自由であって、私たちの心をあらゆる罪と律法と戒めから自由にするのです。

行動原理Ⅳ　クリスチャンの目指す「完全」

神の恵みによって神の家族に加えられた私たちが目指す理想がどのようなものか、共に確認し、またクリスチャンとしての歩みが空を打つような空しい拳闘にならないように、キリスト者の目指す主にあって約束された理想、「完全」すなわち「成熟」について理解を深め、キリスト者の行動原理を確立したいと思います。

最後に兄弟たち。喜びなさい。完全な者になりなさい。慰めを受けなさい。思いを一つにしなさい。平和を保ちなさい。そうすれば、愛と平和の神はあなたがたとともにいてくださいます。（Ⅱコリント13・11）

私たちはみな、神の御子に対する信仰と知識において一つとなり、一人の成熟した大人となって、キリストの満ち満ちた身丈にまで達するのです。（エペソ4・13）

1　キリスト者の「完全」の理解

「完全」という語義――キリスト者の「完全」というときに、しばしば一点の罪もない完全を想定しがちです。「完全」と訳されているギリシア語の語義は「終わり、終わった、あるいは完成するのに必要なものは何もないこと」、また人間に用いるときは「完全に成長した、大人、成人した、成熟した」

と説明されています。さらに「完全」と訳されているギリシア語の当時の一般的な使用例を見ると、女性が「成熟した」と認められること、奴隷のような制約された生活から自分の意志を主張できる状態になること、遺産を「得る年」に達したことなどを示すのに用いられています。また完全に成長した雌鶏、つまり健康でよく卵を産める状態を表現しています。あるいは機械がうまく作動して調子よく動いている、といった用い方です。つまり「完全」であるとは、それぞれ、そのものの目的を達成するために十分に機能できる状態のことを言い表しています。

聖書の事例では「終わり」とか、完成するためにもはや何も必要としない状態、また人間に対しては完全に「成熟した成人」、幼子でない「大人」という意味で用いています。いくつかの事例を確認し、「キリスト者の完全」の意味を理解しましょう。

幼子に対する大人――ヘブル人への手紙5章14節に「固い食物は、善と悪を見分ける感覚を経験によって訓練された大人のものです」とあり、幼子に対する「大人」という用い方をしています。ここでの幼子は文脈から判断して十歳とか八歳という絶対年齢のことではなく、知的、精神的、霊的に未熟であるという意味での相対的幼子を示しています。つまり義のことばに熟達していないという意味で「キリストについての初歩の教え」（ヘブル6・1）つまり聖書の「基本原則」にとどまっている状態、「基本原則」を繰り返されなければならないクリスチャンです。それに対して「大人」と呼ばれる者は「初歩の教え」を習得し、繰り返す必要のない霊的に成熟した人々のことを言います。聖書の「基本原則」とは福音の理解、福音に基づく奥義としての神の家族教会、その建て上げにかかわる「健全な教え」です。「大人」のクリスチャンは新生の事実を明確に理解し、変革の人生を歩んでいます。つまりクリスチャン生活の出発点とその方向性を正しく認識している信仰者です。ときには自分の誤解や過ちを謙虚に認め修正し、方向転換できる人であって、一点の欠点もない文字通り完全な人という意味ではありません。

未成熟に対する成熟――コリント人への手紙第一2章6節、3章1～3節でも同様に「成人」、つまり成熟した者と幼子、すなわち未成熟という対比で用いています。この課題については、第二章 福音理解に始まる聖徒の建て上げ Ⅳ「聖徒の建て上げ」――聖書が喚起する「二種類のクリスチャン」の現実 を再確認してください。キリストにある幼子とは、クリスチャンになったばかりという時間的なことだけではなく、福音理解において成熟したキリスト者としての経験を持たないクリスチャンたちのことを指しています。ですから年数がどんなにかさんでもキリストにある幼子のままであり得るのです。

キリスト者として「完全である」ということは成熟したクリスチャンのことです。つまり、神の家族教会共同体のいのちの交わりの中でキリストの福音と福音に基づく「健全な教え」を理解し、建て上げられており、クリスチャンとして歩む人生の方向性を思い描き、新たな一歩を踏み出している人です。

2　キリスト者の目指す完全

エペソ人への手紙4章13節に「私たちはみな、神の御子に対する信仰と知識において一つとなり、一人の成熟した大人となって、キリストの満ち満ちた身丈にまで達するのです」とあり、ここでは成人と幼子の対比で語られていますが、成人は霊的に成熟したということだけでなく文字通り「完全」という意味が含められています。その完全の意味内容は、まことの人としての「キリストの満ち満ちた身丈にまで達する」ことです。だからと言って、私たちがこの地上で「完全になり得る」と考える必要はありません。ヨハネの黙示録22章11節を見ますと、「不正を行う者には、ますます不正を行わせ、汚れた者は、ますます汚れた者とならせなさい。正しい者には、ますます正しいことを行わせ、聖なる者は、ますます聖なるものとならせなさい」とあります。この文脈は救いの計画における究極状態について言及している箇所です。キリストの再臨によって、罪との葛藤常状態から、罪の束縛から解放されます。そして永遠無限の神の完全、まことの人としての「キリストの満ち満ちた身丈」を目指し、限りない成長へと向かいます。新天新地において神の子たちは完成の静的状態になるのでなく、より聖なる者、より義なる者へと変化し続ける完全、真の成長への動的状態に変えられることを暗示しています。

この地上においては満ち満ちたキリストのご性格が形づくられることで、その人の内にキリストの恵みがバランス良く保たれます。クリスチャンの理想の実現と言えましょう。たとえば、非常に熱心ではあるが知識がなく、その熱心を適当な方向に向けたり、あるいはときには、欲望や感情を抑えたりすることができないクリスチャンはバランスを欠いた信仰者であり、霊的に成熟していない状態です。私たちの内にキリストの人格が形づくられることへの目標が明確でしょうか。地上生涯の終わりのとき、仮に不慮の事故とか病にもあわず、長寿を全うしたとき、ある程度の成熟度が見られるかもしれません。しかしそれは個々人によって違いがあり、普遍的な成熟度を立証するには無理があるように思われます。さきほどのヨハネの黙示録22章11節はとても興味深いみことばです。新天新地、永遠のいのちへと入ったときの文脈で語られています。この地上の生涯を終え、かつ罪の束縛から解放されたキリスト者が静止した永遠を迎えるのではなく、キリストにあってますますきよめられていくというのです。先にキリストの人格ということで、文字通り「完全」な成熟であることを述べました。そのキリストの満ち満ちた身丈に達するのは、この地上でも、もちろん地上生涯の終わり、人の死のときでもないということです。私たちは永遠の存在、完全、無限の神のご人格に向かって永遠に成長し続けることを示しています。この視点からキリスト者の成熟を考えますと、次の聖句の意味するところが明確に理解できると思います。

完全でないと自覚する完全なキリスト者――ピリピ人への手紙3章12〜15節「私は、すでに得たのでもなく、すでに完全（成熟）にされているのでもありません。ただ捕らえようとして追求しているのです。そして、それを得るようにと、キリスト・イエスが私を捕らえてくださったのです。兄弟たち。私は、自分がすでに捕らえたなどと考えてはいません。ただ一つのこと、すなわち、うしろのものを忘れ、前のものに向かって身を伸ばし、キリスト・イエスにあって神が上に召してくださるという、その賞をいただくために、目標を目指して走っているのです。ですから、大人（完全）である人はみな、このように考えましょう。もしも、あなたがたが何か違う考え方をしているなら、そのことも神があなたがたに明らかにしてくださいます」とあります。ここでは「完全」という語の動詞形を用いて、パウロは興味深い書き方をしています。彼はすでに得たのでもなく、すでに完全にされているのでもありません。と述べ、「大人（完全）である人はみな、このように考えましょう」と勧めています。つまり成熟したクリスチャンは「いまだ完全になってはいない」のだと思いなさい、との勧めでもあります。

「すでに完全にされているのでもありません」という「完全」は過去のある時点で完全になって、その完全状態が現在も継続していることを意味します。すなわち信者の聖化、キリストの似姿へと漸進的に変革する過程において、もはや聖霊の働く余地のないほど完璧にきよめられた、という完全ということです。言い換えればクリスチャンが完全な霊的成熟へと導かれ、これ以上成長の余地がない完全な状態に達したということです。しかもこの状態の結果は永遠であり、再び霊的未熟に引き戻される可能性は全くない完全な状態に達していることです。パウロはそういう意味での完全について「すでに完全にされているのでもありません」と言っているわけです。「すでに得たのでもなく」は過去のある時点で、完全に霊的に成熟して決して未熟な状態に落ちることはない、またこれ以上成長の余地のないところにまで達していたのではないということです。ここに信仰生活の真の動機づけになるものがあります。

「ですから、私は目標がはっきりしないような走り方はしません。空を打つような拳闘もしません。むしろ、私は自分のからだを打ちたたいて服従させます。ほかの人に宣べ伝えておきながら、自分自身が

失格者にならないようにするためです。」（Ⅰコリント9・26～27）

もしあなたが霊的な意味で幼子でなければ、「成熟」した者、「完全」な者と言えます。人は老いて成熟し、知識を増すように、神の子も霊的成長において、さらに成長し続けるものです。注意すべきは、文字通り完全な意味で霊的に成熟することではありません。とりわけこの地上生涯のクリスチャン生活において、これ以上成長する必要のない完全に達することはないのです。なぜなら私たちの目標は文字通り完全なお方、永遠の神キリストご自身ですから。どんなに優れたクリスチャンであっても、イエス・キリストとの間にはなんと無限の隔たりがあることでしょうか。霊的に成熟したクリスチャンはさらに成熟へと成長する可能性があり、また成長を切望しています。キリスト者として完全な者、成熟した者は決して、すでに完成しているとか、成熟していると考えたり、自己満足の完全を主張したりすることはありません。

この成熟の理解と、このような意味で成熟に達しているキリスト者のうちにこそ、真の意味での謙遜さ、柔和さが生じ、人々に対する豊かな寛容を示すことになります。また、このような成熟したキリスト者こそ聖書最大の徳、愛を実践することを可能にします。さらにこのような成熟したキリスト者が、「受けるより与えることの幸い」を、「仕えられるより仕えること」を喜んで実践し、「裁くことより赦し」を、対立ではなく和解を造り出す者となり得るのです。そういうわけですから、日ごとのディボーションのときに自分の成熟度について黙想し続けることが大切です。それはキリスト者の成熟に至る大切な道筋です。

行動原理Ⅴ　摂理信仰

クリスチャンの行動原理について「内から外へ」、「主の導き」、「キリスト者の自由」、そしてクリスチャンの目指す「完全」について考えてきました。これらをすべて集約するのが、最後に取り上げる「摂理信仰」です。クリスチャンは宿命論者でも、運命論者でもありません。クリスチャンの行動原理はこの「摂理信仰」に集約されます。「摂理」とは、神がこの世界を造られた目的に向かって、すべてのことを導かれることです。一言で言えば、「神の計らい」と言ってよいでしょう。この「神の摂理」がクリスチャン生活の中に正しく位置づけられることによって、信仰生活は一変します。「摂理」という言葉自体は聖書に出てきませんが、これを如実に表現している代表的な記事が創世記のヨセフ物語です（創世37～50章）。神の民イスラエルを通してなされた神の再創造のみわざも「神の摂理」と言えます。

1　人間関係の限界——偏愛、ねたみ、憎しみ（創世記37章）

ヨセフはヤコブの最愛の妻ラケルの初めての子でした。しかもヤコブが年をとってから与えられた息子でした。そのためにヤコブは偏愛と言われても仕方がないほど、他の子どもたちのだれよりもヨセフを愛しました。それは兄弟たちの気分を損ねるものでもありました。ヨセフは不思議な夢を見る少年で、彼の夢がさらに兄弟たちの悪感情を助長してしまいます。その夢は将来、兄弟たちがひれ伏してヨセフを拝するというもので、憤慨する兄弟たちの憎しみや嫉妬心がついにヨセフに対する暴力となって現れたのです。

ある日、ヨセフは父の使いで羊の群れを追う兄たちの様子を見に出かけました。兄弟たちはチャンス到来とばかりに「見ろ。あの夢見る者がやって来た。さあ、今こそあいつを殺し、どこかの穴の一つにでも投げ込んでしまおう。そうして、凶暴な獣が食い殺したと言おう。あいつの夢がどうなるかを見ようではないか」（19〜20節）。幸い、長兄ルベンの仲介もあって、いのちは取り留められました。しかし、兄弟たちはヨセフを商人に売り飛ばしてしまいました。父親の偏愛が兄弟たちの人間関係をいびつなものにし、憎しみの感情をあおりたて、兄弟間に非情な行動を生んでしまったのです。

2　理不尽（創世記39〜41章）

ヨセフを買い取った商人は、エジプト王パロの廷臣で侍従長のポティファルに彼を売り払ってしまいます。しかし神がヨセフとともにおられ、彼のなすことすべてを祝福されました。ところが、ヨセフは主人の妻に「一緒に寝ましょう」と誘惑されたときに、彼の倫理観は毅然と彼女を押しのけました。しかしその結果、濡衣《ぬれぎぬ》を着せられ、獄屋の生活を強いられてしまうという、まことに理不尽な境遇に閉じ込められてしまいます。ところが、理不尽な取り扱いの中でも、変わらない彼の信仰と知恵、それに応えられた神のあわれみに支えられ、ついにエジプトの国王に次ぐ実権を握る立場へと引き上げられました。人間の力ではどうすることもできない異常気象によって引き起こされる七年もの飢饉について、ヨセフは夢を解き明かすことによって予知し、国家存亡の危機を乗り切るために抜擢されました。

逆境の中で不平を言う者ではなく、全能の神、摂理の主を仰ぎ見る信仰の人、不当性を訴えるだけでなく、不当性を乗り越えた者を主は用いられるのです。ヨセフの人生観は、まさに「摂理信仰」によって支えられていたと確信します。

3　苦悩の出会い（創世記42・1〜45・3）

さて、国家の存亡にかかわる場面で、ヨセフが内政上の手腕を振るい、その指導性を発揮していたとき、なんと、彼を売り飛ばした兄弟たちが、その国に援助を求めてやって来ました。ヨセフには彼らが自分の兄弟であることは一目でわかりました。しかし兄弟たちはまさか自分たちが今、頭を下げなければならない相手が、あのヨセフであるとは想像だにできませんでした。ただ彼らはヨセフを売り飛ばした情況から判断して、ひょっとしたらエジプトのどこかでヨセフが生存している可能性もあると恐れていたことは確かです。ですから、飢饉が深刻になり食物がエジプトにあることがわかっても、すぐに行こうとはせずに、互いに顔を見合わせていました。どこかおどおどした姿がヨセフの目に映ったに違いありません。

ヨセフは兄弟たちの誠実さを確かめようと、あえて荒々しく、彼らを間者扱いしました。弟ベニヤミンを連れて来るまで、彼らに自分の正体を隠し、涙をこらえながら、心にもない横柄な態度を取り続けたのです。それとは知らず、兄弟たちはヨセフのことで罪を悔い、自分たちの不遇を責め始めました。あのとき、憐れみを請うヨセフを徹底して拒絶したことに深く心を痛めたのです。ついにヨセフは弟べニヤミンとの再会を果たしました。しかし兄弟たちはヨセフの仕組んだ企てによって試みられ、緊迫したやりとりの中で、ついにヨセフは抗し切れなくなり、自分がそのヨセフであることを打ち明けました。兄弟たちは驚きのあまり言葉を失い、ただひれ伏すだけでした。

4　もう一つの視点（創世記45・4以下）

ヨセフは、これは「神の摂理」であったと兄弟たちに語りかけました。愚痴を言ったり責めたりするどころか、仮に愚痴ることがあっても、また責め立てても十分に正当化されることとさえも主張しませんでした。むしろ、すべては今日、こうして皆を生かすための「神の計らい」摂理であり、自分はそのために、先に神によってここエジプトに遣わされたのだ、と語ったのです。直接的には兄弟たちのねたみと憎しみ、暴力によってもたらされた自分の境遇ではあるが、主権者である神は人間の悪、弱さをも用いられたと語り得たのは、まさに「神の摂理」をヨセフが解したがゆえであったのです。

神の救いのみわざが、人間の限界、弱さ、罪、憎しみ、それらすべてを通して進められたことに注目したいものです。つまり、イエス・キリストによる救いの完成に向かって、それらすべてのものも神の計画の中で取り扱われていたのです。それはまさに、この「神の摂理」なのです。

「神を愛する人たち、すなわち、神のご計画にしたがって召された人たちのためには、すべてのことがともに働いて益となることを、私たちは知っています。神は、あらかじめ知っている人たちを、御子のかたちと同じ姿にあらかじめ定められたのです。それは、多くの兄弟たちの中で御子が長子となるためです。神は、あらかじめ定めた人たちをさらに召し、召した人たちをさらに義と認め、義と認めた人たちにはさらに栄光をお与えになりました。

　では、これらのことについて、どのように言えるでしょうか。神が私たちの味方であるなら、だれが私たちに敵対できるでしょう。私たちすべてのために、ご自分の御子さえも惜しむことなく死に渡された神が、どうして、御子とともにすべてのものを、私たちに恵んでくださらないことがあるでしょうか。」（ローマ8・28〜32）

5　摂理信仰

「神の摂理」という信仰の視点を持つなら、今、置かれている環境は一変して見えてきます。ヨセフのように、自分の意図しない環境に無理やり置かれることもあるかもしれません。しかし、運命とか宿命と諦めるのでも、自分の意志ですべてを変えようといたずらに動き回ったりするのでもなく、自分の置かれた環境、境遇、与えられているもの、「どうして？」と問いたくなるような現実のすべてを、「摂理信仰」によって受けとめ、その状況にあって聖書の規範、原則に基づく知恵を得、信仰によって歩み出すことです。

　神の恵みのみわざというものは、私たちには全く予測し得ないものです。予測し得ない情況の中で必要なことは、摂理の主に対する信仰、つまり、事を必ず最善に成してくださる神に対する信頼と期待です。たとい、今の苦しみが明らかに自分の落ち度によるものであったとしても、摂理の主を見上げ、悪かった部分は悔い改めながらも、やたら自分を責め立てず、すばやく過去を過去として、新しい一歩を踏み出します。主が介入されないところはなく、すべての領域に主は働かれます。それゆえ、自分のなすべき次善の策を尽くし、ただ摂理の主に全き信仰を持って信頼することです。

人の人生は主に対するその人の信仰のごとく展開される。いつも人間的な思いで判断し、行動するなら、その人の人生はその程度の人生にとどまります。「摂理信仰」に根ざし、「主はいったい何をしようとしておられるのか」という期待に満ちた、胸躍る人生でありたいものです。「昔の人たちは、この信仰によって称賛され」ましたし（ヘブル11・2）、この信仰のゆえに「むしろ神の民とともに苦しむことを選び取りました」（ヘブル11・25）。

摂理の主に対する信仰のある人は「あなたがたは私に悪を謀りましたが、神はそれを、良いことのための計らいとしてくださいました。それは今日のように、多くの人が生かされるためだったのです」（創世50・20）と言い切ります。「神の摂理」という偉大な聖書の教理は、自分の失敗や弱さの自覚を通して、より鮮明に理解し得る真理なのです。

神の再創造の物語に見る「神の摂理」――「摂理信仰」は特殊な教えというわけではありません。聖書の主要テーマ、神の再創造の物語である「信仰による神の救いのご計画」そのものが「神の摂理」のうちに展開しています。パウロはローマ人への手紙9～11章に神の再創造の物語に見る「神の摂理」についてて的確にまとめています。異邦人の使徒として召されたパウロは、メシアを待ち望んでいた同胞イスラエルこそ、あの十字架のイエス・キリストこそがメシアであったことを真っ先に理解してほしいと切望しています。しかし、理解どころか拒絶、その上、信じる神の民、主の教会を迫害しているのです。「私は、自分の兄弟たち、肉による自分の同胞のためなら、私自身がキリストから引き離されて、のろわれた者となってもよいとさえ思っています」（９・３）とまで激白しています。なぜなら「彼らはイスラエル人です。子とされることも、栄光も、契約も、律法の授与も、礼拝も、約束も彼らのものです。父祖たちも彼らのものです。キリストも、肉によれば彼らから出ました」（同４〜５節）。しかし、拒み続けています。

「これは人の願いや努力によるのではなく、あわれんでくださる神によるのです」（同16節）。神の主権的な選びによって「このあわれみの器として、神は私たちを、ユダヤ人の中からだけでなく、異邦人の中からも召してくださったのです」（同24節）と、まず創造主である神の主権性に目を留めます。「それでは、どのように言うべきでしょうか。義を追い求めなかった異邦人が義を、すなわち、信仰による義を得ました。しかし、イスラエルは、義の律法を追い求めていたのに、その律法に到達しませんでした。なぜでしょうか。信仰によってではなく、行いによるかのように追い求めたからです」（同30〜32節）。「それでは尋ねますが、神はご自分の民を退けられたのでしょうか。決してそんなことはありません。」（11・１）

「それでは尋ねますが、彼らがつまずいたのは倒れるためでしょうか。決してそんなことはありません。かえって、彼らの背きによって、救いが異邦人に及び、イスラエルにねたみを起こさせました。彼らの背きが世界の富となり、彼らの失敗が異邦人の富となるのなら、彼らがみな救われることは、どんなにすばらしいものをもたらすことでしょう」（同11〜12節）。「兄弟たち。あなたがたが自分を知恵のある者と考えないようにするために、この奥義を知らずにいてほしくはありません。イスラエル人の一部が頑なになったのは異邦人の満ちる時が来るまでであり、こうして、イスラエルはみな救われるのです。……神の賜物と召命は、取り消されることがないからです。」（同25〜26、29節）

「神は、すべての人を不従順のうちに閉じ込めましたが、それはすべての人をあわれむためだったのです。ああ、神の知恵と知識の富は、なんと深いことでしょう。神のさばきはなんと知り尽くしがたく、神の道はなんと極めがたいことでしょう。／『だれが主の心を知っているのですか。／だれが主の助言者になったのですか。／だれがまず主に与え、／主から報いを受けるのですか。』／すべてのものが神から発し、神によって成り、神に至るのです。この神に、栄光がとこしえにありますように。アーメン。」（同32〜36節）

このように私たちは絶対的神の主権性に基づく選びによって、また神の摂理のうちに成就したキリストの十字架の死、その贖いによって神の家族に招き入れられました。この圧倒的な神の恵みに応答し、信仰を持って再創造のみわざの実現に励んでいきたい。私たちは、もはや意図的、故意でない限り、自分の失敗や落ち度を恐れる必要はありません。なぜなら圧倒的に神の恵み、「神の先行的救い」にあずかっているからです。また人との関わりの中でのしくじりがあっても、謙虚に自分の非を悔い、偽らず謙虚に修復し、むしろ、神の恵みの救いに感謝し、自らの建て上げに励んでいきたいものです。まさに神の摂理の御手のうちにあることを覚えて、信仰から信仰へと歩んでいきたいものです。

「神を愛する人たち、すなわち、神のご計画にしたがって召された人たちのためには、すべてのことがともに働いて益となることを、私たちは知っています。神は、あらかじめ知っている人たちを、御子のかたちと同じ姿にあらかじめ定められたのです。それは、多くの兄弟たちの中で御子が長子となるためです。神は、あらかじめ定めた人たちをさらに召し、召した人たちをさらに義と認め、義と認めた人たちにはさらに栄光をお与えになりました。」（ローマ8・28〜30）

新生したクリスチャンには、いかにして創造主、いのちの父なる神をお喜ばせするかという思いが生まれます（Ⅰテサロニケ4・1）。これはクリスチャン生活のもう一つの出発点です。神がお喜びになる再創造のみわざとしてのクリスチャン生活は「信仰による神の救いのご計画の実現」に至る聖書の健全な教えが鍵になります。

聖書自体の証言――まず聖書自体が証言するみことばの重要性に注目すると、使徒パウロはテモテに対して「また、自分が幼いころから聖書に親しんできたことも知っているからです。聖書はあなたに知恵を与えて、キリスト・イエスに対する信仰による救いを受けさせることができます」（Ⅱテモ3・15）と言っています。イエス・キリストも断言しています。「『人はパンだけで生きるのではなく、神の口から出る一つ一つのことばで生きる』と書いてある」（マタイ4・4）と。いにしえの聖徒たちの共通の祈りは、「（主よ）あなたのみことばにしたがって／私を生かしてください」（詩篇119・154ｂ）でした。なぜなら「まことに　あなたのみことばは私を生かします」（詩篇119・50）。「みことばの戸が開くと　光が差し／浅はかな者に悟りを与えます」（詩篇119・130）から。

クリスチャン生活の全領域が聖書の原則に基づいていなければなりません。言わずもがな、聖書の知識、その真理、また規範によってのみ健全なクリスチャン生活が建て上げられ、また保証されるからです。聖書の確かな知識を得、神の意図を的確に捉えるためには、その読み方が重要になります。単に聖書を読むという「聖書通読」そのものに満足したり、また自分の思いを優先したりする読み方は、創造主の意図ではありません。いわんや健全なクリスチャン人生を建て上げることも期待できません。また、聖書は毎日読んだ方がよいわけですが、何章読むかとか、いつ読むかということは二次的なことであり、優先すべきはキリスト者として的確な聖書知識、聖書の真理理解に至る読み方です。その上で、その意図、原則を捉え、かつ理解し、自分の生活の規範となるように主の家族と共に考えます。そして普段の生活における知恵となるような読み方を大切にします。

聖書の読み方　一　聖書の全体を貫く神の再創造の物語を捉える

人は本能のおもむくままに生きるものではなく、人格的な存在としてある種の価値規範を基に生きる存在です。それゆえ人には、とりわけクリスチャン生活を行う上で創造主が与えた真理規範であるみことばはなくてはならないものです。パウロは「今私は、あなたがたを神とその恵みのみことばとにゆだねます。みことばは、あなたがたを成長させ、聖なるものとされたすべての人々とともに、あなたがたに御国を受け継がせることができるのです」（使徒20・32）。さらに「聖書はすべて神の霊感によるもので、教えと戒めと矯正と義の訓練とのために有益です」（Ⅱテモテ3・16）と言っています。この時点でパウロが「みことば」、「聖書」と言っているのは旧約聖書です。「新約聖書」はキリストの受肉と贖いのみわざ、復活、昇天の意味を解したときに、いわゆる「旧約聖書」の意図を真に解するとともに、実際の教会誕生、その建て上げの過程の中で書き記されました。つまり、奥義としての教会が啓示され、福音と「健全な教え」、すなわち聖書の「基本原則」に基づく「聖徒の建て上げ」がなされ、キリストのからだである教会の建て上げを通して「信仰による神の救いのご計画の実現」に至ったのです。その過程、その広がりの中で新約聖書が記されていきました。ここに旧新一体のものとして聖書を読むことの大切さが示されています。ヤコブは「ですから、すべての汚れやあふれる悪を捨て去り、心に植えつけられたみことばを素直に受け入れなさい。みことばは、あなたがたのたましいを救うことができます。みことばを行う人になりなさい。自分を欺いて、ただ聞くだけの者となってはいけません」（ヤコブ1・21〜22）と勧めています。またパウロは、みことばを教えることの重要性を示すものとして、「よく指導している長老は、二倍の尊敬を受けるにふさわしいとしなさい。みことばと教えのために労苦している長老は特にそうです」（Ⅰテモテ5・17）と述べています。みことば――啓示の書である聖書――の理解こそがクリスチャン生活を確かなものとします。その聖書の意図を実現するために、聖書の読み方を共に考えましょう。

聖書の読み方で優先すべきは、何よりも聖書全体像を捉える、すなわち旧新約聖書全体を貫く主題

「信仰による神の救いのご計画の実現」に至る聖書の文脈全容を解する読み方です。ある程度、聖書の文脈・思想、聖書の全体像が捉えられるようになった時点で、定期的、規則的な読み方はより効果的であり、意味のあるものとなります。「聖書は聖書によって解せられる」という原則がありますが、そのためにもまず、聖書の全体像を捉えることです。個々の箇所は、聖書全体の主題、意図に基づいて、さらにその文脈の中で的確に解するように読むことです。

聖書は相当な分量ですから、自分一人の読解力でその全体像を捉えることは容易ではありません。それゆえ神の家族、信仰の先輩たち、仲間と一緒に読み、共に考えることが大切です。また、良好な聖書の概説書が数多く出版されていますので、それらを有効に用いることによって聖書の構造や思想の流れを捉えることができます。優れたテキストは聖書自体の原則を捉えたテキストであり、良い概説書であることの評価は聖書そのものによって確証できるはずです。

まず、読み手である自分の経験から、聖書読解の鍵はどこにあるのかを確認しましょう。初めに福音を知らされ、救い主キリストを知り、信じました。そして「信仰による神の救いのご計画の実現」である奥義としての教会、神の家族に迎えられ、自分の新たな人生の方向性、福音に基づく「良いわざ」に生きるクリスチャン人生を見出しました。そのようにして信仰によって受けとめた「神の先行的救い」キリストの福音理解を心に据えて、純粋に聖書そのものの物語を読み取ることが大切です。その福音によって「信仰による神の救いのご計画の実現」を知り、確かめるために聖書を読もうとしています。この大前提を念頭にしっかり据え、聖書を読むことです。単なる知識のための知識を得る学びではなく、自分に救いをもたらした福音の目的を実現する読み方です。

「速読」の勧め——全体像を捉える読み方として「速読」をお勧めします。とは言え、いわゆる読む技法としての「速読」の仕方を身につけることではありません。できるだけ早めに、しかも短期間に多くの分量をこなす読み方という意味での「速読」です。できるだけ早く、短期間に読むことによって、聖書の主要な主題、その文脈を捉えることができます。それによって聖書全体の物語、思想の流れを捉えることができるのです。それを繰り返しながら、聖書の思想の構成を捉えるようにします。当然のことながら先入観、主観的な要素を脇に、本書の第一章で確認した「再創造のみわざ『信仰による神の救いのご計画の実現』」を念頭に置いて取り組みます。しかも聖書の主張点、各書の著者の意図を明確に捉えることができるように読むことです。聖書の構成をどのように確定できるか、また最善の読み方はこれだと断定することはできませんが、一例を挙げましょう。

旧約聖書を読む——まず創世記からエステル記までの歴史の流れを捉えます。その梗概を参考までに記すと以下の通りです。「信仰による神様の救いの計画の実現」に至る展開に注目してください。

A　創世時代　創世記1〜11章

1　万物の創造

2　堕落とノアの洪水
3　バベルの塔
B　族長時代　創世記12～50章
1　アブラハムの召しと生涯
2　イサクの生涯
3　ヤコブの生涯
4　ヨセフの生涯
C　神制王国時代　出エジプト記～ルツ記
1　エジプト滞在のイスラエル　出エジプト記、神の律法の啓示
2　荒野の四十年のイスラエル　出エジプト記、レビ記、民数記、申命記
3　約束の地、カナン定住時代　ヨシュア記、士師記、ルツ記
D　君主制王国時代　Ⅰ、Ⅱサムエル記～Ⅰ、Ⅱ歴代誌
1　統一王国　サウル、ダビデ、ソロモン
2　分裂王国　ソロモン～
a　北王国イスラエル　ヤロブアム～ホセア
b　南王国ユダ　レハベアム～ゼデキア

3　属国

a　アッシリア帝国によるサマリアの陥落

b　バビロン帝国によるエルサレムの滅亡と捕囚

c　ペルシア帝国と神の民イスラエルの再興、捕囚帰還

E　ユダヤ教確立時代　エズラ記、ネヘミヤ記、エステル記、マラキ書

F　中間時代　旧約最後の預言者マラキの後、イエスの誕生までの約四百年間

次に右記の梗概にしたがって、大預言書（イザヤ、エレミヤ、エゼキエル、ダニエル）を読みます。大預言書は「信仰による神の救いの計画の実現」の媒体となった神の民イスラエルの重要な歴史的出来事に関係しています。神の救いの媒体となったイスラエルの物語を通して、また預言者を通して、神ご自身の御旨を啓示しています。北イスラエル滅亡時のイザヤ、南王国エルサレム滅亡に至る状況でのエレミヤ、そして捕囚地からエルサレムの滅亡と回復を見たエゼキエル、捕囚地で回復の預言をしたダニエル等のように、イスラエルの歴史の重要な事件を中心に構成されています。

その前後に小預言書を読むようにします。イザヤの前にヨナ書、イザヤの前後にヨエル、アモス、ホセア、ミカ書を読みます。エレミヤの前後にナホム、ゼパニヤ、ハバククが、ダニエルとエゼキエル時代にはオバデヤが預言活動をしています。エズラ、ネヘミヤの前後にゼカリヤ、ハガイ、最後の預言者がマラキとなります。

ヨブ記、詩篇、箴言、伝道者の書、雅歌等は主日礼拝の日を中心に数篇まとめて読むようにします。聖書の他の書もそうですが、とりわけ詩書、知恵書と言われるものは、人生経験と連動する霊的な深みと知恵を得させるものです。四十代になって読む時、十代の時には理解し得なかった真理が読み取れますし、六十代、七十代になってやっと心に響くみことばの知恵があります。しかし、できるだけ早い年代にみことば理解に基づく知恵を得ることは、与えられた人生をより豊かにすることも確かです。

「聖書は聖書によって解する」――このことが何よりも大切な原則です。その場合、旧約は旧約自体で、新約は新約自体で解釈すべきという手法は、真の意味で聖書自体の意図を理解していない捉え方です。むしろ旧約と新約の一体性、また連続性に注目してください。大きな転換となるのがイエス・キリストの存在と贖いのみわざの理解、さらにいわゆる聖書の基本原則の核となる啓示された奥義としての神の家族教会の理解、その土台となるケリュグマ＝福音、そしてディダケー＝福音に基づく健全な教えです。

旧約聖書の理解を助ける書として、新約聖書のヘブル人への手紙を通読してください。旧約聖書理解の原則を、イエス・キリストの贖いの完成という視点から、ある程度理解することができます。またローマ人への手紙3～4章、また9～11章を読みますと、神の救いの計画におけるイスラエルの存在意義と、さらに神の民イスラエルを超えた「信仰による神の救いのご計画の実現」を解せるかと思います。さらにガラテヤ人への手紙3～4章を読むことによって、旧約と新約との思想的関連を正しく把握できるでしょう。コリント人への手紙第一10章を読むと、パウロは旧約のイスラエルの民の不信仰や不従順に対する神の裁きの事例を挙げながら、終わりの時代に生きる私たちへの教訓とすべき原則、知恵を明示しています。これはこの後に取り上げる読み方に関係してきますが、聖書に書かれている情報を事実として確実に認識するとともに、今の時代に信仰者として生きる私たちへの教訓を読み取り、知恵を得ることになります。旧約聖書は旧約聖書でのみ解釈されるべきと固執する必要は全くありません。なぜなら新約聖書は、イエス・キリストにおいて成された贖いのみわざを理解し得たがゆえに旧約聖書の意図を解し得た使徒たちによって書き記されているからです。

何よりも「信仰による神の救いのご計画の実現」、神の啓示の頂点は、キリストをかしらとした教会を明らかにすることでした。そして「奥義としての神の家族、教会」はパウロを通して主が聖霊よって啓示されました。それゆえに、新約聖書の構成の中でパウロ書簡が圧倒的に多いのには必然性がありま す。ですからテサロニケ人への手紙第一、第二、エペソ人への手紙や、牧会書簡と言われるテモテへの手紙第一、第二、テトスへの手紙を通して示されている、奥義としての教会をしっかり捉えることによって福音書、つまりイエス・キリストの教えの意図を捉えることができます。さらに旧約聖書の理解がより深まりますし、また旧約聖書によって新約聖書を的確に理解することができるようになります。新約聖書は旧約聖書と別次元の書ではなく、神と人との唯一の仲介者イエス・キリストの完全な贖いのわざのゆえに、聖書（いわゆる旧約聖書）の意図を明確にしたのが新約聖書であり、それが旧・新一体のものとしての聖書そのものなのです。

新約聖書を読む——新約聖書は福音書、使徒の働きを別にすれば基本的に書簡です。その主題および問題はそれぞれの書簡が宛てられた教会当事者の現実性と緊急性がありますので、一書ごとまとまった読み方をお勧めします。新約聖書の時間的順序からの梗概は以下の通りです。

A　イエス・キリストにおいて完成した神の救いのご計画
　マタイ、マルコ、ルカ、ヨハネの四福音書
B　教会の誕生と福音宣教の進展（数的、地理的、質的発展）
　使徒の働き、ヤコブの手紙、パウロの各書簡
C　教会の成熟と世界宣教
　「牧会書簡」と呼ばれるテモテ、テトスへの手紙、「公同書簡」と言われるペテロの手紙等
D　将来に約束された審判と祝福（救いの完成）
　ヨハネの黙示録

一度や二度の通読で聖書を解することは容易ではありません。それだけに漫然とではなく、また機械的にでもなく、聖書の全体像と主題を知る読み方、「信仰による神の救いのご計画の実現」に至る展開を理解する手がかりを得ることを主眼として読むことが大切です。というのは、個々の書巻や聖句の解釈は聖書全体の文脈に基づかなければならないからです。そういう意味では、次世代のクリスチャンは

幼いときから考える主要概念を聖書から習得しておくことができるので聖書の理解があります。問題は第一世代の親が適切に子どもたちと聖書の教えについて対話しているかどうかです。特に知識としての聖書以上に、創造目的にかなう生き方に直結した聖書の教えについての対話が大切です。

啓示された奥義としての教会理解から——一般的に福音書から読み始めることを勧められますが、啓示の進展性から考えると、キリストの福音がもたらす奥義としての教会理解から読み進めることです。つまり、教会について啓示されたパウロ書簡をまず理解することが、確かなクリスチャン生活を築く上で大切です。新約聖書はパウロ書簡が圧倒的に多いのは、啓示の進展性の過程で奥義としての教会について主が聖霊を介してパウロに啓示されたことによると理解できます。ですから、パウロ書簡、福音といのちの交わりとしの神の家族、奥義としての教会を理解し、神の救いのご計画の意図を確認した上で福音書を読むと、イエス・キリストの意図をより明確に理解することができます。事実、各福音書は一世紀後半、各書簡よりも後に書き記されました。それは「真理の御霊」が降り、「神の子、イエス・キリストの福音」、教え、十字架の死と復活が奥義としての教会共同体建て上げに直結していることを明確に理解し得たからです。教会理解を考える基礎に据えるのは、個々人の理解のためだけでなく、主にある兄弟姉妹たちと共に考える上で重要です。共に対話・問答することによって聖書の意図を的確に捉えることができるようになります。

一つの事例――ヨハネの福音書6章にイエス様がなさったしるし、五千人の給食の奇跡が記されています。その文脈の中でイエス様ご自身が「わたしがいのちのパンです。わたしのもとに来る者は決して飢えることがなく、わたしを信じる者はどんなときにも、決して渇くことがありません。……まことに、まことに、あなたがたに言います。人の子の肉を食べ、その血を飲まなければ、あなたがたのうちに、いのちはありません。わたしの肉を食べ、わたしの血を飲む者は、永遠のいのちを持っています。わたしは終わりの日にその人をよみがえらせます。わたしの肉はまことの食べ物、わたしの血はまことの飲み物なのです。わたしの肉を食べ、わたしの血を飲む者は、わたしのうちにとどまり、わたしもその人のうちにとどまります。生ける父がわたしを遣わし、わたしが父によって生きているように、わたしを食べる者も、わたしによって生きるのです」(35～48節)。実際にキリストを信じる者がイエス様の肉を食し、血を飲み続けることはあり得ないことはすぐわかります。何かを象徴的に、比喩的に表現されたことは容易に想像できると思います。しかし、当座は弟子たちも戸惑いつつも過越の食事の伝統があり、実際、主ご自身が十字架の死を前に弟子たちと共に「最後の晩餐」の時を持つことによって、主イエス様の意図を解していったと思われます。

中世に入って聖書の意図とは無縁のサクラメントが形作られ、典礼支配の礼拝へと変わり、聖書の教え(説教)はほとんどなされなくなりました。第四次ラテラノ公会議(一二一五年)において、パンとぶどう酒の「全質変化」(化体説)が公式に定められ、信者は年一度のミサ受領が義務化されました。つまり、キリスト者は実際にイエス様の肉を食し、血を飲むことになったわけです。パン、その見える形、偶有性はパンそのものですが「これはキリストのからだです」と司祭が宣言するとその瞬間に、パンの本質はキリストの肉そのものに変わるというわけです。ぶどう酒も同じです。もっともイエス様の血に変えられたぶどう酒は、もしもこぼしたらいけないと神父が代わって飲み干しました。後に「これは からだです わたしの」(Hoc est corpus meum)というラテン語表記をもじって奇術のまじない「ho-cus-po-cus」(つまり「ちちんぷいぷい、ぱっ」)という表現が生まれたほど不思議なものでした。そして十六世紀に入って宗教改革が起こり、プロテスタント教会においては、サクラメントの典礼は大きく変わりました。しかし「全質変化」(化体説)は完全否定したものの、典礼の形式はそのまま今日もプロテスタント諸教派に継承されています。また、プロテスタント諸教派の多くが国教会制度を踏襲しました。典礼の形式も含め、一千年の一元的ヨーロッパキリスト教界のパラダイム枠を超えることの難しさは、あの当時の限界を示すものとなっています。

ご在世当時のイエス様の教え、その意図を「なるほど」と理解することができるのは、贖いのわざを全うし、復活し、天に帰られてから、聖霊を通して主が啓示された奥義としての神の家族、教会の誕生、「あわれみの器」が異邦人にも広がることについて明示された後です。神の啓示の圧巻、神の家族、キリストをかしらとする教会を理解し、その教会建て上げを可能にしている福音、そして福音に基づく「良いわざ」に関する健全な教えを理解することで、主イエス・キリストの教えの意図が的確に捉えられるようになりました。私たちはキリストと共に死に、復活したキリストと共に新しく生きる者とされています。つまり、「だれでもキリストのうちにあるなら、その人は新しく造られた者です。古いものは過ぎ去って、見よ、すべてが新しくなりました」（Ⅱコリント5・17）。さらに、キリストは私たちのうちに住んでくださり、キリストを頭とするいのちの交わりである教会共同体の中で建て上げられ、「神の満ちあふれる豊かさにまで、あなたがたが満たされますように」（エペソ3・19）。そして「あらゆる点において、かしらであるキリストに向かって成長するのです」（エペソ4・15）。その原動力は「もう一人の助け主」、内住の聖霊です。「キリストの肉を食べ、血を飲む」とは福音を信じる者に起こる霊的出来事、すなわち「キリストとの合一」、「キリストとの一体性」を示していませんか。それは神の家族の一員として、さらに成長させる「いのち」そのものにほかなりません。

私はキリストとともに十字架につけられました。もはや私が生きているのではなく、キリストが私のうちに生きておられるのです。今私が肉において生きているいのちは、私を愛し、私のためにご自分を与えてくださった、神の御子に対する信仰によるのです。（ガラテヤ2・19〜20）

これが「人の子の肉を食べ、その血を飲まなければ、……わたしの肉を食べ、わたしの血を飲む者」についての隠された解答、正解と断定はしませんが、キリストの啓示の進展性からの一つの推論、共有できる理解ではないでしょうか。こうした事例は他にもたくさんあります。四つの福音書の成立は早いもので紀元六〇年代以降、奥義としての神の家族、教会が異邦人へと広がった後です。つまり、奥義としての教会について聖霊を通して主ご自身が啓示され、実際に各地に建て上げられていく中で、イエス様の教えについて「ああ、そうだったのか」と思い起こしつつ、確信しながら、それぞれの過程の中から四つの福音書が書き記されていったと思われます。聖書理解もこの順序が大切になります。

まとまった読み方——聖書は毎日読むか、読まないかはあまり大きな問題ではありません。また、毎日何章読むか、ということも重要なことではありません。聖書の意図を理解し、共に考えることが大切です。最初はなるべくまとまった読み方をお勧めします。目標を立て計画的に実行してください。一週間の中で、ある程度まとまった時間をとり、集中的に読みます。このような読み方の利点は聖書の思想の流れが頭に残りやすいことです。聖書の全体の構成を解することによって、文脈を無視した主観的な聖書理解を避けることができると思います。

より聖書理解を深める読み方として、読み終えた後に、読んだ箇所、そのストーリーを心の中で復唱することです。そのために多くの時間を必要としません。記憶に留まっているところからたどればよいのです。その積み重ねによって、聖書全体の流れを最初から終わりまで思いめぐらすことができるようになることです。そのようにできるようになったなら、仮に手元に聖書がなくても、いつでも、どこでも、様々な場面でみことばを黙想し、思いめぐらし、考えながら瞑想することができます。通学、通勤途中で、ショッピングや散歩の中で、また仕事の合間に、友人知人との談笑の中で、あるいは掃除の最中でも、どこにいてもみことばを思いめぐらすことが可能です。もっとも人は二つのことを同時に集中することは困難ですので、優先順位を崩すことなく行うことが肝要です。言わんとすることは、どこでも合間、合間で聖書の物語や主要聖句を思いめぐらすことができるということです。

聖書の内容を自分の言葉で表現する——単に機械的に毎日聖書を開いているとか、何回通読したかは全く問題ではないのです。大切なことは聖書の内容をしっかり捉え、理解し、そして自分のことばに置き換えることができるようになることです。くれぐれも、たまたま開いた聖書の箇所に神の導きを期待したり、神の指示を得ようとしたりする、いわゆる「おみくじ」を引くような聖書の読み方にならないよう注意したいものです。

聖書を読んだ直後に、たとえ一節であったとしても、聖書を閉じ、読んだ個所を黙想しながら、自分の言葉でその個所をまとめてみます。一つのストーリーなら、その場面や情景、登場人物を思い描きながら黙想します。聖書そのものの情報を確認する作業です。このような作業を積み重ねつつ聖書を読み進めます。何度か読むことで聖書全体の大まかな梗概を自分の言葉で言えるようにします。次に旧約聖書、そして新約聖書、さらに各書というように、まず大まかな流れを物語れるようにします。そして、だんだんより詳しく聖書全体のストーリー（天地創造から新天新地まで）を思い描き物語れるようにします。グループで、一つの聖書のストーリーを語りつないでみるのも有効です。たとえば創世記を取り上げて、一人二分くらいの持ち時間で、順次、物語をつないで、完結するようにします。さらには重要聖句を暗誦できるようにすることです。みことばの暗唱は若いときほど効果的で、次世代の子どもたちにはおおいに奨励したい取り組みです。それは聖書理解に留まらず、考える基礎づくりとなります。言葉が増え、抽象概念を捉え、善悪の規範を据え、そしてそれに基づいて物事を考える力を養い、さらに考えるために広く書物を読むことへと広がっていきます。

聖書の読み方　二　日常の生き方、信仰生活に関する原則を知る

　これまではどちらかといえば聖書の客観的な読み方、聖書自体の証言、そのストーリーを知る読み方に重点を置いてきました。聖書を貫く「信仰による神の救いのご計画の実現」ついて、その骨子を捉えることができたことを前提に、次に自分の具体的な生活に関する事柄に関係させながら、キリスト者としての倫理規範、クリスチャン生活の基本原則を知る読み方を見てみましょう。順序は特に問いません。むしろ現在当面する諸問題に関する自分の行動のあり方、文化との関わりでの行動規範について聖書に問う読み方です。

当面する諸問題に心を留め――当面する自分の課題、問題から聖書を読む読み方は聖書の原則でもあります。新約聖書の執筆事情に注意しながら各書簡を読むと、その受け手それぞれのクリスチャンたちが、また当時の教会が直面していた問題に対する福音の原則と適用について語られていることに気づかせられます。たとえばガラテヤ人への手紙では、ガラテヤのクリスチャンたちが福音と律法理解の問題に直面していました。コリントの教会は分裂や不道徳、信仰の成熟等に関する問題が当面の課題でした。コロサイのキリスト者はキリスト理解で問題があり、テサロニケの信者は福音理解、特に終末理解に関する混乱がありました。さらにヤコブの手紙では信仰と行いの調和の問題が生じ、ペテロの手紙では苦難と迫害という逆境の中でのキリスト者の生き方が緊急の課題でした。ヘブル人への手紙ではユダヤ人

クリスチャンたちに見られた旧約聖書への回帰、信仰の後退現象に対処するため旧約から発展的に展開しているという意味での新約の卓越性、キリストの贖罪の卓越性が順序良く論述されています。仮想問題やケース・スタディーとしてではなく、それぞれの教会がその時に直面していた問題でした。これら個々の問題に関わる福音に基づく方向性、みことば理解が語られているわけです。これらの聖書の事例は今日の私たちにも適用できる、聖書の読み方に関する大切な原則であると思います。つまり現在、自分が当面している課題、問題について聖書の原則を見出す読み方です。もちろん聖書は、あらゆる問題について一つ一つ明確な解答を示しているわけではありません。原則を見出すことが大切です。神の前に立つ人格的な存在として、ある種の領域ではその人の自己責任、決断において選択することが求められています。ですからクリスチャンの行動は画一化されていません。選択の幅があり、多様性がありま す。大事なことは聖書の原則に基づいて考え、推論しているかどうかです。読み方の原則を順次述べました。その順序も大切ですが、第一の「聖書の全体像を理解する読み方」以外は並行して読み進むことができると思います。しかしそれらの的確な読み方の前提として、聖書の情報を正確に捉えていることが重要です。

信仰生活に直接、間接的に関わる諸問題――神の創造秩序を理解し、啓示の圧巻、奥義としての神の家族、教会理解を前提に、社会性にかかわる自分の生活に関係することについて聖書の理解を深めます。たとえば聖書の家族理解、「結婚観」や「労働・職業倫理」について、また「夫婦」や「親子」の関係、

「子育て」など家族のあり方について、その原則を知る読み方です。クリスチャンとして、上に立つ権威、特に政治にどのように関わるのかといった問題、さらに今日的問題としては「安楽死」や「尊厳死」、あるいは「臓器移植」等々、あるいは「不登校」や「家庭内暴力」、「児童虐待」、高齢者問題、貧困など、身近に直面することについて、関心のあるところから順次、聖書の原則に基づいて共に考えます。時には同じ環境にある方々と共通の問題や課題について聖書の原則を学び合うことができれば、より効果的かつ有益な学びとなります。幅広いキリスト教倫理についてすでに多くの先人たちが書物にまとめていますので、参考図書としておおいに活用するのも良いでしょう。ただし根拠づけられている聖書の箇所は必ず確認し、納得できるかどうかを十分に吟味することが必要です。自分たちの理解に聖書を合わせるとか、自分の主義主張を補完するためにみことばを引用するということにならないように注意したいものです。もちろん、取り上げる諸問題は信仰生活に関するものであっても制限されません。こうした課題であればこそ、いのちの交わりである神の家族、教会共同体の中で、あるいはグループ単位で、課題と聖書の原則について対話・問答しながら学ぶことがとても有効な学びになります。

さらに信仰生活に関する行動原理、聖書の教え、基本原則に焦点を当てながら聖書を読むことです。たとえば「共に集まる」こと、「礼拝」のあり方について、なぜクリスチャンは礼拝を重視するのか、聖書の記述からその原則を確認します。そうすることで、みことば理解に基づく信仰生活の動機づけを高めることになります。そのような信仰生活に負担や苦痛はありません。むしろ喜びであり、充足感を増していくでしょう。信仰生活の基本をしっかり聖書から読み取り続けることが肝要です。そうでないと、いつのまにか信仰生活がマニュアル化してしまうことがあります。人の作り上げた伝統が聖書の原則をゆがめ、聖書の意図とは異なる教会共同体、信仰者の群れになってしまう危険があります。

他の課題として「祈り」――どのように祈るのか、個々人の「ディボーション」の持ち方など――も同様です。さらには聖書を読む、理解することの重要性をしっかり確認します。また「献金」についての聖書の原則、「奉仕」や「個人伝道」等々についても聖書の記述から理解を深めます。また献身するとはどういうことかなど、テーマは広がります。注意点として、しばしば私たちは自分の内にある先入観、ある種の前提でみことばの真理を制限してしまうことがあります。常に謙虚に、繰り返しみことばによって、聖書の原則に基づいて信仰の歩みを点検し続ける必要があります。そうしてみると、意外に現在自分たちが行っているものが必ずしても聖書的でないことに気づいたり、原則からの適用が規範になっていたり、みことばの発展性を失っていることに気づくこともあります。私たちはいつも聖書の真理、原則を最優先し、聖書の意図を実現するように知恵深く取り組まなければなりません。

聖書の読み方　三　キリスト教の真理体系を描く

聖書は聖書によって理解し、聖書の全体像、主題を捉えることができ、そして神の啓示の圧巻、奥義としての教会を理解することができます。神の家族としての生き方、とりわけ聖書の基本原則を理解し、原則に基づく知恵を得られるようになり、クリスチャンとしての人生、その方向性を描き、生き方を確立できた後、次にキリスト教の真理体系（組織神学）、つまり教理を理解する読み方をお勧めします。この順序は大切です。

「組織神学」、「教義学」は、どちらかと言えば、人が合理的に理解しやすい手法ですが、その体系は必ずしも聖書の意図ではありません。しかし、反キリスト教思想、非キリスト教思想などに対する弁証的な聖書理解の手段として取り組む場合、とても有益です。まず「神」とはどのようなお方か、つまり神の存在、本質や性質、三位一体など。次に啓示とは、霊感とは何か。聖書の言う「救い」とは、贖い、選び、召命、悔い改め、信仰、再生などについて理解を深めます。また「教会」とはどのようなものか、共同体組織（構成要素）、その職制や使命、礼典（主の晩餐、バプテスマ）などについてです。さらにキリストはいったい何をなされたのか、神であり、かつ真の人間であるキリストをどう告白するか、聖霊はどのような働きをなさるのか、その本質は何か、父なる神とキリストの関係はどうあるのか、サタンを含めた天使の存在とその役割などを理解します。そしてキリスト者の未来観、終末をどのように教えているか、キリストの再臨とは何か、人間の復活とは、新天新地とはどのようなものか等々を考えます。テーマごとに体系的に聖書の理解を深めます。

これらの分野も手ごろな入門書がたくさんあります。ときに聖書観から終末にいたる信条や信仰告白は手頃な学びの手引きになります。有効な聖書研究の道具として「聖書語句辞典」（コンコルダンス）を用いるとよいでしょう。ただし、信条や信仰告白は聖書に優先するものではありませんので、大切な視点は聖書の優位性を崩さないことです。教理の学びは聖書の思想を体系化することです。それは地道な各書の聖書研究によって整えられますが、同時にその教理体系が聖書を理解する手立てともなるのです。適切な聖書の真理概念が内にないと聖書を理解することは困難です。しかし同時に、聖書の真理概念は聖書自体から得るものでなければなりません。

教理理解は信仰の骨格作り、土台作りという意味でとても大切です。ですからこのような聖書理解は安定したクリスチャン生活を行う上で不可欠です。読み方としてはクリスチャンの仲間同士で学び会をするのがより効果的です。しっかりとした教理体系は聖書を読むことで生まれます。その健全な教理によって聖書理解がより深まります。留意点としては、教理の場合も知的な理解に留めるだけではなく、「神は唯一である」と理解したらその真理に対して自分はどのように応答すべきかをその都度考え、思いめぐらすことです。聖書の理解においては、得た真理を決して知的領域に留め置かず、自分の存在に語りかけ、そして応答することです。そこから神への賛美や礼拝行為が生まれるなら幸いです。

聖書の読み方　四　みことばの人格的理解

最後に聖書の読み方における最も重要な読み方、みことばの人格的理解について説明したいと思います。聖書は単に知的に知るだけでなく、人格的に受けとめることが必要です。言うならば、聖書のみことばを理解することは私たちの生き方に変化を与え、あらゆる場面に対応する知恵を得ることです。

みことばの黙想、瞑想――そのためにみことばを黙想し、瞑想することが重要です。それを通して、知的理解とともにみことばの体得が可能となります。聖書の事例を挙げると、旧約の聖徒は「私は　あなたの戒めに思いを潜め／あなたの道に私の目を留めます」（詩篇119・15）と告白しています。たとえば聖書全体の思想の流れ、神の救いのご計画を理解した後に、その全体の流れを深く思いめぐらすことです。そうすることによって神の圧倒的な恵みに静かな感動が湧き上がってきます。それがクリスチャン生活の出発点、動機づけとなり、また神に対する礼拝行為の動機づけ、賛美の動因ともなります。そこに形式を超えた真の信仰的敬虔を生み出すのです。

みことばを瞑想することに関して、J・Iパッカーが『神について』という著書の中で、神ご自身および神のことについて黙想することは精神の向上に役立ち、人を謙遜にし、また人の心を広大にするものであると述べています。そして、詩篇作者のみことばに対する思いを挙げながら、神を知るということは単に理論的な知識ではなく、実践的な知識であることを指摘しています。ではどのようにしたら、神に関する知識が、神の知識になるか。それは神に関して学んだ真理一つ一つを神の前で瞑想し、祈りと賛美に導かれるようにするということです。瞑想とはみことばの真理を、自分に呼びかけ、考え、思いめぐらし、自分自身に適用する働きのことであると定義づけています。このような聖書の読み方が最終的に聖書理解を完全なものにしていくことになります。聖書は読みっぱなしではなく、思いめぐらす時間を持つことが大切です。聖書を読んだ後に、そのみことばに対し応答することで、みことばの真理が自分のものとなります。

たとえば神の愛について読むとします。神は御子が私たちの罪のためにご自分のいのちを捨てられることを良しとされたとあります。その愛は単なる友情でも、親子の関係に生じる親であるがゆえの子を思う愛でもなく、いわんや異性であるがゆえに生じる男女の熱烈な愛でもなく、むしろ聖なる神の怒りの対象である者に対する意志的な愛であることがわかります。必然でなく、愛するがゆえに愛してくださった主権的な愛です。私たちはそれを知って終わるのではなく、その神の愛を思いめぐらし、その愛に応答することで初めて神の愛を知ったことになります。このようにして「みことばの人格的理解」がなされるのです。聖書の真理は知性の領域で終わってはならないのです。

自然を媒介とし瞑想、黙想――私たちの瞑想をより効果的にするために、神の創造された自然を媒介として黙想することをお勧めします。「天は神の栄光を語り告げ／大空は御手のわざを告げ知らせる」（詩篇19・1）。移りゆく季節の変化、体感する気温、草花の発する香り、形や色合いの美しさに神の慈しみ深さを覚えませんか。神がお造りになった自然界から得る感動を通して神ご自身の知恵、慈しみ深さを思いめぐらします。そうすることによって、みことばは知性の領域を超えます。山が好きな方はその山を歩きながら、雄大な山々を眺めながら、神の尊厳性、偉大さを思いめぐらすことができます。時には嵐や雷の轟きの中に神の義の怒りを思うことができますし、地平線や天空の星々を見つめながら神の永遠性や普遍性を思いめぐらすことができるでしょう。大海原を前にして打ち砕ける波涛を介しても、神の大能、力強さを思いめぐらせます。一面の雪景色の中に、あるいは清流の中に神の清さを思うことができるでしょう。神の被造世界に神のみことばの真理を思いめぐらすことは、みことばを知的な領域から人格的理解へと移す効果を与えてくれます。健全なみことばの瞑想によって私たちの霊性が深められていくのです。

何が書いてあるのか——まず聖書に何が書いてあるのかを知ることを目標とした読み方、聖書通読に励みます。聖書全体の構成や神の救いの計画を知ることを目標にした読み方です。できるだけ早い時期に聖書全巻を読み通すことです。まず、聖書を読む計画を立てて取り組みます。理想的には一年に一度は旧新約聖書全巻を通読したいものです。もしまだ全巻を通読していない場合は、一年と言わず、どこかで休みを利用して一気に通読することをお勧めします。そして聖書の全体像を早くつかむことです。通読計画は旧約、新約並行して読むことを勧めます。新約聖書を理解することで旧約聖書の理解をより深めることにもなります。読むこと自体が目的ではなく、聖書の内容理解こそが何よりも大切です。

生き方に変化をもたらす——また自分の生活に変化をもたらす聖書通読でなければ意味をなしません。福音はキリストと共に古きに死んで、キリストと共に新しさに生きることですから。そのために聖書のものの考え方、すなわち聖書の価値観をしっかり理解する読み方が大切です。そしてその価値規範を自分の生活行動の根拠とします。自分の生活にどのように実践、適用できるかを考える読み方が大切です。時にはクリスチャン同士で今の世の問題をみことばによってどのように解決できるかを語り合うことが有効です。そのようにして聖書のものの考え方を確実に身につけていくことができます。ですから普段の生活の中で立ち止まって、この場合は聖書の判断基準はどのようなものか、という問いかけを常にしていくことです。くれぐれも、教会生活と日常生活が分化することのないようにしましょう。ですから一人で考えるのではなく、他のクリスチャンたちとの対話と問答、意見交換をすることが大切です。教会に共に集まるときに、そのような話題が自然に出てくるなら幸いです。信仰のグループをぜひ作るように試みてください。信者、未信者の別はありません。そうすることによって互いに祈り合い、互いに重荷を負い合い、互いに励まし合い、互いに訓戒し合って、互いの徳を高め信仰の成熟へと向かうことになります。聖書に親しみ、いかなる情況にも対処できる知恵を豊かに身につけ、信仰者として生きる健全さを保ちたいものです。

人格に沈殿するみことばの真理——そして聖書理解が知的理解にとどまることがないように、みことばを深く瞑想し、各々の人格の内にみことばの真理が沈殿するようにしましょう。神のことばは人格を作り上げる「いのちのことば」なのです。継続的な聖書通読によって、聖書の価値規範を知ることで私たちのものの考え方が変わります。ものの考え方が変わることで、私の行動、生活が変化していきます。同時にみことばの規範にそぐわない自分をも見出していきます。そのとき、できていない自分、できない自分を責めたて、信仰者として失格であるとの烙印を押し、信仰から後退することのないように、むしろ、「しかし、罪の増し加わるところに、恵みも満ちあふれました」（ローマ5・20）と信じるのです。

このような自分のためにキリストは身代わりの死を遂げてくださったのだ、と。完全な救い、神の恵みに応答しましょう。むしろ、見せかけの信仰者にならないように十分に気をつけたいものです。できるかできないか、実行できるかできないかということで一喜一憂するのではなく、むしろできない自分を見出すそのとき、その自分がキリストによって受け入れられているという神の恵みに注目することです。ジャン・カルヴァンが『キリスト教綱要』の中で言っているように、みことばによって神を正しく認識することは同時に自分を正しく認識することです。つまりキリストの救いを必要としている自分を知ることです。そこに生まれるのは神礼拝という敬虔さ、真の謙遜です。そしてこれらすべてを教えてくれるのが正しい聖書の読み方なのです。新生のいのちの豊かさはみことばの豊かな理解に基づくのです。

ローマ人への手紙1・16～17　福音は、ユダヤ人をはじめギリシア人にも、信じるすべての人に救いをもたらす神の力です。福音には神の義が啓示されていて、信仰に始まり信仰に進ませるからです。「義人は信仰によって生きる」と書いてあるとおりです。

第七章　神の家族教会共同体の使命
――「良いわざ」と一体としての主の宣教大命令

イエスは近づいて来て、彼らにこう言われた。「わたしには天においても地においても、すべての権威が与えられています。ですから、あなたがたは行って、あらゆる国の人々を弟子としなさい。父、子、聖霊の名において彼らにバプテスマを授け、わたしがあなたがたに命じておいた、すべてのことを守るように教えなさい。見よ。わたしは世の終わりまで、いつもあなたがたとともにいます。」（マタイ28・18～20）

だれにでも、いつでも弁明できる用意――クリスチャンであることの「新生」は主権者である「神の先行的救い」、再創造のみわざであることがわかりました。「実に、私たちは神の作品であって、良い行いをするためにキリスト・イエスにあって造られたのです。神は、私たちが良い行いに歩むように、その良い行いをあらかじめ備えてくださいました」（エペソ2・10）。ですから自分が新生したキリスト者として生きることによって、新生をもたらす福音の確かさを確証します。とりわけ良い隣人関係の中で

「心の中でキリストを主とし、聖なる方としなさい。あなたがたのうちにある希望について説明を求める人には、だれにでも、いつでも弁明できる用意をしていなさい。ただし、柔和な心で、恐れつつ、また、健全な良心をもって弁明しなさい」(Ⅰペテロ3・15〜16)と勧められています。「良いわざ」に生きるクリスチャン、「良いわざ」としての隣人関係を築いているクリスチャンには必ず、この福音について問われるときがめぐってきます。福音に生きる生き方を確立し、隣人となる方々との信頼と尊敬を得る中で起こる「問いかけ」に明確に福音を紹介できるように備えをし、そのとき簡潔に、かつ的確に伝えます。さらに私たちは受け身の姿勢ではなく、知恵深く「機会を十分に活かし」用いる積極的取り組みが勧められています。「外部の人たちに対しては、機会を十分に活かし、知恵をもって行動しなさい。あなたがたのことばが、いつも親切で、塩味の効いたものであるようにしなさい。そうすれば、一人ひとりにどのように答えたらよいかが分かります。」(コロサイ4・5〜6)

このようにして、福音により新生したクリスチャンとの新たな「いのちの交わり」の広がりを実現できるなら、福音の確かさ、新生の確かさをさらに実感し、実証することになります。つまり新たないのちの交わり、神の家族の建て上げを通して「御霊の実」である「愛、喜び、平安、寛容、親切、善意、誠実、柔和、自制」を体験できるのです。これは先に恵みにあずかった者にのみ与えられている特権です。また、福音を語る備えと実践、実証の中で、さらに自分の救いの確かさ、新生の確かさを深めることにもなります。

さらに「みことばを宣べ伝えなさい。時が良くても悪くてもしっかりやりなさい。忍耐の限りを尽くし、絶えず教えながら、責め、戒め、また勧めなさい」（Ⅱテモテ４・２）と命じられています。同書の二章には、どのように伝えるかをも記しています。「主のしもべが争ってはいけません。むしろ、すべての人に優しくし、よく教え、よく忍耐し、反対する人たちを柔和に教え導きなさい。神は、彼らに悔い改めの心を与えて、真理を悟らせてくださるかもしれません」（Ⅱテモテ２・24〜25）。ここには福音を伝える、教える行為がキリスト者として生きる生き方そのものであること、謙遜さ、優しさ、そして忍耐など人格的成熟度が、伝える、教えることと一体として示されています。言い換えれば宣教は福音に基づく「良いわざ」と一体のものであるということです。その結果として、もし聞いた人が仮に悪魔に捕らえられていたとしても、私たちのキリスト者として証しする行為によって解放され、真理に至ることもあるのです。

教会の使命としての「宣教のわざ」――私たちが今日、クリスチャンとして存在するのは、やはり、先にキリストの福音を知り、そしてそのすばらしさに感動し、このキリストのためにはすべてをささげても惜しいと思わないクリスチャンたちがいたからです。福音宣教は教会の最優先課題であり、いのちでもあり、教会としてそこにあり続けることができるかどうかの要と言っても言い過ぎではないと思います。誤解のないようにしていただきたいのですが、それはただ「宣教する」――多様な「宣教プログラム」を企画、実践する――ことに集中することではありません。「信仰による神の救いのご計画の実現」、すなわち神の再創造のみわざ、持続可能な神の家族共同体を建て上げることの延長線上で共に取り組む宣教です。ですから、クリスチャン共同体「神の家族」であることのすばらしさに十分満足するとともに、その共同体の広がりに直結する宣教のわざに関心を持つ必要があります。

I 「神のかたち」人間であることを共有して

先に聖書全体を貫く「信仰による神の救いのご計画の実現」に焦点を当て、「神の先行的救い」、福音に基づいて建て上げられるべきクリスチャン人生について共に考えてきました。そして福音に基づく「良いわざ」としての生き方と一体のものとして主の宣教大命令の実現について共有したいと思います。教会に託された主の宣教大命令、再創造のみわざの広がりです。福音の確かさを実証する私たちを介して、祝福に満ちたいのちの交わりとしての共同体が広がることです。それは単に教勢の拡大という目先のことにとらわれず、その町、地域、また国、ひいては一つの地球村の繁栄に寄与・貢献できる共同体の広がりという視点から考える宣教を意味します。福音を伝える実際の前に、「神のかたち」である人間であるゆえの普遍的な視点から共有できる人間性について共に考え、福音宣教の手がかりを確認してみたいと思います。次世代の子どもたちに対する親の対応も同じ原則です。

人が人であること――「人が人である」とはどういうことでしょうか。啓示の書、「聖書」の視点から問えば、創造主である神がご自分に似せて人を創造された（創世1・26〜27）とあり、したがって人は神の前に自己を認識し、クリスチャンとして生きることは（特殊なことではなく）自明のことになります。しかし、ここはあえて人間の側から観察し「人が人であること」について確認してみたいと思います。また共に推察、推論を重ね、人は創造主である神の存在を認め、この神の前に生きることがいとも自然なことであること、クリスチャンであることは人種や文化を超えた普遍的な真理性を共有していることについて考えてみようと思います。もし、普遍的な真理性を共有することができ、それに対する聖書の真理を提示できるなら、キリストの福音は単なる一宗教としての教えにとどまらないことに気づくと思います。聖書自体も、キリスト者の生き方はより普遍的な真理、価値観を求め、それに基づいて歩むべきであることを明確に証言しています。

最後に、兄弟たち。すべての真実なこと、すべて尊ぶべきこと、すべて正しいこと、すべて清いこと、すべて愛すべきこと、すべての評判の良いことに、また、何か徳とされることや称賛に値することがあれば、そのようなことに心を留めなさい。（ピリピ4・8）

さらにキリスト者の成熟は信者の中で「非難されない」生き方であると同時に、未信者の中でも「評判の良い」生き方を確立する存在である（Iテモテ3章）ことが明言されています。主イエス様も神の民は信者、未信者を問わずだれに対しても立派な生活を実現するように、「あなたがたの光を人々の前で輝かせなさい。人々があなたがたの良い行いを見て、天におられるあなたがたの父をあがめるようになるためです」（マタイ5・16）と命じています。パウロは「落ち着いた生活をし、自分の仕事に励み、自分の手で働くことを名誉としなさい。外の人々に対して品位をもって歩み……」（Iテサロニケ4・11～12）と命じ、ペテロも「あなたがたは旅人、寄留者なのですから、たましいに戦いを挑む肉の欲を避けなさい。異邦人の中にあって立派にふるまいなさい。……人が立てたすべての制度に、主のゆえに従いなさい。……」（Iペテロ2・11～20）と勧めています。まさにクリスチャン生活は特異な存在ではなく、人ならだれもが共有する価値、倫理観、普遍的な規範に基づく生き方を実現する存在であるということがわかります。それゆえ「クリスチャンである」ことは人間の本質に関わる普遍的な課題であると言っても言い過ぎではないのです。ただし、「神の先行的救い」の約束としての「生き方」と現実は同じではありません。それゆえ、キリスト者は「神の先行的救い」に基づいて意志的に建て上げていく必要があることについて共に考えました。先に福音に基づく「良いわざ」と宣教命令は一体のものであることについて確認しましたが、クリスチャンとしての「生き方」が建て上げられてこそ、実を結ぶ宣教になることを納得していただけるのではと思います。

そこで初めに「人とは何か」を問いつつ、「キリスト者である」ことの必然性を推論してみたいと思います。単なる理屈や一思想として理解するだけでなく、丁寧に自己を観察し、また自己省察を試みながらキリスト者としての自己認識を深めてみましょう。

1　精神的存在としての人の主体性

人の精神性に関わるもの、あるいは精神性そのものとして人格の存在があり、それは理性とか「自我の自覚」とも表現される主体的存在のことです。人間以外の動物の世界は、彼らに与えられた本能のゆえに秩序づけられています。集団で行動するもの、家族単位で行動するもの、単独で行動するものなど様々です。種によってはきわめて人間社会に近い集団を営むものもあり、それを人は「社会」と呼ぶことがあります。たとえば昆虫の世界では蜜蜂やアリの研究がその典型的な事例です。しかしその社会と呼ばれるものには、たとえ哺乳動物の世界であっても、人間の社会のような多様性、あるいは創造的変化や向上的変革は見られません。しかし、後退もありません。つまり新たな文化や社会の仕組みを創造することはないのです。それは、その種が存在するようになってから今日までほとんど変わることのない不変的法則性、彼らの内にある本能装置に基づいて行動しているからです。その動物たちの中にある本能装置が、彼らをとりまく環境の変化、季節の変化、光や温度などに応じて自動的に一定の行動パターンを示しているように思います。猿はどのような育て方をしても猿であり、犬、猫は犬、猫以外の行動様式を取ることはありません。これらの秩序は彼らの自由意志に基づくものではなく、彼らに与えられている本能装置によるもので、道徳とか倫理などは無縁で、ある種、機械的であるゆえの秩序が保たれており、逆にその機能が後退することもありません。

ときに、人は人間の残虐行為を見て「あいつは野獣のような奴だ」と言います。しかし「野獣」と形容されるような人の残虐行為が動物の世界に見られるかというと、そのような行為は見当たりません。むしろ、人間の尊厳性を全く無視した暴力行為や性暴力、手段を選ばない所有欲・富の蓄積、憎悪や嫉妬が生む暴虐行為、自分を正当化する陰謀、そして子どもの世界ばかりかいのちをつないだ親子関係の中でさえ起こる陰湿、残虐な「虐待」や「いじめ」などなど、これらの悪は人間社会特有のものであって動物の世界では見られません。むしろ野生動物の世界では、その本能装置と定められた生態系のゆえに一定の秩序が保たれています。むしろ人間がその生態系を壊していることが問題視されています。

一方、人間は本能それ自体は否定されるものではありませんが、食欲、所有欲、性欲その本能のおもむくままに生きることが本来の生き方ではありません。むしろ本能のおもむくままに生きようとすればするほど動物とは違って秩序は乱れ、人格的な破壊に至り、様々な社会問題を引き起こします。個々人の自由の尊厳は利己心、わがままに置き換えられ、隣人への尊敬などみじんもない、身勝手な暴力社会となってしまいます。と言って本能を抑制する「禁欲主義」つまり、修業のような断食や、あえて独身の道や、貧を求める道を選ぶことが人間の理想ではありません。それらはこの世の霊肉二元論に基づく価値観によるものです。

人は本能のおもむくままではなく、人が共有する普遍的な価値観をもって本能を制御する自律した人間が理想のあり方と言えます。それゆえ自律した主体としての精神性が健全に建て上げられるために人は創造主の前に自己認識し、創造主である神が備えた普遍的な価値規範を持って本能を秩序づける必要があるのです。

たとえば、今日では「信教の自由」は一部を除いて人類普遍の価値規範として理解されています。何を信じ、何を信じないかはその人の人格的尊厳性、その主体性に関わるものであり、それゆえいかなる外圧もあってはならないということです。まさに信仰は人間の責任ある主体性に基づくことを前提にしています。つまりそれは人間の人格的自律性を普遍的真理としているからに他なりません。ただ、そこに集中し、留まれば個人主義に陥ります。その限界、弊害は地球規模で認識されています。むしろ人は人格的自律性、理性的な尊厳性とともに家族共同体や社会性を持って活動する存在であることを意識し、建て上げられるべきです。

2　人の主体的精神としての人格

人の精神性に関わるものとしての人格について考えてみましょう。人格は「自我の自覚」とも表現される主体的存在です。人格と密接な関わりのあるものとして、先に取り上げた人の精神性や、この後に取り上げる理性、良心の機能、さらに道徳律というものがあります。語源的には人格（ペルソナ）とは「仮面」とか「役者」を意味しています。役者がある特定の「性格」や「個性」を演じることから派生し、それがその個人の性格やその人を特定する個性を意味するようになったと言われています。人格的存在である人間は自由に考え、意志し、行動できる能力を持つ存在であり、またいのちの交わりとしての共同体、つまり家族や社会の中での自己認識とともに、個々人がその責任ある主体的存在です。人は個々人の主体性を前提としつつも同時に社会性を持つ存在なのです。したがって人は、単に本能のおもむくままに生きるのでは人格的存在ではありません。

家族や地域社会が共有する規範、かつ自分も納得する規範に基づいて本能を制御してこそ責任ある主体であるということができます。つまり人間が人格を持つということは、意志的な存在でもあると言えます。そして人の行動の意志は決して他律的ではなく、自律的なものです。人は自律した人格との対話の中で、とりわけ親と子の関係の中で各々の人格を形成し、価値観や倫理観を身に着けていくものです。人はただ本能によってのみでは正常な人格形成をすることはできません。「わたし」と「あなた」という他者との関係の中で自己認識する人格的主体を確立して初めて人間の人格的特性が形作られるのです。親子の関係もここに焦点を当てるべきです。泣き叫ぶ幼子の麗しいプライドをしっかり受けとめるゆとりを持って、育児の責任を果たしたいものです。責任ある主体、これこそ人間の人格的存在としての特徴を示すものです。人間のスピリチュアリティー「霊性」はここにあります。

神がご自分に似せてご自身のかたちとして人を創造されたという「ご自身のかたち」は、まさにこの人格的存在を意味していると言えます。つまり人の創造主である神ご自身こそが人格の「原人格」なのです。それゆえ人は創造主である神の前に立ってこそ初めて真の自己認識が可能になり、建て上げられる人格の第一歩となるのです。イエス・キリストによる福音は、人の創造主である神との関係を回復し、和解を実現させて創造目的を実現する救い、再創造のみわざです。

……その教えとは、あなたがたの以前の生活について言えば、人を欺く情欲によって腐敗していく古い人を、あなたがたが脱ぎ捨てること、また、あなたがたが霊と心において新しくされ続け、真理に基づく義と聖をもって、神にかたどり造られた新しい人を着ることでした。（エペソ4・21～24）

……新しい人は、それを造られた方のかたちにしたがって新しくされ続け、真の知識に至ります。（コロサイ3・9b～10）

3　共有する理性

さらに人の人たる特性を確認してみたいと思います。人は理性的に考え、自由に思考する主体である精神をもっており、肉体（本能）即、人ではありません。つまり、人には肉体（生理的機能、本能）を制御する主体的精神が存在しています。人は五感（視覚、聴覚、触覚、味覚、嗅覚）で知覚すること自体が自動的に行動を生むのではなく、むしろ知覚は主体的精神によって判断され、取捨選択し、その時々の状況に応じて制御されています。単純な霊肉二元論の主張ではなく、人は肉体と精神を切り離すことのできない一体性を持ちながら、精神が肉体、つまり本能を制御する主体的精神の存在として認識したいのです。ですからもし肉体の死が即、人の終わりとするなら、見えない世界、永遠を思考することとは無意味なことになります。

この精神の働きの中に理性があり、「なぜ」「どうして」と問い続けます。理性の判断の前提として人間には時間、空間、因果律（原因結果）といった普遍的な観念が生得的に、生まれながらに備わっています。子どもの成長過程において必ず発せられる「なぜ」「どうして」に対して、親がどれほど誠実に対応するかによって方向性が定まっていくかもしれません。それゆえ人間は、この生得観念に基づいて普遍的な真理、法則性を求めて共通の議論が可能になります。さらに普遍的な生得観念は、自然科学はもちろんのこと、社会科学の分野、神学においてもその学問を発達させる要因、土台でもあります。しかし、客観世界の領域においてすら理性は万能であるわけではありません。とりわけ形而上の世界、つまり永遠とか、魂の不滅、完全なる神の存在などの認識には、推論は可能ですが限界があります。それだけに神の啓示、書き記された聖書があるということは、むしろ理にかなうことであるとも言えます。

4　健全に機能する「良心」

彼らは、律法の命じる行いが自分の心に記されていることを示しています。彼らの良心も証ししていて、彼らの心の思いは互いに責め合ったり、また弁明し合ったりさえするのです。（ローマ2・15）

「良心」に置き換えられるギリシア語スネイデーシス（συνείδησις）は「共に知る」という意味の合成語であり、ラテン語（conscientia）、ドイツ語（gewissen）、英語（conscience）もその派生語で、原意は「共に知る」です。すなわち良心は、互いに共有する価値観、倫理観によって判断する機能なのです。良心の本来の意味は、日本語の「良い心」から推理されるような善行の動因となるものではありません。いわんや「性善説」の根拠になるものでもありません。本来の良心の働きは人が意志的に価値判断をし、善と判断したことを実行し、悪と判断したことを行わず、そしてその両者の判断をその通り実行したかどうかを判別する機能と言うことができます。

興味深い聖書の証言があります。「律法を持たない異邦人が、生まれつきのままで律法の命じることを行う場合は、律法を持たなくても、彼ら自身が自分に対する律法なのです。彼らは、律法の命じる行いが自分の心に記されていることを示しています。彼らの良心も証ししていて、彼らの心の思いは互いに責め合ったり、また弁明し合ったりさえするのです」（ローマ2・14～15）。まさに良心の機能です。問題は何と「共に知る」のか、判断するのかということです。その人の社会的な慣習とか、自分自身が学び取った哲学であるとか、親や、学校での教育に基づく道徳、価値観など様々です。しかもそれらはすべて相対的であり、絶対的な規準、普遍的な真理とは言えない場合があるのです。また良心の性質上、自ら考え、自ら取捨選択し、自ら決断し行動することが人の人たる存在そのものだとするなら、それは「個人主義」そのもので、今日その「個人主義」の限界を人は認識し始めています。

良心の存在と、その機能から推論されることとは、人は普遍的な何らかの価値基準、道徳律、倫理観をもって行動する存在であるということです。ただ、その価値基準や倫理観は人が育った伝統や慣習、受けた教育、自ら学んだ哲学などなど様々で、それらの価値基準はある程度共有できても、どれも相対的であって普遍的、絶対的なものとは言えません。ですから人格的な人間にとって、自分の良心を、完全な存在である神の正義、神の聖さ、神の真実に基づく価値規範によって機能させる必要があるわけです。人間の良心は普遍的な神のことば、真理に照らして初めて全人格的に満足のいく判断、またそれに基づく行動に対する満足が生まれると思います。つまり神が人類に与えられた真理のことば、聖書の価値基準こそ人間の良心の機能を満足させるものと考えられます。

子どもに対する親も、その子自身の良心の機能を受けとめ、生活の場面、場面で自ら判断し、取捨選択し、意志できるように確かな価値観を与えていくことが大切になります。これらの良心の機能については他人事としてではなく、自分自身のこととして丁寧に自己観察、自己省察をしながら理解を深めることも大切です。そのためには自分の行動を、意志するところから順を追って、その行為する自分を客観的に記録し、自分自身を評価してみると、自分の内にある良心の存在を意識することができると思います。ですから私たち人間は、完全にして永遠、普遍の真理、また規範である神のことばを必要としています。同時に神のことばが、私たちの良心の機能に真の意味で調和をもたらしてくれるものと思います。

5　確かな規範としての道徳律

いかなる人であっても、人は善を行うべきであり、悪はすべきでないとの判断を下す機能としての良心の存在について考えました。さらに視点を変えて善悪の規範性としての「道徳律」の存在について考えてみたいと思います。人は隣人の不正や理不尽な行為を容認できずに、しばしばそれに対して憤慨します。それを「義憤」とも言います。しかし、人は創造主を意識する前は自己中心、自己の利益を優先する傾向があり、それゆえときには喧嘩や争いになったり、ひいては国と国との戦争に発展したりします。たとえ無法者と言われる反社会的集団でさえ、その道徳律の法則を持っています。彼らの中から裏切る者が出ると、裏切った者はとてつもないひどい仕打ちを受けることになります。つまり彼らのうちにも「裏切り行為」、悪は罰せられるべきであるという観念があるわけです。ただし人は何が本当に善であり、何が本当に悪であるのか、その普遍的な規範を持ち合わせていません。やっかいなことに人は利己的であるため、自分の利益を優先した善悪を考えてしまうのです。もっとやっかいなことは他者に対して行う善悪の要求に対し、その善を自分は行っていないばかりか、行い得ないという衝撃的な現実があるということです。その視点から、してはいけないという悪も同様です。それゆえ私たちの内にある道徳律も、普遍的な規範によって建て上げられなければなりません（参照＝ローマ1・18〜2・2）。

子育てにおいて親はとかく問答無用、律法的に指示してしまう傾向があります。むしろ生活の場面、場面で、生き方のただ中で考え、教えていくことが大切であるように思います。人に備わっている道徳律は幼子にもあります。問題は何を確かな規範としてその道徳律を機能させるかです。それだけに普遍的な規範を知っている親は、子どもとはいえその人格を認めつつ対話していくことが求められます。

クリスチャンであるということは、単に行動様式の好みの問題ではありません。冷静に人間であることを問い、内省するときに、必然的に創造主の前に自己認識し、神の永遠、不変の規範に基づいて歩まざるを得ない存在であることを理解することが可能なのです。キリストの福音に基づいて自分の現実を知り、建て上げられるべき自分について自覚的に意志することができれば幸いです。いずれにせよ、クリスチャンとして成熟に向かって建て上げられていくことは、クリスチャンの社会はもちろんのこと、たとえ未信者の中でも、十分に評価に耐える存在になるということに注目したいと思います。その義、クリスチャンに約束された義は「信仰に始まり信仰に進ませる」のです。そういうわけですから、未信者の中でクリスチャンとして生きることが宣教の最前線となり、神の家族、教会共同体の広がりの起点となるのです。

Ⅱ　再創造のみわざ「良き隣人」からの広がり

クリスチャン生活が始まると今までとは生活スタイルが変わることもあって、とかくクリスチャンになる前に築いていた友人、隣人関係が希薄になってしまうことがあります。たとえば日曜日の主日礼拝出席が生活の優先順位を占めると、しかも毎週となると大きな変化です。それ自体大切なことであることは間違いありませんが、しかし、教会を大切にする、主の家族としての交わりを優先することから、真の意味での「隣人である」ことの関係を放棄するようなことがあっては本末転倒です。クリスチャンたちの集まりが社会から分離、隔離される「ゲットー」のようなものになってはならないのです。そして次世代、第三世代のクリスチャンたちに間違った考え方や行動様式を与えることのないように知恵を尽くしたいものです。これまで確認してきた「信仰による神の救いのご計画の実現」、福音に基づく「良いわざ」としての良い隣人関係を再構築したいと思います。

愛されてこそ――聖書の大切な教えに注目すると行動の優先順位が見えてきます。「こういうわけで、いつまでも残るのは信仰と希望と愛、これら三つです。その中で一番すぐれているのは愛です」（Ⅰコリント13・13）。つまり、家族や知人、友人、隣人関係の優先性としての「愛」の大切さです。パウロは実に興味深い勧めをしています。「だれに対しても、何の借りもあってはいけません。ただし、互いに愛し合うことは別です。他の人を愛する者は、律法の要求を満たしているのです」（ローマ13・8）と。だれにも借りがあってはいけない、しかし「愛の借り」は例外ですよ、というわけです。つまり、最も大切な愛は、多く愛されてこそ、愛の借りが多ければ多いほど、真に愛することができる、という原則です。ですから「良き隣人」であることの備えは、この世に生を受けたときから始まります。親子の関係、兄弟姉妹の関係の中で受ける愛が「良き隣人関係」の土台になるわけです。次世代につながる信仰家族も条件は同じです。仮に肉親関係の中で、知人友人関係において受ける愛に恵まれなかったとしても、神の家族と出会い、その中で体験することから隣人愛が育まれます。しかも神の家族における愛にかたよりはなく、私たちを真に建て上げる愛であることに注目したいものです。

箴言3・12　父がいとしい子を叱るように、／主は愛する者を叱る。
同27・5　あからさまに責めるのは、／ひそかに愛するより良い。
同27・6　愛する者が傷つけるのは誠実による。／憎む者は多くの口づけでもてなす。

1　教会の外の人々に通じるクリスチャン生活

「実に、私たちは神の作品であって、良い行いをするためにキリスト・イエスにあって造られたのです」（エペソ2・10）とは、神の家族の中だけでなく「教会の外の人々にも評判の良い人でなければ」（I

テモテ3・7）ならないのです。主イエスの「あなたがたは地の塩……あなたがたは世界の光です」（マタイ5・13〜14）との宣言に通じるものです。とりわけクリスチャンは、クリスチャンであるなしにかかわらず、積極的に隣人関係を作り上げていく存在であるということです。またクリスチャンとしての存在や使命から考えると、人と人との関係に無関心でいられない存在なのです。それが町の繁栄に寄与・貢献することになり、その「良いわざ」が宣教の実を結ぶことになるのです。

パウロは「律法全体は、『あなたの隣人を自分自身のように愛しなさい』という一つのことばで全うされるのです」（ガラテヤ5・14）と述べています。確かに主イエス様は律法を要約して次のように語りました。「そして、心を尽くし、知恵を尽くし、力を尽くして主を愛すること、また、隣人を自分自身のように愛することは、どんな全焼のささげ物やいけにえよりもはるかにすぐれています」（マルコ12・33）。つまり、神を敬い、神を愛することは、隣人を愛することに直結しているということです。そしてまさに福音宣教は、この隣人愛、良き隣人との信頼と尊敬の関係から広がっていくのではないでしょうか。では、あなたにとって隣人とはだれでしょうか。これこそ、いのちの交わりである教会共同体の有志と共に対話・問答し、知恵を見出すようにしたいことです。

クリスチャンとしての信仰の成熟の評価の一つに、教会内で「批判されない」存在であるとともに「教会の外（未信者）の人々にも評判のよい」（Ⅰテモテ3・7）ことが挙げられています。評判の良し悪しは隣人との関係がなければ生まれません。私たちが未信者との友好関係を深めることは、信仰生活の妥協とは次元を異にします。隣人関係と言っても特に構えることなく、自分の置かれた状況の中で考えてみてください。私たちはよほど特殊な仕事や健康上の理由がない限り、人との関係の中で生活しています。家族であれば子どもの成長に合わせて学校や地域の中で、できるうることは率先してその責任を果たすように務めることで自然に生まれると思います。ときには、PTAや地域の子ども会、あるいは町内会活動等でのボランティアにおいて、子どもの利益や地域の公益よりも単に自分の名誉のために行う人もいるかもしれません。しかしキリスト者はそのようなこととは無縁のはずです。子どもの教育に関して、クリスチャンとしての人間の尊厳性や、価値観を証しする機会を祈り求めていきます。

また、私たちキリスト者は「額に汗して」だれよりも勤勉に働く者です。その誠実な労働は必然的に職場での良き隣人関係、人との信頼関係を作り上げていきます。とりわけキリスト者にとっては労働も礼拝と同様に敬虔の表現であるのです。パウロはテサロニケの教会に「私たちが命じたように、落ち着いた生活をし、自分の仕事に励み、自分の手で働くことを名誉としなさい。外の人々に対して品位をもって歩み、だれの世話にもならずに生活するためです」（Ⅰテサロニケ4・11～12）と命じています。クリスチャンであるということで、価値観を異にするこの世の人々との関係が漫然と何もかも消極的にならないようにします。もちろん価値観を異にする人々の考え方を闇雲に否定するのではなく、むしろなぜ、そう考えるのかに関心を持ち、尊重しながら寛容と愛、忍耐、優しさをもってその違いを明確にしていくことも大切な取り組みであると思います。

パウロは勧めています。「外部の人たちに対しては、機会を十分に活かし、知恵をもって行動しなさい。あなたがたのことばが、いつも親切で、塩味の効いたものであるようにしなさい。そうすれば、一人ひとりにどのように答えたらよいかが分かります」（コロサイ4・5～6）。日常的な隣人との関係の中で、私たちの福音に基づく「生き方」、言動が私たちに問いかけを起こさせる機会になるように、常に心がけているようにとの勧めです。

2 「世間体」という行動規範

また地域社会、自分の町内会において、さらに職場や学びの環境など様々なグループ活動において、自分の果たすべき分をきちんと果たし、一人の人間としての社会性を自覚することは隣人愛への第一歩です。自分の関わる隣人関係、また地域の会合には積極的に参加し、しかも「聞き手」に徹しつつ、じっくり観察し、相手を知ることから始めることです。人によっては、クリスチャンはとりわけ「個人主義」を強調するゆえに、日本の社会にはなじまない、と評する人がいます。しかし、いわゆる欧米の文化としての「個人主義」は必ずしも聖書の真理と同じ概念ではありません。むしろクリスチャンは「個人主義」を克服して地域の繁栄を求める者、貢献する者として知恵深く、積極的に地域共同体に関わる存在となるべきです。それこそ次世代に広がる大切な取り組みとなります。

同時に、日本の文化の問題である「世間体」について考えたいと思います。一般的には明確に自分の意見を主張して議論するということは、日本人には不得手であることに注目したいのです。たとえば、個人的な関係で話しているときは賛同し、同調していても、全体の会になると全く別人のような反応をする人が見受けられます。つまり有力者と言われる人や、あるいは全体の中心的、権威的存在の人の意見に歩調を合わせてしまう傾向です。それは個人よりも全体の空気を大切にする行動規範のゆえではないでしょうか。「世間体」という感覚は、まさにこのような日本人の行動様式を言い表しているように思います。つまり、行動規範は自分のうちにではなく、自分を取り巻く人々のうち（世間）にあるのです。それは相手の気持ちを思いやるとか、気づかうという点では肯定されるべき日本人の特性とも言える文化かもしれません。とかくそのような特性のゆえに主体性のない生き方になることが問題なのです。ですから、一対一でどんなに好意的な反応があっても楽観的になってはなりません。たとい本心であっても、相手は自分に合わせてくれているのであって本人の価値判断に基づくものではない場合がありま す。このような行動規範から生まれた「建前、本音」の原則を見事に使い分けながらまとめられていく「根回し」なのです。

このように私たち日本人の特性を十分承知の上で、かつ知恵深く良き隣人としての信頼関係を築いていくことが肝要なのではないでしょうか。もっとも今日の日本は自己本位という視点からの個人主義が支配的で「世間体」とは別次元の社会になりつつあることにも注視する必要があります。ただ、注意したいことは、クリスチャンになってもこの「世間体」という行動原理が無意識のうちに支配的である場合があるということです。この日本の文化の中で聖書の隣人愛を共に考えることで、真の意味で聖書の意図を実現できると思います。

3　積極的に互いの関係作り

むしろクリスチャンが「世間体」の感覚傾向が強く、自分がクリスチャンであることを表明しないままの隣人関係を築いている場合があります。しかし私たちが良き隣人関係を築くためには早い時期に、自分がクリスチャンであることを明確にする必要があります。それは「クリスチャンです」との宣言という仕方で終わるだけでなく、むしろ主にあって「新生」した者として、神の国に属する者としての価値観に基づく生き方、行動によって明らかにすることです。聖書の言う「良いわざ」に生きるがゆえに、問いかけられてキリスト者であることを語れるようになることです。日曜日に教会に行くという行動も証しの行為ですが、むしろ日常的な普段の生活の中でいかに聖書の価値規範に従って歩んでいるかがもっと重要です。ごまかしがない、真実である、謙虚で、なすべき善に対して犠牲をいとわず、何事にも建徳的で、熱心であること、責任の取り方に潔《いさぎよ》さがある、などなどです。

禁欲的な生き方によってではなく、聖書の価値観に基づいて人に与えられている視・聴・嗅・味・触の五感を隣人と共に楽しめる生き方を通して関係を深めることです。そのためにもキリスト者とされた者同士の新しい人間関係、「互い」の関係を理解し、実践することです。私たちが共に集まるとき、互いにクリスチャンとしての生き方について、みことばの真理、価値規範、聖書の「基本原則」を真剣に学び合い、この文化の中で知恵を見出すことが大切になります。

成熟したクリスチャンの評価の一つに「教会の外の人々にも評判の良い人」であることを確認しました。つまり、クリスチャンとして理想的に歩むその人となりは人類普遍の共有できる真理であるということです。ですから真にクリスチャンであることは、教会内で評判が良い存在であるということです。また逆も真です。キリストを主とする信仰に同意するかどうか別として、キリスト者の生活は未信者の中でも十分通用する生き方なのです。パウロが「最後に、兄弟たち。すべて真実なこと、すべて尊ぶべきこと、すべて正しいこと、すべて清いこと、すべて愛すべきこと、すべて評判の良いこと、また、何か徳とされることや称賛に値することがあれば、そのようなことに心を留めなさい。あなたがたが私から学んだこと、受けたこと、聞いたこと、見たことを行いなさい。そうすれば、平和の神があなたがたとともにいてくださいます」（ピリピ4・8〜9）と勧めているのは、まさに普遍的価値基準です。ゆえに良き隣人として生きることに策を弄することは無用です。日ごとにみことばと祈りをもって歩むことが何より大切なことです。習俗、文化、人種、宗教の別なく、一人の隣人として誠実に関わっていきたいと思います。

知恵の書「箴言」に記された隣人に関する知恵、主な勧め

3・28　あなたに物があるとき、隣人に向かって、
「帰って、また来なさい。／明日あげよう」と言うな。
3・29　隣人が、あなたのそばで安心して住んでいるとき、／その人に悪を企むな。
11・9　神を敬わない者は、その口によって友を滅ぼし、
正しい人は、知識によって助け出される。

11・12 隣人を蔑む者は良識がない。／英知のある者は沈黙を守る。
14・21 自分の隣人を蔑む者は罪人。／貧しい者をあわれむ人は幸いだ。
24・28 あなたは、あなたの隣人に対し、／根拠を持たない証人となってはならない。
あなたのその唇で惑わそうとするのか。
25・9 あなたは隣人と争っても、／ほかの人の秘密を漏らしてはならない。
25・17 隣人の家にあまり足を運ぶな。／その人がうんざりして、あなたを憎まないように。
25・18 隣人について偽りの証言をする人は、／こん棒、剣、また鋭い矢のようだ。
27・10 あなたの友、あなたの父の友を捨てるな。／あなたが災難にあうとき、兄弟の家に行くな。
近くにいる隣人は、遠くにいる兄弟にまさる。

なお、個人伝道の対話にはクリスチャンの友人の同席を願うことで、冷静に進められると思います。次回のためにも、良きアドバイスを得られるはずです。また、何よりも兄弟姉妹の祈りの支援を得ることは大きな力となります。

Ⅲ 「神の家族教会共同体」いのちの交わりとしての広がり

それではまだ福音を知らない家族や友人、知人をいかに救いに導くことができるかを実践的に挑戦してみようと思います。その手法は一方的に語る、説得するということではなく、原則として信頼関係の中での「対話」を大切に進めます。ですから、先に共に考えた共有できる人間性「人が人であること」を思い起こし、的確な質問ができるように、そして築いた大切な隣人関係を壊すことがないように知恵深く備えたいと思います。いのちの交わりに加えられた私たちが、自分が行う福音宣教によってさらにいのちの交わりが広がり、そのいのちの交わりの豊かさにあずかる者となるためです。さらに大切な視点は、「学び会を導く」という発想より、クリスチャンとして生きる自分の生活の場に友をお招きし、お茶をいただきながら普段の対話を中心に進める福音宣教であることです。

1　具体的な学びに取り組むにあたって

（1）身近な関係の中で福音についての問いかけをする相手がいる、あるいは福音に関心を持つ方が与えられるように祈り、実現すること。

（2）救いに導かれた知人、友人と共にクリスチャン人生の建て上げについて聖書を学び合い、祈りのときを持つこと。

（3）さらに互いの関係の中で新たな相手を招き、共に福音を語りつつ、福音を伝える方法を共有すること。

（4）「二人か三人がわたしの名において集まっているところには、わたしもその中にいるのです」（マタイ18・20）という「いのちの交わり」を実現すること。

（5）信仰の告白に至るかどうかは主の主権の中にあるので、どのような結果であれ、次の機会のために知恵を得るようにするが、良し悪しを判断しない。
（6）福音を語ることによって人間関係を崩すことのないように知恵深く取り組む。
（7）「問いかけ」に数分で応えられる自分の救い、福音についての証し文書をまとめる。

2　聖書の手順

イエス・キリストの宣教大命令（マタイの28・19～20、マルコ16・15～16）
（1）全世界に出て行き、福音を宣べ伝える――福音に基づく「良いわざ」から生まれる良い隣人関係、交わりにおいて。
（2）主の弟子とする――信仰の告白。
（3）バプテスマを授ける――神の家族教会のいのちの交わりに迎える。
（4）教え――福音に基づく「良いわざ」に生きるクリスチャン人生の建て上げ、主にある成熟を共に目指す。

初代教会の宣教による拡大（参照＝使徒2・47、5・14、9・31、16・5）
（1）量的拡大――信じる者の広がり。
（2）面的拡大――地理的広がり、エルサレムからローマへ、全世界へ。

（3）質的拡大――「良いわざ」に生きる信仰共同体の成熟、次世代への継承。

相手を見出し、宣教の対話への挑戦――特別なことをするのではなく、より身近な人（家族、友人、知人）の「問いかけ」が起こされること、その人たちの救いを願い、まず祈る。

外部の人たちに対しては、機会を十分に活かし、知恵をもって行動しなさい。あなたがたのことばが、いつも親切で、塩味の効いたものであるようにしなさい。そうすれば、一人ひとりにどのように答えたらよいかが分かります。（コロサイ4・5〜6）

（1）救いを願う人のために継続的に祈る。
（2）隣人関係において福音を語る機会を養うとともに、主が機会与えてくださるよう祈る。
（3）具体的に名前を挙げて、聖霊がその魂を揺り動かしてくださるように祈る。
（4）自分の家庭をキリストのために開放できるように祈り、招き、交わりのときを持つ。
（5）交わる関係の中で、「問いかけ」を逃さず、自然な対話の中で聖書を語る。
（6）最初の学び会の日時を、相手の都合を優先し約束する。
（7）成熟のひとつ「もてなし」を考え、最善を尽くし自分の生活の場に迎える。

それでは福音宣教の対話に挑戦してみましょう。福音を語る場合の学びは何十回も行う必要はありません。福音を受け入れるかどうかの学びはせいぜい三～五回で完結します。後は主に委ねます。もし、その人のうちに求道の思いがあれば、教会の集まり、主日礼拝に出席するようになります。そうでないときはクリスチャンの交わりの集いや特別集会にお誘いし、祈り、次の機会に期待します。

便宜上、三回で完結できるようにまとめてみます。三回の間隔は一週間に一回程度とします。ある程度の間隔を持ち、互いに考えるとき、祈りのときを持ち、そして御霊の働きに期待します。自分が話そう、話そうとするのではなく、丁寧に問いかけ、相手を考え、思い、知ることです。その中で浮かぶ問いを核として質問をします。相手の応答を聞いている中で御霊の促しがあり、次の展開が見えてきます。

一回ごとに、信仰の決断を促すことができるように進めてください。しかし、決して強制はせず、御霊の導きと促しを期待しながら進めます。聖霊が自由に働いてくださるように祈りつつ、同時に信仰の決断に導く確信を持って対面することです。

一回ごとの時間は、長くても一時間以内に終えるようにします。一通り学びを終えた後に、その人が熱心に、かつ真剣に質問してくるときは、時間を確認しながら誠実に答えるようします。その場合、できるだけ「聖書にはこのように書いてあります」と適切な聖書箇所を示しながら伝えてください。聖書のことば、「神のことばは生きていて、力があり、両刃の剣よりも鋭く、たましいと霊、関節と骨髄を分けるまでに刺し貫き、心の思いやはかりごとを見分けることができます」（ヘブル4・12）。そして聖霊は聖書のみことばを通して働かれるからです。しかし聖句を思い出しても、聖書箇所がどうしても分からず、また正確に表現できない場合は、その聖句内容、意図を自分の言葉で説明しながら話します。次回会ったときに、その箇所を教えてあげればよいと思います。

語る順序については、聖書の構成からその原則を明らかにしたいと思います。まず私たちの創造主である神の存在と、天地万物の創造主と私たち、さらに神の価値規範の啓示、そしてまことの人としておいでになった救い主キリストの存在と、十字架の死と復活、このキリストにおいて成された先行的な救いと福音に基づくクリスチャン生活、そしてキリストにおいて約束された「良いわざ」に建て上げられるクリスチャン生活です。これらの順序に従って進めていきます。

福音の伝え方の問題ですが、福音宣教は単なる知識の伝達で終わるものではありません。神の人格、キリストの人格に触れることが大切です。そのために先にキリストの人格に一体化されている者として振る舞えるようにします。キリストの大使である私たちは徹底して「聞く」ことと、「問いかけ」を大事にします。「人はだれでも、聞くのに早く、語るのに遅く、怒るのに遅くありなさい。人の怒りは神の義を実現しないのです」（ヤコブ1・19～20）。「よく聞く」ことによって「よく語る」ことができるのです。何よりも相手も、自分が語ることで心を開いていきます。相手の心が開くことによって、福音がその心に届きます。ここで紹介するのはマニュアルではありません。質問することに徹することで語るべきことが導かれる、という原則を優先します。

パウロは「私が走るべき道のりを走り尽くし、主イエスから受けた、神の恵みの福音を証しする任務を全うできるなら、自分のいのちは少しも惜しいとは思いません」（使徒20・24）と言い切っています。

私たちも自分の責任を果たす覚悟で取り組みたいと思います。なお、次に挙げる三回の宣教の対話は、一つの例です。実際に取り組みながら、進め方を工夫してください。順序、聖書箇所、中心的なみことば、質問事例等々、実際の取り組みの中で適切なものを用いてください。そして自分のものを作り上げてくだされればと思います。

第一回目――「すべてのものの創造主、私たちのいのちの主である唯一のまことの完全な神の存在を考える」

目標　これまで抱いてきた神認識を確認しながら、創造主である神の存在に気づいていただきます。私たちが真に礼拝すべき神はどのようなお方でしょうか。万物の創造者、全知全能の尊厳の神、栄光の主、絶対的主権者である神を知っていただきます。神様がどのような方で、私たちとどのような関係をもたれる方であるかを知ることなしに、罪が何であるか、また神の前に悔い改めるべき必要も生じません。そして救い主イエス・キリストの必要を感じることも、理解することもできないのです。神がこのような方であること、またその存在を示す聖句を挙げ、紹介します。学びを始める前にいつも共に祈り、相手の方に対する主の祝福を祈り、また生ける主が共におられるように祈りましょう。

導入質問1　明確に問いかけてくる求道者であれば「キリスト信仰に関心をお持ちになられたいきさつを教えてくださいませんか」と問い、まず相手の霊的状態を的確に把握します。一問一答ではなく、問い、聞いて考え、さらに問う、というように相手を中心に核心的課題が明確に共有できるように対話します。求道者は何かがあって、あなたのところに来ています。その何かを丁寧に聞くことから始めます。聞いて、再確認の質問をし、十分に聞くようにします。あるいはこちらから福音を聞いてほしいとお願いした人であれば「聖書やキリスト信仰について、あるいはクリスチャンとか教会について、どのような印象を持っていますか。どんなことでもお話しください」と問います。相手の関心事から話しを進めることが肝腎です。もしかしたら、クリスチャンであるあなたの言動に心惹かれるものを持たれたかもしれません。一方的に語ろう、教えようとせずに、相手の関心事、霊的状態を知ることに十分時間を取りましょう。仮にキリスト信仰に批判的な場合でも、「なぜ」の部分を中心に丁寧に聞くことに徹します。聞いている中で語る機会が訪れます。決して一方的に語り、自己満足的な宣教にならないようにすることです。

祈りつつ、よく相手の話しを聞いている中で、さらに問いかけの中で御霊は話すべきことを教え、示されます。そして語るべきみことばを思い起こさせてくれます。「話すのはあなたがたではなく、あなたがたのうちにあって話される、あなたがたの父の御霊です」（マタイ10・20）。もっとも、聖書をよく読んで、「信仰による神の救いのご計画」の骨子を理解しておくことは大事です。そして、鍵となるみことばを覚え、理解していることを前提として聖霊は働かれることを心に銘記しておきましょう。相手の話しを十分に、また注意深く聞き、それから話し始めます。相手に十分に語ってもらうことで、これから話す福音のどの部分を強調すべきかがわかり、あるいは気づかせられるはずです。また、自分が話そうとすることにのみ心を奪われ、あせらないことです。そして、自分が話す前に、まず的確に相手の話したこと、問われたこと、その要点を自分の言葉で返します。相手の主張を自分の言葉で言い換えることは聞いている者の誠実さでもあり、相手自身の問題意識を明確にすることになり有益です。そのためにはよく聞くことです。よく聞くことによって、自分が話すべきことが自然に浮かんできます。仮に話すべきことが出てこない場合、何かを話そうというよりも、さらに聞こう、と適切な問いを探してください。聖霊の導きに委ね、導いてくださるように祈りつつ、聞き、問いかけに徹します。

「このようにして二人で話し合えることについて、あなたのこれまでの出来事、歩みは決して偶然ではなく、あなたに対する神様の摂理、神の配慮であることを知ってください。そして聖書に、またキリストの福音に関心を持たれたことはとてもすばらしいことです。聖書は一時の現象、目先のことだけではなく、究極的な永遠の問題を取り扱っています。あなたにとって、生きるか死ぬかの問題です。また聖書は何のために自分自身が存在しているのかという根源的な問題に光を与えています。」

導入質問2　「あなたは神の創造目的に従ってクリスチャンとして生きていきたいという願いはありませんか。」

知識が信仰を持たせるのではありません。すでに救いの道を備えられた真の神に対する信仰、信頼が真の知識を増し加えるのです。そういう意味で信仰を持って聖書を学ぶことができればとても有益です。

少なくとも誠実な好奇心を持って聖書の問いかけに耳を傾けてもらえるよう導いてください。しかし、疑いと否定の態度は何の益をももたらすことはありません。

主を恐れることは知識の初め。（箴言1・7）

神様を信頼することが聖書を理解する上でとても重要です。神認識の中で健全な自己認識に至るからです。ここでクリスチャンとして歩みたいと意志されたとき、「あなたのために祈りたいと思いますが、よろしいでしょうか」と確認し、その人に代わって信仰の告白と主の祝福を祈ります。その人が「クリスチャンとして歩む」という意志を確認することで福音は語りやすくなります。

導入質問3　「あなたは神の存在についてどのように考えているかを教えてください。もし神が存在するとした場合、あなたが想像する神、思い描く神はどのようなお方ですか。」

ここでも相手の話しの要点をしっかり確認し、自分の言葉で表現し、相手に返します。

次の聖書の箇所を丁寧に読んでもらいます。

1　ローマ人への手紙1章16～25節
2　創世記1章1～31節
3　エペソ人への手紙4章22～24節、コロサイ人への手紙3章5～10節

4　詩篇139篇

四か所全部を読むのは時間的に負担かと思います。まず1～3の中から、相手の状況に応じて、いずれか一か所を読んで確認します。残りの箇所は課題として、次回までに読んでいただくようにお願いします。もし、次世代の若者（小学生から中学生以上）たちの場合はエペソ人への手紙1～2章を読み、すでに神がなされた先行的な救いに注目し、キリストにあって新しい生き方まで備えておられる神の恵みをわかりやすく紹介し、その神の愛、恵みに応答するように促します。

「日本人の神観」について――ところであなたは、日本の神々は基本的に「先祖」つまり人間を神としていることをお聞きになったことがあると思います。日本人の古来の信仰は「先祖崇拝」です。先祖崇拝の信仰は仏教にすら影響を与えた古来の民俗信仰です。そして仏教の教えと融合し、死んだばかりの人、新魂（「荒魂」とも表現する）はたたり多いもので、とりわけ四十九日は丁重に供養しなければならないと言われます。そしてさらに一周忌、三回忌と追善供養を重ねて三十三回忌をもって「弔い切り」となり、その魂は完全に鎮魂、浄化されます。完全に浄化された魂は非人格化され、私たちの「祖霊」となると考えられています。この御先祖様が、私たちを守ってくれたり、農耕作を祝してくれたりすると信じられています。祖霊は、普段は高い山の方におり、秋の収穫期には里に下りて来て、人々は御先祖様に対する感謝の祭りを行うわけです。

もっとも『地蔵十王経』によると死者は初七日から一週ごとに裁判を受け、七週目の四十九日に泰山王による判決が下り、六道（地獄・餓鬼・畜生・阿修羅・人間・天上）のいずれかに行くことになる。そして百箇日、一周忌、三回忌の「五道転輪王」の裁判で最後となる、とあります。ただし、神霊化したご先祖様は別として、自分のいのちのつながりとしての祖父母、先祖を思う思いは大切にし、共有しても良いのではないでしょうか。

それでは聖書は、神ご自身についてどのように教えているでしょうか。

創世記1章を読みます。

（1）神は万物の創造主である。

神は万物、見えるもの、見えないもの、あらゆるものの創造者、根源者として、またいのちの創造者として存在しています。したがって神は全知全能の主権者、唯一絶対、永遠の存在、文字通り完全な存在なのです。

（2）私たち人間はこの創造主に似せて造られました。

「似る」ものであるとは、神は霊なる方ですから、外見的なことではなく、その本質的なことに注目すべきです。つまり他の被造物とは異なる存在としての人間、人格的な存在としての人間に注目してください。私たちは神の聖と義に基づく人格、行動の自由意志、取捨選択の判断能力と意志を持っています。また「三位一体」の神に似るものとしての人間を考えてください。私たちが救われるということは創造主である神との関係、神との交わりの回復のみならず、神の再創造のみわざとしての人間性の回復であり、また、私たちの人間関係つまり家族、親子、兄弟、夫婦、隣人関係の回復でもあることに注目してください。

導入質問4　「現在、あなたは人間関係において困難や不自由を感じていることがありますか。差し支えない範囲内でお話しください。」

お話しを伺った後に、これまで同様、その要点を自分の言葉で表現し、相手にしっかり返してください。

（3）私たちはこの創造主に対して最良のものをもって礼拝すべきです。神を礼拝すること、感謝することは人間にとって決して特異なことではありません。むしろ人間として自然な行為です。また私たちの創造主である神の前に立ってこそ、人間本来の姿を回復するのです。この主権者である神の前に静まって、自分を見つめてみましょう。自宅に帰ってから先の聖書箇所を何度か精読してください。

学びを終えた後に、そのやり取りを記録します。

（1）その人について、何がわかったか、霊的状態、抱えている問題、その人の関心事など。

（2）語った聖書箇所、中心的なみことば。

（3）次回までに備えておくべきこと。

（4）自分の聞き方、話し方に、何か問題はなかったか。

第二回目――先行的神の救い「イエス・キリストの来臨と十字架の死と復活、昇天と再臨」

目標　神の前における私たち人間とは何者なのかを知ります。しかも聖なる、主権者である神の前における自己認識が主要課題です。決して人との比較ではなく、聖なる神を意識したときの自己認識に気づくように導きます。私たちが経験したように。

導入質問1　「詩篇139篇をはじめ、前回紹介した聖書の箇所を読んで、どのような感想をお持ちですか。自由にお話しください」

ここでも相手の感想を的確にまとめて表現し、相手に返します。

特に詩篇139篇を中心に、「神の全知性」、「全能性」、「遍在性」を確認し、「無限の神」の存在を驚きをもって受けとめることができるように導きます。

導入質問2　「造り主である神の創造目的に基づいて、聖なる神の前に誠実に生きていきたいという願いはありませんか」

肯定的な応答があるときは、第一回目のときと同様に、主の祝福を祈ります。すでに受け入れた方には不要です。

全知全能の神、正しく、聖なる神がこの世界を創造したにもかかわらず、この世に混乱と悪、暴虐が存在するのはどうしてなのでしょうか。そして人は神に似る者として造られたにもかかわらず、人間社会の中には暴力や不道徳、非倫理的行為があふれているのはなぜなのでしょうか。何が問題であるのか、人間の内面を観察しながら共に考えていきます。

導入質問3　「私たちはこの創造主である神を意識して御前に立つとき、自分を見つめるとき、どのような心の変化がありますか。」

ローマ人への手紙で確認します。まず1章16〜32節を読んで、以下のことに注目してください。創造主である神を拒絶することが諸悪（ゆがみ）の根源であることに気づきます。

（1）人間の「霊的ゆがみ」――神ならぬものを神として生きる人間（18〜24節）

（2）人間の「道徳、倫理的ゆがみ」――自己中心の欲望を優先させ生きる人間（26〜27節）

（3）人間自身の「人格的ゆがみ」――自己中心性、わがままに生きる人間（28〜32節）

何よりも大切なことは、相手を罪人と断罪することではなく、みことばの理解が深まることによって、また聖なる神を意識するときに生じる認罪意識を大切に導くことです。

導入質問4　「神を拒絶する人間の状態を一言で表現すると、どのような状態と言うことができるでしょうか」（自己中心の状態）

「神の似姿」として創造されたがゆえの人格の尊厳性と自己中心性

事前の学び　罪との関係で考える「人の死」

導入質問5　「ところで人は何故、死ぬのか、今の考えを教えてください。」

「身内で亡くなられた方がありますか、そのときの感情、気持ちはどうでしたか」

自分の人生をいかに意味のあるものにするか、それは、避けられない人の死の事実を知り、その死を超えた「永遠のいのち」、いつまでも残る価値あるものに目を留めることです。

聖書の教え

ローマ人への手紙5章12節――罪によって人類に死が入りました。ですから、人の死は自然、当たり前なのではありません。むしろ不自然なもの、あってならないものです。死は残酷です。

聖書が示す罪の結果としての人の死。

神の人間に対する御心、「十戒」を読み、神が人間に求める倫理規範に注目します。

事前の学び

マタイの福音書の山上の説教

出エジプト記20章1～17節

十戒の教えを要約すると、人は

（1）全身全霊をもって、神を愛する。

（2）自分を愛するように、隣人を愛する。
この二つに要約されます（マタイ22・34〜40）。
自己中心の問題点と自己中心の自分に気づく。

導入質問6　「この二つの要求に対して自分はどうであるのか、再度、十戒を読んで考えてください。その上で、自分の今の状態を冷静に、正直にお話しくださいませんか。」
課題　次回までに詩篇51篇を読んでください。
前回同様に記録します。

第三回目――「イエス・キリストは救い主である」
目標　「イエス・キリスト」はいったいだれであったのか、何をなされたのかを知り、自分の救い主としてのキリストを知ります。知的な理解とともにキリストに示された神の愛や恵みに応答する自分を見出せるように導きます。

導入質問1　「詩篇51篇を読んでの感想を教えてください。特に心に残った聖句、気になった聖句がありましたら教えてくださいませんか。」
ここでも相手の感想を正確に聞き取り、自分の言葉で表現します。

そして自分の救いの証し、悔い改めの不思議の証しをします。

導入質問2　「教会のシンボル、象徴として十字架がありますが、その十字架にどのような印象を持っていますか。」

キリストは私たちの身代わりとして十字架で死なれたことを確認します。そして創造者である神の前に立つ私たち人間は神ご自身を満足させることのできる存在でないことを確認します。むしろ罪深い私たちに対する神の聖なる怒りに気づきます。しかし、神の子イエス・キリストの身代わりの十字架の死によって、神の聖なる、かつ義の怒りは完全になだめられたのです。キリストの十字架は神の愛、恵みの現れでもあります。

ローマ人への手紙3章19～28節を共に読みます。
律法とは別の、福音に内に示された義、信じる信仰による義があります。
ローマ人への手紙4章24節～5章21節を共に読みます。
エペソ人への手紙1～2章の主要点を共に読み、確認します。
ルカの福音書23章32～49節

キリストの十字架を見つめてください。特にキリストの十字架上でのことばと、左右にいる二人の犯罪人の心の変化に注目してください。そしてキリストに対する自分の心を整理してください。

導入質問3　「あなたはクリスチャンとして自分の創造主、神の前に誠実に生きたいという思いはありませんか。」

エペソ人への手紙1～2章の内容を確認します。創造主なる神の選び、キリストのおいてなされた身代わりの死、十字架の死は神の聖なる全き怒りを完全になだめられるものでした。それゆえキリストは神の全能の力によって復活しました。このキリストを信じることにより、私たちもキリストと共に死に、葬られ、キリストがよみがえられたように私たちも古い自分に死んで、新しさに生きるようにしてくださったのです。それを信じる信仰によって、神は救いを実現させようとしています。

信仰の告白に導かれた場合

（1）御子を信じる信仰によって神の子とされる。（ヨハネ1・12～13）

（2）信じる信仰によって新しいいのちと生活が保証される。（Ⅱコリント5・17）

（3）いのちの御霊の原理が神の御心を実現する。（ローマ8・1～39）

祈り

天の父なる神様、聖なる神の前に罪深い者であることを自覚しています。ただ思いのままに歩んでいた私をお赦しください。すべてのものの造り主である神様、これまで神を神として崇めもせず、感謝もせず、創造主である神の意図に沿うことなく歩んでいた私を招いてくださったことを感謝いたします。

神の御子イエス様はまことの人としてこの世においでになり、再創造の道を開いてくださったことのゆえに感謝します。十字架の死、完全な贖い、恵みに感謝いたします。そして天の父なる神様はイエス様を三日目によみがえらせ、永遠のいのちを保証してくださいました。同時にキリストにあって、私にも新しさに生きる道を開いてくださり心から感謝を申し上げます。この日よりあなたの子として受け入れてくださり、神の家族の一員として、ご自身の栄光を現す者としてください。

主イエス・キリストの御名によってお祈りいたします。アーメン。

新たにクリスチャンとしての歩みを確かなものとするために、以下のことを実行するように勧めます。信仰の告白によってもたらされた心の平安、自由を確認します。その上で、

（1）常に神様を意識し、キリストにあって新しさに生きる者とされた自分を確認し、祈る。いつでも、どこでも神様と対話する。

（2）神の聖なる民となるために、聖書のものの考え方を身につける。そのために、十分に聖書に親しむ。一人で聖書を読むだけでなく、神の家族と共に、クリスチャングループで学ぶようにする。

（3）神の家族として、教会の礼拝や諸グループの集まりに参加できるようにし、いのちの交わりを大切にする。

教会は神の家族であり、その中で各家族を建て上げ、共に礼拝し、神をたたえ、共にみことばを学び、共に祈り、共に仕え、地域共同体の建て上げに貢献する共同体です。町、地域の繁栄に貢献することを大切にします。そのことによって私たちの信仰生活も豊かになります。キリストにある新生者の集まりである教会は、互いに建徳的に建て上げるものであり、さらにクリスチャン生涯の建て上げに関わる神のみわざの主要舞台です。

（4）自分にとって最も大切な人、親しい人、身近な人に、また福音に基づく「良いわざ」の取り組みによって築いた隣人関係の中に、「問いかけ」が起こるように知恵を尽くします。機会が与えられたとき、自分が経験した福音のすばらしさ、救い主キリストを伝えます。自分を導いてくれた人に教えてもらいながら取り組みます。そのために自分が救いの確信に至る経緯を文書にまとめてください。霊的な目を開かせてくれた聖書のことばをも記録しておきます。それらは貴重な証言となります。

入門の学び　最後に「バプテスマ」の約束についてお話しします。

（1）バプテスマはイエス・キリストをかしらとするいのちの交わりである教会に、神の家族の一員として迎え入れられ、互いの霊的な絆を確認し、主の弟子として建て上げられる第一歩です。

（2）バプテスマによって信じる者になされた霊的な新生を実感します。
（3）バプテスマによって自分の信仰を公に告白します。
（4）バプテスマは、生涯、神の栄光のために存在するという服従と献身を表明します。
（5）バプテスマは、キリストを信じた者がいつでも受けることができます。
（6）バプテスマ後にクリスチャン生活の基本的な学び、さらに生涯建て上げの学びがあります。
（7）できるだけ早い時期にクリスチャンであることを家族や知人友人に知らせます。
　クリスチャンの祝福を語ることで自分の信仰が成長していきます。

　仮に信仰の告白に導かれなくても失望しません。私たちのすべき霊的責任は果たしました。結果はどうあれ、良き隣人としての関係をその後も大切にします。その方は主の御手の中にあります。聖霊がその人の心に働いてくださるなら、次の週から主日の礼拝や教会の各種の集まりに導かれて来ます。そして、やがての日に必ず信仰の決断に導かれます。そのために、その人のために祈り続けます。何よりも福音に基づく「良いわざ」としての隣人関係、すでに築かれた隣人としての尊敬と信頼関係を、さらに深められるように知恵を尽くします。そして神の恵みの行為を示していくようにします。

第八章　再創造のみわざを実現する「ささげ物」

教会によって献金の仕方は様々です。しかし献金の方法それ自体がその善し悪しを決めるわけではありません。どういう形式であれ、聖書の原則理解に基づくものであるかどうかが重要です。また「ささげ物」はクリスチャン生活、信仰と密接に関わっています。その人の信仰のあり方が「ささげ物」のあり方を決定づけます。「ささげ物」についての理解は新生したキリスト者の信仰の本質を問う学びでもありますので、丁寧に聖書の原則を確認してみましょう。

I　自発的行為としての「ささげ物」

聖書の一貫した「ささげ物」の原則は、私たちの創造主である神の恵みと祝福に対する応答、「自発的行為」です。極端な言い方をすれば、たとえ私たちが「ささげ物」をしなかった、できなかったとしても神の私たちへの好意や祝福が変更されることはありません。神は見返りを求めることもなく、かつ信者、未信者を問わず、すでに恵みと祝福を与えておられます（マタイ5・45）。私たちが信じた福音、与えられている救いも、神の恵み、先行的救いそのものです。あらゆる祝福の源は創造主にあります。それゆえ主は「子は父を、しもべはその主人を敬う。／しかし、もし、わたしが父であるなら、／どこに、わたしへの尊敬があるのか。／もし、わたしが主人であるなら、／どこに、わたしへの尊敬があるのか」（マラキ1・6）と問いかけています。

1　福音がもらす信仰の自発性

神ご自身は、私たちがまだ敵対していたときにすでに、ご自身の御子イエスをまことの人としてこの世に遣わし、十字架の死、その身代わりの死をもって、私たちに対するご自身の愛を示され（ローマ5・6〜8）、救いの道を備えてくださいました。これこそ福音です。そこで神は、人が神の愛、恵み、祝福を自覚し、感謝をもって応答するかどうかを求めています。それゆえ、ささげる動機づけは神の豊かな祝福に対する応答以外の何ものでもなく、決して義務感や強制で行われるものではありません。大事なことは恵みの神に対する、その恵みに促された自発的な応答です。主権者である神の御前に生きるという私たちの信仰姿勢、そして神の恵みへの応答は、さらに恵みへ、感謝と喜びへと倍加されていきます。

ささげ物は、しばしば「信仰のバロメーター（現在の状態を示すしるし）」などと言われます。金額の数字がその人の信仰の程度を表示しているというわけですが、果たして適切な表現でしょうか。むしろ、その人のささげ物が信仰の本質的理解に基づくものであるかどうかが問われるのであって、それには数字で客観的には表現できない面があります。つまり私たちがいかに神の恵みを実感し、その恵みに対する健全な応答としての「ささげ物」になっているかどうかです。ですから人間の尊厳性に関わるものとしての信仰が、決して「事業」であってはならないのです。もし教会が「集金システム」の組織となってしまったとしたら、信仰の本末転倒と言わざるを得ません。それゆえ、ささげ物が信仰にとってどのような意味があるのか、なぜ行うのかということについて聖書の原則を明確に理解し、そしてキリスト信仰における「ささげ物」の普遍的真理性を証ししたいものです。

キリスト者としての生き方から生まれる自発性――「さて、兄弟たち。私たちは、マケドニアの諸教会に与えられた神の恵みを、あなたがたに知らせようと思います。彼らの満ちあふれる喜びと極度の貧しさは、苦しみによる激しい試練の中にあってもあふれ出て、惜しみなく施す富となりました」（Ⅱコリント8・1〜2）。「ささげ物」はクリスチャンとしての生き方から生まれます。とりわけ「宣教」という視点から考えたいと思います。福音宣教の進展、教会が建て上げられていく過程の中で、神の恵みに生きる新生したキリスト者は自分のことだけで満足しようとしません。福音の広がりのために祈り、支援します。しかも、経済的にゆとりがあるかどうかにも左右されません。パウロは「主イエスご自身が『受けるよりも与えるほうが幸いである』と言われたみことばを、覚えているべきだということを、私はあらゆることを通してあなたがたに示してきたのです」（使徒20・35）と述べています。

ささげ物は教会での献金だけでなく、普段の歩みの中で本当に助けを必要としている、その必要にどのように関わりながら生活しているかがとても大切です。そこには明確な優先順位があります。まず自分自身の必要を自ら満たし、そして自分の家族の必要、それから神の家族、地域共同体での必要に応えます。しかも自発的行為、恵みに応答する生き方としてのささげ物です。つまり、自分に与えられている賜物や能力を、あるいは時間や富を、ただ自分の楽しみ、満足のためにのみ用いるのではなく、他者の利益のためにささげるのです。そのような生き方が、自律したキリスト者としての成熟度を示すことにもなります。それゆえ新生したクリスチャンとしての生活が確立されていてこそ、神様へのささげ物の意味が明確になります。その生き方が確立されていなければ、ささげ物はむしろ苦痛になりかねません。

「実に神は、すべての人間に富と財を与えてこれを楽しむことを許し、各自が受ける分を受けて自分の労苦を喜ぶようにされた。これこそが神の賜物である。こういう人は、自分の生涯のことをあれこれ思い返さない。神が彼の心を喜びで満たされるからだ」（伝道者5・19〜20）。すべてのものは創造主である神ご自身からの預かりものです。ゆえに私たちは忠実な管理者として、自分のためであっても、ただ神のご栄光のために有効に用います。

労働の感謝から生まれる自発性――新生したキリスト者は、自分に与えられた労働・職業を通して神の栄光を現すように励みます（Ⅱテサロニケ3・10〜12）。ここで考える「労働」あるいは職業は必ずしも報酬の伴うものだけとは限りません。人によっては家事、育児に専念することが自分に与えられた労働と言うことができます。いずれにせよ労働は、人間が創造されたとき、しかも堕落以前に与えられた「原初命令」であり、神の祝福です（創世1・26〜28、2・15）。したがって労働は人間の本質をなすものです。そしてクリスチャンは創造主の前に生きるものとして、神から与えられた職において、だれよりも勤勉に額に汗して働き、労働して得た恵みを神に感謝します。こうしたクリスチャンたちが建て上げられてこそ、主の世界宣教は実質のあるものとなり、宣教命令を実現することになります。それゆえささげ物はこのような労働の感謝の延長線上にあり、同時に自発性は感謝から生まれるものです。

主にあるほとんどの教会では「会員の自発的な献金によってのみ運営される」と規定しています。その「自発的な」という意味は、先に述べた神の祝福に対する各キリスト者の感謝が動機となっているということです。私たちはあらゆることが神の摂理の御手の中にあることを知っています。具体的、直接的には様々な人を介してなされるわけですが、まず摂理の主に感謝をささげます。ですから、ささげ物は私たちの信仰生活と密接な関係があるのです。全く皆無というわけではありませんが、献金は教会の運営維持、ないしは経済的必要の満たしのためになされるのではありません。むしろ教会は神に与えられたもの、神に託されたものをもって主の働きのための運営と教会の主たる使命である主の宣教活動を行うことで霊的健全性を保ちます。それゆえ、何を目的にささげるのか、そのささげられたものがどのように使われるかということがとても大切になります。したがって、ささげ物が聖書の優先順位に基づき、正しく用いられて初めてささげられた意味が生じるのです。なぜなら感謝に基づき自発的にささげられたものは、天地の主なる神の再創造のみわざのために豊かに用いられるためなのですから。

2　神への献身としてのささげ物

ささげ物は神への感謝、神のみわざ（宣教）への感謝という意味での礼拝行為、神への献身としてなされるものです。そこには「徴収」とか「納める」という性格はありません。パウロが「週の初めの日（主日礼拝）」（Ｉコリント16・2）にささげるように勧めています。ゆえに、ささげ物は場当たりの行為としてではなく、主の働きに直結するという意味で、祈りと礼拝が献身の伴う敬虔なものでなければなりません。礼拝は主権者である神への献身を表明します。自らの献身とともに神への賛美と感謝を表現します。ささげ物には感謝と賛美が込められていなければなりません。ささげ物によって私たちの神への献身を示すべきです。礼拝は私たちのできうる最良のものをもって、すなわち自らの献身をもって尊厳の主なる神に栄光を帰するものです。それゆえ自分のささげ物は、神に栄光を帰すものでなければなりません。礼拝行為は主権者である神をたたえるとともに、神が必ず最善をなしてくださる、また祝福してくださる、という恵みの主に対する信仰の表明でもあります。ささげ物には私たちの真摯な信仰が表明されていなければなりません。このような礼拝は新生したキリスト者が神の恵みに応答するときに生まれるものです。

レプタ二つに込められた信仰―福音書の中にささげ物に関する意味深長な記事があります。主イエス様は神殿において、多くの金持ちたちが多額の献金をする中で、わずかレプタ二つ（日当の六十四分の一程度）をささげた一人のやもめに注目されました。そして弟子たちに対し、その寡婦の行為を賞賛されました。それは他でもない、まさに彼女の普段の信仰、神への献身の姿勢でした。金持ちのささげ物が悪くて、貧しい者のささげ物が良いというのではなく、問題は神への信仰姿勢、ささげることの信仰理解です。また単に金額の大小によって評価されるものではなく、礼拝行為、真摯な献身の表明としての「ささげ物」になっているかどうかなのです。ささげる行為において、日ごとに神の恵みと祝福にさとくあって、真心からの感謝と賛美を表明するものでありたいと思います。具体的な実践としては、ささげ物は常にあらかじめ準備をし、祈り、聖別し、自らの献身を込めてささげるようにすることです。

二つのことをあなたにお願いします。
私が死なないうちに、それをかなえてください。
むなしいことと偽りのことばを、
私から遠ざけてください。
貧しさも富も私に与えず、
ただ、私に定められた分の食物で、
私を養ってください。
私が満腹してあなたを否み、
「主とはだれだ」と言わないように。
また、私が貧しくなって盗みをし、

私の神の御名を汚すことのないように。（箴言30・7〜9）

祝福を分かち合ったささげ物――「あなたは、あなたの神、主の前にそれ（収穫するその地のすべての産物、その初物）を供え、あなたの神、主の前で礼拝しなければならない」（申命26・10）。神の民、イスラエルに注目しますと、彼らの礼拝行為にはささげ物が伴っていました。聖書時代のささげ物は通常、自分たちの収穫物であり、羊や牛などでした。その一部は香ばしい香りとして主にささげられましたが、ささげ物の多くは共に礼拝に集まった者たち（家族とその一族）、また、他の十一部族のような譲りの地を持たず主に仕えるレビ人たち、あるいは祭司たちと共に食し、神の祝福を分かち合いました。たとえ換金して携えても、礼拝の場ではそこで必要なものを買い求めてささげ、共に喜び合いました。このようにささげ物は、主の祝福を共に喜び分かち合うためになされました。まさに礼拝は主の祝宴であったわけです。

今日の適用、実践として、私たちにとっては、日々の歩み、とりわけ家族そろっての食事のときに、主の恵みを感謝し、主からの祝福としていただくのも礼拝行為です。日々の食卓は家族ごとにささげる礼拝の場と言えるでしょう。その普段の礼拝の延長線上に主日の礼拝があるようにしたいものです。献金するその行為が祝福の源になるのではなく、むしろ私たちの手のわざに対する神の祝福が「ささげる」動機づけとなるのです。それゆえその祝福の源である神に「ささげ物」をもって礼拝します。

神への献身としての「ささげ物」は献金だけに限りません。「私たちはイエスを通して、賛美のいけにえ、御名をたたえる唇の果実を、絶えず神にささげようではありませんか。善を行うことと、分かち合うこととを忘れてはいけません。そのようないけにえ（ささげ物）を、神は喜ばれるのです」（ヘブル13・15〜16）。福音に基づく「良いわざ」に生きることも、神にささげる献身の道です。

Ⅱ　神の祝福を共に分け合う「ささげ物」

ささげ物は神の恵みに対する応答としての自発性に基づくものであることを確認しました。さらに神様の祝福と恵みに対する応答としてのささげ物は、共に分かち合うことによって神の祝福が増幅されます。神様ご自身は自己充足において完全なお方、かつ霊的な存在です。ゆえに神は私たちから物質的な物を受ける必要はありません。にもかかわらず私たちが、神ご自身が全く必要としていない物質をささげる理由は何でしょうか。それは神が共に分かち合う交わりをお喜びになるからです。神は無条件に私たちを祝福されます。そして神の圧倒的な恵み、神の祝福を共に分かち合うことによって、神のご愛を証しすることになります。ですから、ささげ物がどのようにささげられるかということと共に、ささげられた物がどのように用いられるかということは等しく重要なのです。

先に見たように、旧約聖書では神へのささげ物を共に食して神の祝福を分かち合っています。新約聖書では貧しい人たちの救済や不慮の災害などで困窮している人々を援助するために義捐金が集められました（ローマ15・25〜27）。パウロが言及している献金に関する勧めの多くは、エルサレムの貧しい兄弟姉妹たちへの愛の援助金に関するものです。また当時の社会的弱者と言われる「やもめ」たちへの生活援助としても、ささげ物が用いられていました（使徒6・1、Ⅰテモテ5・1〜16）。これらは「聖徒たちをささえる奉仕の恵み」（Ⅱコリント8・4）と言われています。

教会のささげ物は、今日では国民の権利として定着しつつある福祉の魁《さきがけ》でもあったのです。福祉の先進国と言われる欧米の制度は、これら教会のささげ物の精神が、歴史の背景にあるのです。神の祝福を実感してささげられるささげ物が、とりもなおさず一人一人に祝福となって還元される、という仕組みが教会に確立されていたということです。その行為が初代教会を進展、拡大させていった見逃せない要素です。また同時に、今日の物の豊かさの中で、教会こそ無駄や、浪費を避ける徹底した管理と知恵が求められなければなりません。

聖書に記録されているささげ物は、本当に助けを必要としている人々を支える「愛の献金」としてなされていました。さらに共に祝福を分かち合う人々として、レビ人や祭司たち（レビ族のアロンの家系）、神に直接仕える人々がおりました。約束の地に入ったイスラエル十二部族の中のレビ族には譲りの地は割り当てられませんでした。なぜならレビ族は、民に代わって神に仕えるために聖別されたからです。それで他の部族が神からの祝福をささげることによって彼らを支えました（民数18章）。ささげる目的が明確であったのです。特に新約聖書において神の救いの計画が完成し、世界中に再創造のみわざとしての教会共同体を建て上げていくという世界宣教の働きが明確に意識されたささげ物となったのです。

旧約のイスラエルは神聖国家そのものでした。ですから、旧約のささげ物の事例は注意深く読む必要があります。自分たちの都合を優先させるあまり、旧約聖書の文脈を無視した適用にならないようにすべきでしょう。これらの旧約の原則が新約では、教会に賜物として与えられた主の働き人、牧師や伝道者に適用されています。「みことばを教えてもらう人は、教えてくれる人と、すべての良いものを分かち合いなさい」（ガラテヤ6・6）と勧められています。また「私たちがあなたがたに御霊のものを蒔いたのなら、あなたがたから物質的なものを刈り取ることは、行き過ぎでしょうか」（Ⅰコリント9・11）、さらに「あなたがたは、宮に奉仕している者が宮から下がる物を食べ、祭壇に仕える者が祭壇のささげ物にあずかることを知らないのですか。同じように主も、福音を宣べ伝える者が、福音の働きから生活の支えを得るように定めておられます」（同13～14節）と教えています。ただし、とても重要なことは、パウロをはじめ主の働き人は宣教の働きを決して「ビジネス」として考えていないということです。優先順位は主の召しに基づく福音の自発的宣教です。神への自発的行為のゆえに、必要であれば自らの手で働きながら、額に汗する労働を厭わず、主の宣教大命令に応えていました。ですから教会の主の働き人に対する謝礼も、労働の対価という発想ではなく、自発的な好意としてなされることがとても大切です。

Ⅲ　「ささげ物」の実際

これまでに、ささげ物が私たちの信仰と密接に関係していること、また神の恵み、神の祝福に対する応答こそ、その動機であるべきこと、また「ささげ物」は神の祝福を共に分かち合うものであることを考えてきました。次に、どのようにささげるべきか、「ささげ物」の実際について聖書の原則から確認します。

1　**秩序を持ち**計画的に、**礼拝行為として**

パウロがコリント教会の兄弟姉妹に対して、次のように勧めています。「私がそちらに行ってから献金を集めるようなことがないように、あなたがたはそれぞれ、いつも週の初めの日に、収入に応じて、いくらかでも手もとに蓄えておきなさい」（Ⅰコリント16・2）。ささげ物は無計画ではなく、いわんや場当たりでもなく、秩序を持って計画的に行うということです。そして教会の公的な礼拝とともにささげることです。なぜなら、神は私たちの行為そのものではなく、その心をご覧になるからです。神に対する私たちの意志、思いを明確にし、聖別することが大切です。私たちはついついまわりの人たちの行動や人々の目を意識し、不本意ながら他人の動作に合わせ、同調してしまうことがあります。しかし、こと「ささげ物」においては決してそのような偽善行為に陥らないように注意したいものです。

ダビデが自らの悔い改めに伴う全焼のいけにえをささげるために、エブス人アラウナによって牛、たきぎ、脱穀機など、十分な提供の申し出がなされました。しかし彼は「費用もかけずに、私の神、主に全焼のささげげ物を献げたくはない」（Ⅱサムエル24・24）と、「ささげ物」自体ではなく、自分の心を神にささげることを表明しました。信仰は個々人の自由意志に基づくもの、個々人の尊厳性を証するものです。その信仰の表明である「ささげ物」が自分の意志に反するもの、あるいは心の伴わない行為であるとしたら、私たちの父なる神は相対的な金額の大小にかかわらずお喜びになるはずがありません。

ですからささげ物をするに当たって、あらかじめ主の前に静まり、祈り、自分に与えられた生活全体を考え、主に対する自分の誠実な信仰が表明できるようにします。ささげることだけを考えて、生活が乱れ、他人様の迷惑になるようでは主のみ栄えを現すことになりません。また自分の収入を考えず、生活を広げ、借金生活を作り出し、ささげるものがないというのでは本末転倒と言わざるを得ません。計画的に、秩序を持ってささげるためには、聖書の価値規範に基づく計画的な生活、自分の力に応じた生活が前提になります。そのようにして主のために取り分けたものを準備し、礼拝に臨みます。「ささげ物」はいつでも自分の意志、私たちの主に対する心を表明するものでありたいと思います。

2　収入の「十分の一」の献金について

広くキリスト教会でなされている「什一献金」について考えてみたいと思います。あえて「什一」という用語を用いたのは日本のキリスト教界で収入の「十分の一」を教会への献金とする、なかば信仰者の義務のように考えられているからです。と言うのは「什一」は中国の夏・殷・周の時代に行われていた「井田法《せいでん》」という土地にかける税金でした。したがって「什一献金」という用語での表現自体、聖書の教え示す献金のあり方に誤った情報を与えることになります。結論から言えば、「十分の一」という比率は今日のクリスチャンに求められる律法ではありません。

旧約聖書では、神が民に求めたささげ物の中の一つに「十分の一」があります。しかしそれは神政国家としてのイスラエルに、とりわけ神に仕えるために譲りの地を持たないレビ族を支えるために必要な社会的律法でもありました。神に仕えるために聖別されたレビ族を神の民全体で支えることからなされたものです。仮にそれがクリスチャンの義務とか律法として要求されるものだとしたら、福音の恵みに反することになります。では「十分の一」は私たちにとってどのような意味があるのでしょうか。

自発的意思としての「十分の一」――旧約の定めとしての「十分の一」は旧約聖書にその実例が多くあります。しかし注目すべき点は、ささげ物がそれですべてだったのではないということです。「十分の一」は律法の定めがなされる以前に、自発的な「信仰のささげ物」として行われていました。

〈アブラハムの例〉「十分の一」に関する聖書の最初の事例はアブラハムの行為です。自分の甥ロト、および親類縁者たちが近隣の王たちの侵略に巻き込まれ、とりこにされ、連れ去られました。アブラハムは彼らを連れ戻すためにその略奪者を追い、すべてを取り戻します。そのとき、アブラハムを出迎え祝福したシャレムの王、また「いと高き神の祭司」と呼ばれたメルキゼデクにすべての物（戦利品）の十分の一を与えたのです。このメルキゼデクは新約においてイエス・キリストの祭司性を象徴する存在として語られています（ヘブル5〜7章）。アブラハムの行為には深い意味がありました。つまり「十分の一を受け取るレビでさえ、アブラハムを通して十分の一を納めたのでした」（同7・9）。レビ族からは祭司の家系が出ています。そしてレビ族は神に仕えるものとして聖別されました。それゆえ律法の定めによって民から「十分の一」を徴収し、それによって彼らは支えられたのです。そのレビ族はアブラハムの腰の中にいるときにすでに「十分の一」をささげたことが、メルキゼデクをして偉大な存在、神的象徴としたのです。それはまた律法の定めを超えた神へのささげ物であったと言ってよいでしょう。しかも律法ではなく、自らの意志で、しかも自発的にささげているのです。したがって「十分の一」という数字が重要なのではなく、その自発的行為としての「十分の一」、その意志が重要なのです。ですから神への自発的ささげ物はささげる目的が明確であれば、その主の働きのために十分の二でも、あるいは十分の五でもその人の持てる富の力と信仰によってささげられるのです。したがって「十分の一」は今日、律法としてではなく、義務でもなく、自分の意志で、自らの信仰でそれを決意し、神様におささげできるなら、それは神の祝福となるのです。「十分の一」という数字が重要なのではなく、そのように決断するその人の信仰、その意志が大切なのです。そのような自発性は新生したクリスチャンのうちに生まれるものです。

〈ヤコブの場合〉「十分の一」の最初の例がアブラハムでしたが、これは彼の孫に当たるヤコブにも見られます。やはり「十分の一」は彼の自発的な行為として記されています。兄エサウとのあつれきの中で、父イサクの祝福を得たヤコブは母方の親戚を訪ねて旅発ちました。旅の途上、石を枕に休んでいるとき、一つの夢を見ました。それはヤコブ自身に対する神様の豊かな祝福の約束でした。「見よ。わたしはあなたとともにいて、あなたがどこへ行っても、あなたを守り、あなたをこの地に連れ帰る。わたしは、あなたに約束したことを成し遂げるまで、決してあなたを捨てない」（創世28・15）と。ここでもヤコブは主が共におられ、祝福される方であることを知りました。そして彼は誓願を立て、主が祝福してくださるすべてのものの「十分の一」を主におささげすることを誓ったのです。それは律法の定め以前の彼の自発的行為でした。このようにアブラハム、ヤコブの自発的、かつ信仰の意志こそが大切な注目すべき点です。

　新約聖書では、主イエス様が神の民のささげ物のあり方について手厳しい批判をしています。「十分の一」やその他のささげ物をしているが、ささげる行為に心の伴わない信仰姿勢を批判したのです。彼らは人前の外面的行為で自分たちがどんなに神の前に信仰深い、敬虔な生き方をしていることかと誇っていました。「十分の一」献金が自分の意志でなく、他のクリスチャンの信仰の真似ごとになってしまうところに問題があります。そうではなく自分の意志で、主が自分を祝福してくださるその祝福の「十分の一」をおささげします、との意志、決意する信仰が大切です。そのようなささげ物はその人の事業の祝福となるでしょう。私たちは心して、心の伴わない、信仰の裏づけのないささげ物にならないようにしたいものです。

〈マラキの勧告〉「十分の一」の勧めについて、しばしばマラキ書が引用されます。「あなたがたはわたしのものを盗んでいる。……十分の一と奉納物においてだ。……あなたがたは、わたしのものを盗んでいる」（マラキ3・8～10）。つまり「十分の一献金」をしないことは神のものを盗む行為である、と。しかしマラキの警告を正しく理解するためには、旧約聖書全体の文脈を捉えなければなりません。「十分の一」のささげ物は、神ご自身のために聖別されたものでありましたが（レビ27・30〜33）、「それは、イスラエルの子らが奉納物として主に献げる十分の一を、わたしが相続のものとしてレビ人に与える」（民数18・24）ためでした。またそのほか自国内の寄留者、孤児、やもめたちへの愛の援助のためでもありました（申命26・10〜13）。

そして時代が下ってイスラエルの民が、捕囚帰還後（紀元前四五〇年前後）、神の都エルサレムの再建に取り組み始めたとき、新たな問題が生じました。城壁、そして神殿の再建に伴い、レビ人たちがまた主に仕える働きを始めたのですが、彼らが支えられる分が支給されません。それでレビ人たちはそれぞれの農地に帰り始めました。そこでネヘミヤは「どうして神の宮が見捨てられているのか」と、レビ人たちを戻らせ、主の働きに携わらせました。そこでユダの人々は穀物とぶどう酒、油等の十分の一を「宝物倉」に持ってきたのです。こうして主に仕えるレビ人たちに分配され始めました。まさにそれは「愛のわざ」であったのです（ネヘミヤ13・10〜14参照）。

ところが再び、民の信仰姿勢が後退し、霊性の質的低下が警告されるようになりました。主は預言者マラキを通して民のささげる姿勢（霊的質）を批判しています。自分たちの目先の利益の確保にあくせくして、神の前に生きる信仰姿勢が形骸化してしまったのです。外見上は敬虔の表現としての宗教儀礼は確かに行われています。しかし神を畏れ敬う心が伴っていないのです。ささげ物は行われています。しかし神の主権性に対する畏れ、恵み深い神に対する心からの感謝がありません。ですから、彼らは「盲目の動物」や「足の萎えたものや病気のもの」、自分にとってどうでもいいもの、不用なもの、

「損傷のあるものを主に献げ」ているのです（マラキ1・6〜14）。また「十分の一」のささげ物もまことしやかな「十分の一」です。「盗む」ということばは詐欺行為を意味しています。ですからマラキ書3章8節は「人は神を欺けるのでしょうか（そんなことは絶対にあり得ません）。しかし、あなた方はわたしを欺いている」とも訳すことができます。「あなたがたは自分の霊に注意せよ。裏切ってはならない」（マラキ2・16）のです。それゆえマラキの警告では「十分の一」を行っているか、いないかの単純な問いではなく、ささげるその心、その動機が厳しく問われていることに注目すべきです。

Ⅳ　再創造のみわざを実現する「ささげ物」

新約聖書におけるささげ物の事例は自発的、献身的なもので、旧約の律法の定めに見られるような諸規定、律法的性格は見られません。とはいえ、旧約時代も「進んでささげる」自発的なささげ物が基本でした。

1　再創造のみわざを実現する

新約聖書に、誕生して間もない教会は、財のある者がその力に応じて自発的にささげ（使徒2・45）、教会共同体の互いの必要を満たし、「一人も乏しい者がいなかった」（同4・34〜35）とあります。これは新生したキリスト者から生み出された愛のわざ、福音に基づく「良いわざ」に他なりません。それはまた心の真実さ、ささげることによって祝福が試されるものでありました。エルサレム教会において、見せかけ、自己中心の偽りのささげ物のゆえに神の峻厳な裁きを受けた「アナニヤ・サッピラ事件」が記録されています（同5・1〜11）。その事件の問題点は、表向きは財をささげるという献身的な信仰を示しつつも、実際はごまかしの献金、見せかけのささげ物であったことです。この事件は神のきびしさを示すとともに、当時のクリスチャンたちの中には、アナニヤ・サッピラが真似たくなるような模範的なささげ物を行う人々が多くいたということも推察されます。つまり主の恵みに感謝し、救い主キリストに対する愛のゆえに、助けを必要としている方々を支えるための心からのささげ物をしたのです。しかしアナニヤ・サッピラのささげ物は敬虔の真似ごと、心の伴わないものであったことが問題でした。ここに「ささげ物」は神へのささげ物であると同時に、ささげられたものが教会の愛のわざ、福音に基づく「良いわざ」であったことが表れています。「良いわざ」は主の宣教大命令と一体となり、再創造のみわざが実現していきました。

ローマのクリスチャンたちには「異邦人は彼ら（エルサレムの聖徒たち）の霊的なものにあずかったのですから、物質的な物で彼らに奉仕すべきです」（ローマ15・27）と、勧められています。その内容は漠然としたものではなく、聖徒たちの中の貧しい人たちのための援助（同15・26）であったのです。ガラテヤの諸教会には「思い違いをしてはいけません。神は侮られるような方ではありません。人は種を蒔けば、刈り取りもすることになります。自分の肉に蒔く者は、肉から滅びを刈り取り、御霊に蒔く者は、御霊から永遠のいのちを刈り取るのです」（ガラテヤ6・7〜8）と警告しています。これは、ささげ物は信仰の理解がその動機づけであるべきことを示しています。また、ささげる動機がどれほどに重要であるかを教えています。このようにささげ物はみことばの真理に基づいて、何が本当に重要なものであるかをわきまえ、また何のためにささげるのかを明確に理解してささげることです。

教会税としての十分の一――教会のささげ物が再び「定め」になっていったのは、キリスト教が公認、国教化されるにしたがって起こりました。ヨーロッパ・キリスト教世界が生まれることによって「十分の一」は教会税として徴収されるようになりました。もちろんその徴収金はすべて教会の財になったわけではなく、病院とか、孤児院、あるいは学校というような公的なものにも使われ、ヨーロッパ・キリスト教世界の社会的富にもなっていったのです。十六世紀宗教改革において新約の原則に従おうとしたグループは、制度化された「十分の一税」も改革（「聖書のみ」「信仰のみ」の原則）の対象としました。しかし、主要なプロテスタント教会は国教会制をとりましたので、そのようなところではささげ物は教会税としての性格が踏襲されていきました。

2　霊的成熟度を示す「ささげ物」

コリント書簡と言えば「愛の章」（Ⅰコリント13章）が真っ先に思い起こされます。それはコリント教会に神が期待するような愛があったからではなく、むしろ愛がなかったことを示しています。非寛容、高ぶり、ねたみ、無作法、不正、争い等々が教会の実態でした（Ⅱコリント12・20）。そのような実態に伴って、コリント書簡には献金について比較的多く言及されています。それはコリント教会にはささげ物の正しい理解がなかったことを暗示しています。ゆがめられた信仰に気づいていたパウロは、ささげ物に関して根本的な原則を教えています。パウロ自身、福音の宣教に召された使徒として、当然の権利の行使について言及し（Ⅰコリント9・1〜6）、「私たちがあなたがたに御霊のものを蒔いたのなら、あなたがたから物質的なものを刈り取ることは、行き過ぎでしょうか」と、率直に言います。しかし、パウロはささげ物の使途の一つ、使徒としての特権、権利をコリント教会に対して用いませんでした。それはコリント教会の多くが霊的に未成熟であり、キリストの福音に対する真の理解をまだ持ち合わせていなかったためです。パウロは、自分の与えられた働きの報い、報酬を求めずに福音を宣べ伝え、福音の働きに携わる者としての当然の権利を放棄した、と証言しています。その背後には、コリント教会の中にささげ物に対する誤解があったのです。事実、パウロがコリント教会に負担をかけず、天幕作りの仕事をしながら福音宣教に励んだにもかかわらず、パウロが集めている献金が「悪賢くて、あなたがたからだまし取った」（Ⅱコリント12・16）とも言われていました。パウロの天幕作りは伝道者としてのアルバイトと解するものではなく、ユダヤの伝統的な労働観に基づくものです。たとえ教職者といえども、額に汗して働くことは神の前に尊いことでした。パウロもこのような聖書の労働観に基づいて手の職を教えられたと思われます。同時にパウロにとって、使徒としての当然の権利を放棄したのは、コリント教会のささげる動機が純粋に霊的なものであってほしかったからにほかなりません。ささげ物は神にささげるもの、神に対して聖別するものです。福音理解はもちろんのこと、福音に生きる信仰が豊かであってこそ真の「ささげ物」の祝福となります。福音宣教に従事する者も、神の恵みに押し出されて福音宣教に励みます（Ⅰコリント9・16〜17）。その報いは純粋に神からの祝福でなければなりません。それは神の恵みに応答してささげられた聖なるささげ物であることが大前提になっています。ですからささげ物が神の祝福に対する応答として、しかも喜んで、自発的にささげられてこそ、共に分かち合う主の祝福となるのです。

3　神の祝福を実感する「ささげ物」

「あなたがたは、私たちの主イエス・キリストの恵みを知っています。すなわち、主は富んでおられたのに、あなたがたのために貧しくなられました。それは、あなたがたが、キリストの貧しさによって富む者となるためです」（Ⅱコリント8・9）。ささげることによって、経済的にゆとりがなくなると私たちが感じるようでは、本当の意味でささげることの豊かさを得ていないことになります。その豊かさは物質的豊かさに左右されない豊かさの実感であり、同時に物の豊かさを本当の意味で実感することのできる豊かさです。しかも物には還元できない霊的、精神的充足感です。決して真似事でない信仰のいのちを持つことによってのみ得られるものです。これこそがマケドニアの諸教会の原動力でした。「彼らの満ちあふれる喜びと極度の貧しさは、苦しみによる激しい試練の中にあってもあふれ出て、惜しみなく施す富となりました」（Ⅱコリント8・2）。彼らのささげ物は困窮している聖徒たちを支える「良いわざ」の一つ、隣人愛の実践でした。主の宣教大命令は福音に基づく「良いわざ」と一体のものとして実現することの実証例でもあります。それゆえささげ物は、ささげる行為それ自体ではなく、ささげ物がどのように用いられるかが大切になってきます。ささげられたものが神の愛や恵みを実現するものであってこそ、霊的な充実感を伴う祝福に満ちた「ささげ物」となるのです。「満ち足りる心を伴う敬虔こそが、大きな利益を得る道です」（Iテモテ6・6）。

私たちの救いとは何か、キリストのなされた恵みのみわざをしっかり見つめましょう。みことばの真理規範にしっかり立つことによって、本当に価値あることは何であるのかを考え、それに基づいて行動しましょう。そうすることによって、目先のことで左右されない心の平安、喜びが確認できるはずです。同時に神の祝福は具体的です。「神はあなたがたに、あらゆる恵みをあふれるばかりに与えることがおできになります。あなたがたが、いつもすべてのことに満ち足りて、すべての良いわざにあふれるようになるためです」（IIコリント9・8）。物の豊かさも神の祝福です。しかし、私たちの心の状態が充足していませんと、どんなに物の豊かさにあずかっても、真の意味での富の豊かさを味わうことができません。真の豊かさを知ることによって、真の意味での物の豊かさを喜び、またたとえ物に困窮するような状況にあったとしても、物のあるなしに左右されない心の充足感を得ることができます。ささげられたものが、適正にかつ有効に用いられることによって、祝福が還元されていきます。同時にささげる者に神は祝福を約束しています。ゆえに「ささげる」行為は主が約束された豊かさの試金石となります。

第九章　人の死を突き抜ける再創造のみわざ

十歳前後の頃、伯母さん宅のすぐ近くに住んでいたことがあります。いつも温かく迎えてくれた伯母さんが脳内出血であったと思いますが、突然、亡くなりました。駆けつけ、布団に横たわる伯母さんの顔や肩をなでながら、この地上での別れのときを過ごしました。まだ残るぬくもりは今でもこの手に、情景とともによみがえってきます。

そして牧会の職に就いて間もない頃のこと、父親が肺癌と診断され、大学病院で摘出手術を受けたものの間もなく亡くなりました。その春を過ぎて母親が脳溢血で急逝し、その葬儀のときに両親の看病をしていたただ一人の姉が末期の胃癌であることが明かされました。姉の夫は結婚して間もない頃、交通事故死しています。私たちが姉を引き取り、残された短い時間をみことばと祈りを共にしながらに過ごしました。宣告通り、三か月後の八月に体中に広がる癌の苦しみに耐えながらも、「あらゆる恵みに満ちた神、すなわち、あなたがたをキリストにあって永遠の栄光の中に招き入れてくださった神ご自身が、あなたがたをしばらくの苦しみの後で回復させ、堅く立たせ、強くし、不動の者としてくださいます」（Ｉペテロ５・10）とのみことばを復唱しながら天に召されました。相次ぐ肉親の死の前にクリスチャンである自分の——しかも献身し、牧師になっていながら——何もできていなかった自責の念、肉親の死を前になすすべを持たない無力さに、なんとも表現しようのない敗北感に包まれていました。ただひとつの慰め、姉がイエス・キリストを信じ、死を突き抜けた後の世界への同じ希望を共有できたことです。

坐時聞落葉　（坐して落葉を聞く）
静住是出家　（静に住するはこれ出家）
従来断思量　（従来、思量を断ちたれど）
不覚涙潤巾　（覚えず、涙巾を潤す）

この歌は良寛（一七五八～一八三一）による漢詩で、彼の無常観が読み取れます。俗世間から離れ、座禅をしているとき一葉の落葉に心を奪われた良寛は、これまでこの世の煩いから離れ、人の死の恐怖から解放され悟りの境地に達していると思っていたにもかかわらず、老い行く自分の現実に思わず溢れる涙で手ぬぐいを濡らしてしまったというのです。人の死の現実を実感したときの心の真実を率直に歌っている歌として注目させられます。

I　自分の死を考える——死ぬまで生きること

日本はかつてない長寿社会になりました。とは言え「人の死」の現実は百パーセントの確率、例外はありません。しかし、人は自分の死をどれだけ認識し、受容しているのでしょうか。また、ゆるぎない死の現実を理解しつつも、死はだれひとりとして体験し、語ることはできません。それゆえ、人の死について、本当に語ることができるのか、いつも躊躇と不安がつきまといます。

経験し得ない死の現実への備え――経験し得ない死を語る限界を覚えながらも、考えなければならない人の死の様々な問題があることも事実です。人の死はすべて長寿を全うして迎えるとは限りません。不幸にして事故死、災害死などがあり、また自死、病死、突然死、事件死など様々です。しかし、とりわけ新生したキリスト者には「永遠のいのち」が保証され、「人の死」を突き抜けた「永遠のいのち」を待望しています。「主にあって死ぬ死者はさいわいである」（黙示録14・13）ともあります。それゆえにクリスチャンは尊厳ある自分の終わりを、より質の高いものにすることができるはずです。また、それでこそキリスト者の信仰の勝利を実証するものと言えます。ですから「人の死」を日常から遠ざけず、むしろキリスト者は若い時代から「死の準備教育」を率先して行うべきであると考えます。

自分の死を考えることは生きること――死を考えることは、決して消極的な人生を意味しません。モーセは永遠にいます主権者である神の前には「朝　花を咲かせても　移ろい／夕べには　しおれて枯れていきます」（詩篇90・6）と語り、「私たちの齢は七十年。／健やかであっても八十年。／そのほとんど

は　労苦とわざわいです。／瞬く間に時は過ぎ　私たちは飛び去ります」（同10節）。「どうか教えてください。自分の日を数えることを。／そうして私たちに　知恵の心を得させてください」（同12節）と祈っています。「私たちは死なねばならないのだ、ということを考えられるように私たちを教えてください。私たちが賢くなるためです」（ルター訳）。つまり自分の死を自覚することは、むしろ今、生きる意味の確かさを実感することになるということです。「生と死」は全く対照的存在ですが、同時に死はその生の延長線上にあります。とりわけ新生の恵みをいただいたクリスチャンは死の問題を直視し、克服し、キリストにある永遠の希望のゆえに「死の恐怖」から解放され、その死の先に約束されている復活のゆえに喜びます。それゆえに様々な「人の死」のケースを知り、謙虚に学び、人の死のカウンセリングの研修などを積み重ね、いかに自分の死を自覚し、かつ受容し、そしてそれに備え、その死を突き抜けた永遠の希望に向かうことができるかを考えていきたいのです。

「牧会は、究極的には死にさいなまされている人間の不安や恐怖、悲嘆をやわらげ、それに対して慰め、そして、克服する指導をすることにある」（石田順朗『牧会者ルター』）と言われています。「死んでいく者に対する牧会は牧会の完成だ」（トゥルナイゼン）とは信仰者として心動かされる言葉です。

Ⅱ　死の受容と永遠のいのち

「死の準備教育」、それによって自分の死を自覚します。同時に、それは決して消極的な人生観が生み出されるのではなく、むしろ生の質を高めるものであると考えます。クリスチャンとして生きることはゆるぎない死生観をもって初めて完結します。そのような観点から「人の死」について、より具体的、現実的な問題点を考えてみたいと思います。同時に、「人の死」は様々です。ゆえに一、二のケースをもって人の死の問題を普遍化することは困難であり、危険です。そうした限界の中で聖書の死生観に基づき、「人の死」をめぐる諸問題に疑問を投げかけながら、一緒に考えていただければと思います。

積極的「死の準備教育」――ところでクリスチャンであることのすばらすさは何かを問えば、多くのクリスチャンが「死に対する完全な勝利」と答えるでしょう。「死の恐怖からの解放」、これこそキリスト信仰の核心部分だ（Ⅰコリント15・50〜58）と。しかしクリスチャンは死の現実から解放されたわけではありません。キリストにあって永遠のいのちが約束され、死を突き抜けた希望が与えられています。しかし、死がなくなったわけではありません。また、キリスト者すべてが寿命を全うして平穏な終末を――目指すべきですが――迎える保証もありません。年齢に関係なく、思いがけない病の中で、事故や事件の緊張の中で、あるいは自然災害の恐怖のただ中で、生死せめぎ合う苦悩や苦しみ、深い不安と動揺の中で死を迎えることも避けられません。しかし、その自分の死について、どれほどの備えをしているかと言えば、ほとんどが死とは無縁であるかのような生活を続けているのが現状です。それだけに、いざその場面に直面するとキリスト者といえども死を日常から遠ざけてしてしまう傾向があります。牧師でありながら、実際に死期迫るクリスチャンを前にしてもキリスト者が共有する死後の希望について語り合えた兄弟姉妹はそう多くありません。これはキリスト者に限ったことではなく日本人の平均的な傾向でもあるようです。ですから神の家族に迎えられクリスチャンとしての人生を建て上げる中に等しく人の死の現実を直視し、自分自身の死の現実をしっかり受けとめるように取り組む必要があります。

日常から見えなくなった人の死――興味深い統計があります。欧米での癌の告知は――特に進行癌は――九〇パーセントを超えるのに、日本では最近でこそ患者本人の七〇パーセントが告知を望みながらも、家族は二〇パーセント、医師や介護者は一〇パーセント代であるということからも、いかに日本人が死をタブー視しているかが想像できます。しかも近年、社会構造の変化、医療の取り組みの変化により、「人の死」は私たちの身の回りから見えなくなりました。現代社会において、身体的急変が起こると、高齢者であっても、病院に運ばれ医療従事者から「臨終です」と告げられて初めて、息を引きとった肉親と対面します。たとえ長寿を全うし、老衰であっても、大半の人々は病院で死を迎えます。事故死でないことを証明するためにやむを得ない処置であることは事実なのですが、「人の死」が日常から隔離されてしまっているのです。結果的に「人の死」を考えなくなっているとしたら、再考すべき問題点です。最近、家族と共にその死を全うしようとの思いから「在宅死」が広がりつつあるのも確かです。それだけにホスピスとか、訪問医療従事者の支えによって「自宅での最期、看取り」を選んだ人についての特集が注目されるようになっています。

「人の死」を拒絶する間違った信仰――さらにクリスチャン特有の感覚としての信仰理解「癒やし」の問題が、「人の死」に直面させない一因になっていないかということがあります。一般的にキリスト教界で話題になり、注目を集める、いわゆる信仰による「癒やし」の問題です。予後、余命が非常に悪いとき、不治の病であったりすると、特に末期癌であることが診断されたりすると、神の全能を信じて「癒やし」を強く期待します。それ自体否定されるものではありません。神の創造目的から考えれば死は自然なこと、当たり前のことではないからです。むしろ信仰によって克服したいものです。そういう意味で「癒やし」を否定する必要はありません。しかし神の主権の中にある人の死が癒やしに対する私たちの偏向姿勢によって逆に問題になることもあるのです。ときには偏った「癒やし」を求めた結果、信仰の願いはかなわず、信仰に対する自責の念や無念の気持ちで死を迎える場合が多くあります。また地上での最後のひととき、大切な家族との対話のとき、祈りのときを失ってしまうこともあります。ですから、死に対する勝利は死の回避や拒否によってではなく、また忌避するがゆえの闘いによってでもなく、死に向かうことによって、死の現実を受容することによって実現すると考えたいのです。

健全な福音理解は神の癒やしも期待します。同時に、死の現実を受けとめ、キリストによる福音のゆえに死に対する完全な勝利を期待します。たとえ神の恵みによって癒やしが与えられたとしても、一時、以前よりも健康を取り戻したとしても、やはり「人の死」を避けることはできません。仮に「癒やし」を許されても、たとえそのような神の超自然的な力を経験したとしても、ゆるぎない事実である「人は死ぬ」という現実を回避することはできないのです。むしろ人の死の現実を受けとめ、踏み出して生きる一歩が、余命宣告をはるかに超えて自分の人生を豊かにしている人々がいます。「信仰による神の救いのご計画の実現」は、キリストにあって「人の死」に対して真正面から向かうことができるということではないでしょうか。

キリストにある新生を確信する者にとって、粛々と「死の準備教育」に取り組むことは一つの責務であると思います。一般的にも現在の医療に対して、もし回復不可能の状態になったときは「緩和ケア」で十分であることを求める人々が出始めています。過剰な延命治療を求めず、意志的に「尊厳死」を迎えたいというものです。生死あらがう病によって現在の医療で対応できない場合、緩和ケアを主としたホスピスとかターミナルケアを積極的に取り入れ、質の高い終わりのときを過ごすことも選択肢の一つです。しかし、今、私たちが考えたいのはもっと日常的な、不断の取り組みとしての「死の準備教育」です。今日「いかに人々が死を死んでいくかということが最大の課題になってきた」(日野原重明)と言われています。新生にあずかったキリスト者であればこそ、「人の死」に敢然と向かい得ると思います。し、向かうべきです。

死は人間にとって不自然なものですが、死を押しのけてはいけないのです。死に対する理解を深め、自分の死を真正面に見据えて、死を突き抜けた永遠のいのちをしっかり描き理解するとき、病にも——たとえ末期癌であっても、いわゆる「癒し」はなくとも——勝利し、克服することができるということです。私たちの救い主、イエス・キリストは死んで葬られ、三日目によみがえられた方、死の力に完全に勝利された方です。ですから、たとえ死に向かわなければならないとしても主を仰ぎ見て死の恐れを克服し、人の死を突き抜ける「再創造のみわざ」にあずかる約束にしっかり目を留め、生きることです。キリストにある者は死んで生きるのです。「人の死」は予測できないものです。万人が長寿を全うして平穏な死を迎えるとは限りません。年齢を問わず病が人の生をむしばむ死があり、自然災害を含め、不慮の事故死など様々です。それゆえ年齢に関係なく、だれでもがその備えをしておく必要があるのです。

どのように備える――ピリピ人への手紙に込められたパウロの死生観から私たちキリスト者としてのあるべき死生観を再考し、避け得ない人の死の備えはどうあるべきかについて共に考えたいと思います。

「しかし、私たちの国籍は天にあります。そこから主イエス・キリストが救い主として来られるのを、私たちは待ち望んでいます」(ピリピ3・20)。「我が国籍は天にあり」という、このみことばだけに注目すると、私たちは死んでも天国が約束されている、永遠のいのちが約束されている。死に勝利し、復活された主イエス様が迎えてくださる、早く天国に行きたい、と考えることも許される推論です。確かに究極的な目標はこの地上での生活とは全く次元の異なる天国、神が完全に支配されている天の御国です。そこにあるのはキリストにある復活、栄光の望みです。しかし、その確信がこの地上での生活に対して厭世的となり、この世に希望はないと消極的な人生観に陥るとしたら聖書の大切な意図を見落としてしまう危険性があります。何より主の宣教大命令にも応えることができなくなってしまいます。

パウロは告白します。「私の願いは、どんな場合にも恥じることなく、今もいつものように大胆に語り、生きるにしても死ぬにしても、私の身によってキリストがあがめられることです。私にとって生きることはキリスト、死ぬことは益です……私は、その二つのことの間に板ばさみとなっています。私の願いは、世を去ってキリストとともにいることです。そのほうが、はるかに望ましいのです」(同1・20～23)。なぜなら、「キリストは、万物をご自分に従わせることさえできる御力によって、私たちの卑しいからだを、ご自分の栄光に輝くからだと同じ姿に変えてくださいます」(同3・21)。キリストの贖いのわざによって与えられた福音の究極的な目的は、復活のキリストと同じようになるとの約束です。その約束のゆえに、死ぬまで生きる目的があるのです。

「ただキリストの福音にふさわしく生活しなさい」(同1・27)。「福音にふさわしく生活しなさい」について脚注に別訳が付記され、第三版では「御国の民の生活をしてください」、2017版では「市民として生活しなさい」とあります。つまり「私たちの国籍は天にあり」と告白することは、この地上で「御国の民の生活」をすることに通じるのです。私たちに与えられた福音は、けっしてこの地上の生活に対して消極的になることではありません。つまり、私たちキリスト者が避けられない人の死に備える積極的な姿勢は、この地上生涯において天の御国の民の一員として積極的に生き続けることです。

さらに注目すべきパウロの告白があります。「私は、キリストとその復活の力を知り、キリストの苦難にもあずかって、キリストの死と同じ状態になり、何とかして死者の中からの復活に達したいのです」(同3・10～11)。「何とかして死者の中からの復活に達したい」と切望するパウロの意図は、ただ天国にいきたい、という意味ではありません。いわんや厭世的な信仰告白でもありません。私たちがキリストを救い主と信じることは、キリストにあってキリストと共に死に、キリストにあってキリストと共に新しく生きることです。これがキリストにある神の民としての生き方を確立したい、というパウロの切望です。「生きるにしても死ぬにしても、私の身によってキリストがあがめられることです」。そのパウロの取り組みの継続として次の言葉があります。「私は、すでに得たのでもなく、すでに完全（成熟）にされているのでもありません。ただ捕らえようとして追求しているのです。そして、それを得るようにと、キリスト・イエスが私を捕らえてくださったのです。兄弟たち。私は、自分がすでに捕らえたなどと考えてはいません。ただ一つのこと、すなわち、うしろのものを忘れ、前のものに向かって身を伸ばし、キリスト・イエスにあって神が上に召してくださるという、その賞をいただくために、目標を目指して走っているのです。ですから、大人（完全・成熟）である人はみな、このように考えましょう。」（同3・12〜15）

人の死に備える私たちキリスト者の大切な姿勢は、福音とは裏腹な生き方を続け、「最後は滅び」である死を迎えるこの世の人々の中で、福音に基づく生き方を確立し続ける生き方が、死に対して積極的に備えることになるというのです。

永遠のいのちを想う――聖書の教えるところによると「人の死」は自然なものではなく、あってはならないものです。最初の人アダムの神に対する不従順の罪が死をもたらしたとあります。つまりいのちの源である神との断絶が死の本質なのです。それゆえ聖書は「あなたがたは自分の背きと罪の中に死んでいた者であり」（エペソ2・1）と表現しています。しかし神のあわれみにより、イエス・キリストの身代わりの死のゆえに、死からいのちに移されました。そしてキリストのご人格が私たちの内に形づくられていくのです。日ごとに主との霊的な交わり、祈りとみことばを通して、「内なる人」は日ごとに強められ、成長していきます。そして「人の死」は罪に束縛された肉体の制約から解放され、神のもとへと導かれます。そしてキリストの再臨のときに肉体はよみがえり、キリストと同じ栄光のからだに変えられます。もはや罪の影響の下にはないという意味で、「救いの完成＝栄化」に達するのです。しかも、それは静止的ではなく、永遠の神に向かう永遠の完成への門口なのです。「不正を行う者には、ますます不正を行わせ、汚れた者は、ますます汚れた者とならせなさい。正しい者には、ますます正しいことを行わせ、聖なる者は、ますます聖なる者とならせなさい」（黙示録22・11）とあります。「人の死」は福音による新生理解の最後の関門と言えます。

人の齢「百二十年」への挑戦――避けられない人の死の現実を考えることから消極的な人生を描くことはなく、むしろ、今、生きることへの積極姿勢を持ちたいものです。人の死は「今」、現在の延長線上にあるわけですから、今、どう生きるかが人の避けられない死に対して積極的な備えになるのです。「そこで、主は言われた。『わたしの霊は、人のうちに永久にとどまることはない。人は肉にすぎないからだ。だから、人の齢は百二十年にしよう。』」（創世 6・3）とあります。私たちの人生は予測し得ない死に直結する事故や災害、病を避けることはできません。その他に遺伝的な制約をも負っています。しかし、いわゆる「生活習慣病」と言われる病を避ける知恵のある普段の生活を実現することは可能です。結果として神の定めた寿命「百二十年」を全うする人生を描くことができます。「いかに人々が死を死んでいくか」、まさに死ぬまで生きることによって、避けられない死を克服していくことになるのではと思います。

「信仰によって、あなたがたの心のうちにキリストを住まわせてくださいますように。そして、愛に根ざし、愛に基礎を置いているあなたがたが、すべての聖徒たちとともに、その広さ、長さ、高さ、深さがどれほどであるかを理解する力を持つようになり、人知をはるかに超えたキリストの愛を知ることができますように。そのようにして、神の満ちあふれる豊かさにまで、あなたがたが満たされますように。……むしろ、愛をもって真理を語り、あらゆる点において、かしらであるキリストに向かって成長するのです。」（エペソ3・17～19、4・15）

信仰によって福音に基づく生き方に積極的に取り組み、死ぬまで生きることで、死は永遠の門口となります。そして再臨の「キリストは、万物をご自分に従わせることさえできる御力によって、私たちの卑しいからだを、ご自分の栄光に輝くからだと同じ姿に変えてくださいます」（ピリピ3・21）。

積極的な人生観――キリスト者は死に向かって終焉《しゅうえん》する（ここに終わる）消極的な人生を歩むのではなく、永遠に向かって成長していく積極的な人生観を持っています。肉体も、知性も、精神的にもより向上を目指します。とは言え、肉体能力は二十～三十代を頂点として下降線をたどります。しかし、復活の希望があります。一方、情緒、知的能力（最良の心の姿）は四十～六十代へと頂点は進みます。さらに精神、叡智と明澄さは九十歳を超えても下降の兆候は見られず、考え方、意思があれば、むしろさらに深まると言われています。つまり、復活の栄光あるからだにふさわしい人格の成熟は、この地上で私たちに与えられている取り組むべき課題です。キリスト者の死は「信仰による神の救いのご計画の実現」において建て上げられるクリスチャン人生の延長線上に迎えます。ですからキリスト者にとって死は永遠の成長への門口なのです。永遠の神が人としてこの世に生まれた「キリストのご人格」が私たちの目標です。人の死は罪の束縛からの解放であり、死を突き抜けると、そこから永遠に向かう成長が約束されています。神を拒絶した罪人は無制限な悪へと進み、また悔いることもありません。しかし神の子とされた者は永遠のさらなる聖さへと向かいます。そのような死に向かう私たちは、その備えにおいて消極的であってはなりません。永遠のいのち、栄光の復活を望む者として、自分の肉体をも知恵深く管理します。朽ちることは避けられないのですが、放置してはいけません。額に汗して働くことを継続させます。その働きは特定の仕事に限定されません。また知的欲求をさらに向上させます。神の再創造のみわざとしての文化芸術の分野を深めるのもその一つです。何事もこれで極めたということはありません。自己観察も怠ることなく、人格的な成熟を目指し、精神性を深めましょう。そして何より人に仕えることを通して、人間関係においてもより豊かになっていきたいものです。全知全能の神の創造を思い、神の完全な美を追求していきたいものです。私たちの理想は美しい神の完全です。

葬りの儀は、キリスト者が考えなければならない死の問題と直接的に関係する課題ではありません。遺された者の死に対する理解とその振る舞いに関わることです。それでも考えなければならない課題があります。死を考えるクリスチャンは、自分の葬式を「キリスト信仰に基づく葬儀」で行うということを周りの人々にあらかじめ理解を得ておくことが大切です。特に家族がクリスチャンでない場合、その事情を知らないがゆえに日本の慣習に従った葬儀の準備に入ってしまう場合があるからです。その途中から牧師が関わっても、変更が難しくなることもあります。ですから自分の希望する葬式のあり方を文書に残しておくことが賢明です。そして牧師にもその事を伝えておくことです。毎年、自分の誕生日のときとか、新年を迎えたときとか、あるいは自分のバプテスマ記念日などに書き直しておくことも知恵です。またその都度、死の準備について理解を深め、私たちキリスト者に約束された永遠の希望について確信をより深めることが大切です。そのために普段の積み重ねが大切です。なぜなら人の死は、今の自分の生き方の延長線上にあるからです。

葬儀、その人らしく――葬儀は人の終わり、葬りの儀という大切な儀式として一定の形式、様式があり、キリスト教式はそれなりの特徴のある形式、様式を持っています。とは言え、すべて定められたものによって万人同様の葬儀が行われる、行わなければならない訳ではありません。キリスト教式ではクリスチャン個々人、その人なりの式として表現することが大切な視点であると思います。葬儀はその人でなければ生きられなかった人生の意義を十分に評価され、高められ、表現されるべきです。そういう意味で、葬儀は人生の総決算のときとも言えます。その誠実な取り組みが、残された遺族の方々への真の慰め、いやしとなります。そのために葬儀の準備に当たって、その人の確かな情報を得る必要があります。その観点から言えば、日記を生涯、書き続けられるなら理想的です。しかし、これまで特に記録をしていなかった人も、今からでも遅くはありませんので「回顧録」や信仰の証しを含めた「自分史」をまとめておくことをお勧めします。クリスチャンの場合は特に信仰の救いの証し、その後のクリスチャン生活の感謝や恵みの記録を残しておきたいものです。また励みになった聖句や教訓となったみことばなどを整理しておきます。さらに慰めや力となった賛美歌、信仰の励みになった愛唱歌、賛美歌を選んでおきたいものです。また自分の好きな色、心に感動を与える花などを身近な人々が理解できるようにしておきます。それらの情報はその人なりの葬儀の祭壇、式場の準備にとても貴重なものになります。私たちは一人で生きてきたわけではありません。どれだけ多くの人々にお世話になったことでしょう。その時々の人を思い起こし、感謝の気持ちを十分伝えておきます。日常的に感謝の心を持っていませんと、その人生の終わり、自分の死のときに人々に感謝を語ることは困難です。そして、いのちをつないだ家族を意識するように取り組めたらと思います。

信仰の表明としての葬儀――人によっては葬式をしないということも選択肢の一つとして考えられます。葬式は本人のためになくてはならないものではないからです。天の御国へ入る条件でもありませんし、永遠のいのちの祝福を受ける儀式でもありません。カトリックのサクラメント「終油」は、司祭の行うその儀式によって魂が正式に天の御国へと移されることになり、公式な死亡宣言でもあり、なされなければならない儀式です。しかしプロテスタントでは葬儀はその人の信仰の表明が最も重要です。

　葬式のあり方について、いくつかの具体的な提言をしたいと思います。人の最後の締めくくりとして、丁重に葬りの儀式を行うことはキリスト者にとって意味のあるものと解していただいたと思います。しかし、儀式そのものが永遠のいのちへの条件では決してありませんので、その人らしさが十分に表現されることがより大切です。葬儀の経費は適切に判断します。祭壇や棺や装飾にただ費用をかければ良いわけではありません。その人らしく知恵深く判断します。一般的に葬儀屋さんでキリスト教式というと、黒布で覆われた棺、骨箱が用意されます。しかしそれは聖書の意図を表現したものではありません。仏式や神道の白装束に対して日本の異教徒とは異なることを示すため黒にしたと思われます。その黒も選択肢の一つではありますが、キリスト教式の標準規格ではありません。むしろその人らしい色、布や花を選び準備できるようにします。お花は天の御国を想う明るさと永遠の希望、そして神の清さを表現し、また故人の個性が美しく表現できれば最高です。写真はその人の生涯の折り目ごとのスナップを数枚準備します。必ずしも儀式用に修正する必要はありません。そしてお花料など、お悔やみ金等は何か非営利団体の基金として用いるぐらいの余裕を持ちたいところです。親しい二人の宣教師の葬儀に参加する機会がありました。その方々は日本の宣教に尽くされたので、与えられた弔慰金はそれぞれ日本宣教の基金にささげられたということを聞きました。その人らしさの一つの表現であったわけです。このように、葬儀が何か善意に満ちた新しさを創り出していくことのために用いられることが大切です。それによって、その人の徳を偲ぶことになり、何より家族の癒やしになっていくと思います。

遺された者の真の慰め、いやしとしての葬儀——愛する者を失った遺族の方々はどのような仕方であれ、離別の悲しみの心が癒やされなければなりません。人によっては長い闘病後の死であるかもしれませんし、若くして、あるいは働き盛りの突然の死や事故死である場合もあります。まさに無念の死です。ですから、死別によっては一回の葬儀で、残された者の心の傷、喪失感が完全に癒えるとは限りません。そういう意味で、葬儀は遺された者の癒やしという意味で大切になされなければなりません。

人がこの世に生を受け、その家族の中に迎えられ、独り立ちするまでに相当の時間を要し、築き上げられます。そのようにして築き上げられた深い人格関係がこの世において絶たれるとき、その人と関わった人々との現実的な絆から質的に変換していくためには、それ相当の時間を要することが考えられます。時間的なことだけでなく、質的な絆の深さを考慮しなければなりません。親子、夫婦、兄弟関係など様々です。葬式はその生前の関係とは違った、新たな関係を作り始める出発点でもあるわけです。葬式が生きている者を拘束するということがあってはなりません。むしろ「いのちの継承」と残された者の自立という点から配慮されるべきです。

丁重な葬り、納骨——聖書では人のからだ、肉体も大切なものとして扱われています。ときに肉体の機能を制限する禁欲的な生き方が信仰の理想のように見られがちですが、決してそうではありません。

むしろそれは非キリスト教的思想からの影響です。神が世界とそのうちにあるものを創造されて、これらをご覧になり「それは非常に良かった」（創世1・31）とあります。そこには肉体を持つ人間も含まれます。人の死は創造の時点で神は予測し得ても、想定されていたものではありません。死は人間の罪の結果としてもたらされました。肉体は遺棄されるものではなく、新しいいのち、栄光のからだによみがえらされるものです。それで聖書では人の葬りが大変丁重に行われています。「墓場」という言葉に響くような暗いイメージはありません。キリスト者にとって、お墓は栄光の復活を待っているその人の部屋のようなものです。ですからお墓は、生き残っている者が常に美しく保つようにします。そういう観点からも納骨堂は、礼拝に共に集まる神の家族、教会に隣接しているのが理想と言えます。納骨堂は復活の希望、死を突き抜けた永遠のいのち、輝かしい勝利を象徴するキリスト信仰のシンボル的なものでありたいものです。また復活の希望はキリストの福音の根幹をなすものです。それによって常に私たちが自分の終わりを自覚できるものとなるのが望ましいと思います。

残された遺族のいのちの継承としての「記念会」——葬儀の済んだ後の行事として一般的に「記念会」が行われています。しかしこれは日本の教会特有のもののように思います。日本の慣習である法事、初七日から一週間ごと、そして四十九日、百箇日、一周忌、三周忌と行われる追善供養があって、そうすることが故人の死後の刑罰の軽減とか魂の浄化に関わると考えられています。それゆえ「行わなければならない儀式」です（参照＝『日本宗教事典』弘文堂）。しかしキリスト教においては、その必要は全くありません。ですから「記念会」の意味内容は全く異なりますが、日本の宗教文化の中で考えられた行事として教会でも行われるようになったと考えられます。「記念会」は聖書の教えから導き出されたものではありませんが、この国の文化の中での一つの神学と考えられます。同時に「遺族の方々の癒し」という点から評価されるべき行事であると思います。そういう意味で、この国に生きるキリスト者の許容される文化の一つと考えて良いと思います。

聖書の事例として、強いて挙げれば「主の晩餐記念」があります。「主の晩餐記念」は主イエス・キリストの意義ある死を覚えて定期的に行うように勧められています。キリストの死そのものに集中する訳ではなく、キリストの贖いの死によって永遠にいます神の家族に迎えられた喜びの記念、永遠のいのちにあずかるものとされた祝いの席です。その原則を適用するなら、召された方はキリストにあって死の束縛から解放され神の家族に加えられていることを覚えることによって、自分たちの生き方を考えるときになります。かつ故人の徳を偲ぶことにより、私たちの励みとなるように行うことができます。またその都度、人の死の現実、自分の終わりを覚える大切な機会にもなります。召された方はすでに天において安んじているのですから、むしろ「記念会」を行う大事な目的は遺されたいのちのつながりにある家族、親族の癒やしのために行われることです。したがって「記念会」の回数に制約はありません。また、その記念会には未信者の親族をもお招きすることによって、亡くなられた方の生前の生き方を思い起こし、その徳を偲びつつ、そうさせたキリスト信仰の核心、人の死を克服したキリストの福音の確かさを確認する最良の機会となります。

第十章　真に喜び、真に楽しむクリスチャン人生

これまで神の再創造のみわざとしての「奥義としての教会」、そのありように焦点を当てながら共に考えつつ、いつしか聖書の意図とは異なる、変容してしまったキリスト教界の現実に目を留め、パラダイム転換の急務に注目しつつ、「人の死を突き抜ける再創造のみわざ」にまで取り組みました。そのいのちの交わりの実体である個々のクリスチャン、クリスチャン家族、その神の家族である教会の内外において福音に基づく「良いわざ」を確立し、その生き方と一体としての主の宣教大命令に応え、いのちの交わりの確かな広がりについて注目し、共に考えてきました。

どちらかと言えば、実践的視点が皆無ということではありませんが、神の再創造のみわざにおける聖書の論理、考え方に注目、集中し、展開してきた感があります。この最後の章で、その考え方に基づくがゆえのこの地上生涯における「真に喜び、真に楽しむクリスチャン人生」に焦点を当て、いくつかの課題について再考してみたいと思います。もっともこれまで論じてきた、クリスチャンであることについての聖書の意図を熟考し、主にある兄弟姉妹と共に考え、知恵を得て一歩踏み出していただければ推論できる領域でもあります。そうであるならクリスチャン、クリスチャン家族はどのような日常を送

り、それぞれに定められたこの地上生涯、「真に喜び、真に楽しむクリスチャン人生」を全うし得るのか、改めて共に考えてみたいと思います。

クリスチャンに対するあなたの周りの方々の印象はいかかがでしょうか。「真面目」、人格的に信頼できる人物、と評されている方もおられるでしょう。総じてクリスチャンに対してマイナスイメージは少ないかもしれませんが、しかし親しみやすいかと言えば、少し距離感を覚えている方々もおられるかもしれません。なぜでしょう。

Ⅰ　創造主が満足された「神のかたち」としての人間・男と女、家族

具体的な事例から考えてみましょう。人間が生まれもって与えられている五感、つまり視覚・嗅覚・聴覚・触覚・味覚の感動、喜びは創造主が与えてくださった賜物、創造のみわざです。天地創造の最後に「神は人をご自身のかたちとして創造された。神のかたちとして人を創造し、男と女とに彼らを創造された」その後に、「神はご自分が造ったすべてのものを見られた。見よ、それは非常に良かった」（創世1・27、31）とあります。当然のことながら、人に備えられた五感の機能をも含めて「それは非常に良かった」と仰せられているのです。

注目すべきは人が置かれた「エデンの園」です。水陸全体、そこにある植物、そして住む動物を含めた生態系を考えると、「エデンの園」は人間に与えられている五感、つまり視覚・嗅覚・聴覚・触覚・

味覚の感動、喜びの感覚が整えられる理想の環境であったのではないかと思います。日本のような豊かな四季がめぐる環境であったのでしょうか。しかし、人はこの後、創造主の約束のことば、その真理性を疑い、神の意に反して自己中心の歩みに一歩踏み出してしまいました。その果実は子どもも大人も人間関係に生じるストレスの多い社会の現実です。この五感の感性を狂わせるストレスを癒やす理想の環境は、創造主が摂理のうちに残された高低差のある森、谷川の流れ、様々な生き物が生息する野山、四季を含めた自然そのものです。３・11東日本大震災後、復興の取り組みで話題になったＣ・Ｗ・ニコル氏の「アファンの森」はその興味深い事例です。もし、自分自身が、子どもたちがそうした心的、精神的痛みが生じる現実に直面したときに、手近にある谷川の流れる森で家族と共に過ごし、ときには山に登り、日常を超えた自然空間の中に身を置くことでストレスをやわらげるなら、ゆがみの生じた五感が整えられ、健康を取り戻すことができます。

大切なことは、人間は「神のかたち」つまり人格的存在であることで、他の動物のように本能のおもむくまま生きるものではありません。聖書の価値観、倫理観を前提として与えられている本能（性、食欲、所有欲）を制御し、主体的に五感の機能、五感の楽しみ、喜びを満喫するのです。また人が持つ価値観のゆえに、――善し悪しを別にして――主体的に否定することも可能な人格的存在です。

単純なことですが、飲み食いを楽しみ、喜ぶことの前提に「額に汗する労働」の価値観があります。人が堕落する以前に与えられていた人としての本質的なもの、本能的なものです。今日、額に汗する労働、働きの質、形態は大きく変わりました。それだけに単に時間で計られる労働の対価ではなく、自分のもって生まれた賜物、能力を生かした働きを再考する必要があります。いずれにせよ自分の必要、家族の必要を自ら満たす勤勉な労働という倫理観があってこそ、真に家族と共に飲み食いを楽しみ、喜べるものだからです。さらに助けを必要とする人たちのために余剰の富を用い、共に喜びを分かち合う、いのちの交わりとしての教会共同体の一員として取り組むことが大切です。

また父母を離れ、主体的人格を確立した成人男女が摂理のうちに出会い、互いの愛と尊敬、信頼関係のうちに結婚することにおいてのみ性は健全に機能し、神の創造のみわざとして喜び、楽しみを分かち合うことができます。その大切な正常な感覚は家族を通して、夫婦、そして家族愛の中で培われ、次世代の子どもたちが健全に建て上げられていきます。そういう意味では母親の愛、その子の生みの母親であるがゆえに生じる無条件の愛こそが、子どもたちの健全な五感の感覚を豊かに発達させるものです。その母親の愛を支えるのが夫の愛であり、その愛は「……キリストが教会を愛し、教会のためにご自分を献げられたように、あなたがたも妻を愛しなさい」（エペソ5・25）と命じられている全人格的愛、自分のいのちと等しい愛です。さらに知恵書には「あなたの父と母を喜ばせ、／あなたを産んだ人を楽しませよ」（箴言23・25）とあります。これらの延長線上にさらに家族の触れ合い、家族の食卓、家族の日常の楽しみがあります。その日常の中で実感する五感を満喫する楽しみ、また喜びがあふれるのです。決して誤解のないように聖書を読みたいものです。日常の中での五感の喜び、楽しみが神の栄光に通じるものなのです。「こういうわけで、あなたがたは、食べるにも飲むにも、何をするにも、すべて神の栄光を現すためにしなさい」（Ⅰコリント10・31）とパウロは勧めています。「食べるにも飲むにも」について人はひとつの修辞法と解するかもしれませんが、神の創造の意図に注目し、理解したいものです。

さらに家族の家族である神の家族としての教会、そのいのちの交わりの共同体において、五感の喜び、楽しみを分かち合います。それゆえパウロは告白します。「神に感謝します。神はいつでも、私たちをキリストによる凱旋の行列に加え、私たちを通してキリストを知る知識の香りを、いたるところで放ってくださいます。私たちは、救われる人々の中でも、滅びる人々の中でも、神に献げられた芳しいキリストの香りなのです」（Ⅱコリント２・14〜15）と。このような、うるわしいいのちの交わりを実現する共同体、神の家族の実体、その存在こそが「主の宣教大命令」を実現していくのです。

Ⅱ　ストイックなクリスチャン

クリスチャンの集まりである教会は、宗教というより「生き方」に重きが置かれていることに注目してきました。しかし一般には「宗教」というイメージから「クリスチャンはストイックな人々」、克己心ならまだしも禁欲的な生き方をする人々、意志的に自分の衝動や欲望、感情などを制御しつつ生活している人々、との評があります。その出所はカトリックの典型的な聖俗二元論の考え方の影響が少なくありません。その視点から見て、聖職者と言われる領域の人々、すなわち修道士、助祭、司祭や司教たちは神への服従の証しとして、克己心から禁欲の王道を歩む人々です。禁欲とは「神のかたち」として創造された人間に本来備わっている本能的欲望を捨てることです。つまり、性欲に対して貞潔の道――

「貞潔」それ自体は正しいのですが――から、結果的に性欲の否定、つまり「独身」の道を選択します。食欲に対して「断食」の励行、所有欲に対して所有し得る「財産」の放棄、つまり「清貧」の道を決意し、神の前に聖人を目指す領域に生きるのです。こうした存在が「キリスト教」と見る視点から、広くクリスチャンに対するイメージが作り上げられているのもひとつの要因です。またクリスチャンたちの考え方、態度にも少なからず影響を与えているものと思われます。

さらにクリスチャンに対するマイナスイメージの原因が、クリスチャン自身のかたよった聖書理解に基づく考え方、生き方による場合もあります。無意識のうちに染みついている「ストイック」な考え方が、クリスチャン生活における楽しみや喜びについての考え方にゆがみを生じさせているのです。

Ⅲ　お金、富に対するゆがみ

とりわけ富に対して、一般的にクリスチャンは誤解に陥りやすいようです。パウロの警告「金持ちになりたがる人たちは、誘惑と罠と、また人を滅びと破滅に沈める、愚かで有害な多くの欲望に陥ります。金銭を愛することが、あらゆる悪の根だからです。ある人たちは金銭を追い求めたために、信仰から迷い出て、多くの苦痛で自分を刺し貫きました」(Ⅰテモテ6・9～10)とのみことばが富やお金に対する否定感で心を支配します。さらに「今の世で富んでいる人たちに命じなさい。高慢にならず、頼りにならない富にではなく、むしろ、私たちにすべての物を豊かに与えて楽しませてくださる神に望みを置き、善を行い、立派な行いに富み、惜しみなく施し、喜んで分け与え、来たるべき世において立派な土台となるものを自分自身のために蓄え、まことのいのちを得るように命じなさい」（同17〜19節）と続きます。ことに先の金銭に対する否定感に支配されたまま前半の勧めを読んでいる間に、富に対する否定感がいっそう心に据えられてしまい、「むしろ」で始まる勧めが心を動かさなくなってしまう場合があります。

しかし、その勧め「むしろ、私たちにすべての物を豊かに与えて楽しませてくださる神に望みを置き、善を行い、立派な行いに富み、惜しみなく施し、喜んで分け与え、来たるべき世において立派な土台となるものを自分自身のために蓄え、まことのいのちを得るように命じなさい」との勧めを冷静に読むと、「富、お金」に対する否定ではなく、富に対する考え方の優先順位を明確にする教えであることに気づくはずです。大切なのはその優先順位の中に富を位置づけることで、お金や富を否定の対象と見るのではなく、むしろ積極的に富を得て永遠に残る価値のために用いることです。そのひとつとして、助けを必要とする人々を支えることで共に喜びを分かち合うことができます。そして主に栄光を帰すことになります。主イエス様も警告していました。「だれも二人の主人に仕えることはできません。一方を憎んで他方を愛することになるか、一方を重んじて他方を軽んじることになります。あなたがたは神と富とに仕えることはできません」（マタイ６・24）と。つまり、主なる神も、そして等しく富も、ではなく、神に仕え、神様の規範、価値観に基づいて富を用いることです。神を第一とし、富を得、神の規範に基づいてそれを管理する健全な優先順位、創造主から被造物へのタテの線を明確にすることで、お金、富をも豊かに用い、共に喜びを分かち合うことを可能とします。

Ⅳ　名誉・立身出世

小見出しを見たときに「おや？」と思った方がおられるのではと思います。この分野も、多くのクリスチャンたちの考え方にゆがみをもたらしているもののひとつです。名誉ある立場に就くこと、立身出世することが成功と評される、というわけではありませんが、後ろ向きにならない健全さを保ちたいのです。

「それぞれ自分が召されたときの状態にとどまっていなさい。あなたが奴隷の状態で召されたのなら、そのことを気にしてはいけません。しかし、もし自由の身になれるなら、その機会を用いたらよいでしょう」（Ⅰコリント7・20〜21）。これが書かれた聖書時代において「奴隷制度」は当たり前でした。その制度はそのままでも、当時のクリスチャン家族、また神の家族共同体においては実質上、奴隷制の制約はみじんもない全く別次元の共同体、いのちの交わりが実現していました。ここに再創造のみわざ「いのちの交わりとしての教会」のすばらしさが実証されています。「奴隷制反対」と声高に叫びながら示威運動をしていたわけでもありません。神の家族にあっては奴隷の身分であっても、主にある兄弟姉妹として同じ食卓のテーブルを囲んでいたのです。

奴隷たちよ。キリストに従うように、恐れおののいて真心から地上の主人に従いなさい。ご機嫌取りのような、うわべだけの仕え方ではなく、キリストのしもべとして心から神のみこころを行い、人にではなく主に仕えるように、喜んで仕えなさい。奴隷であっても自由人であっても、良いことを行えば、それぞれ主からその報いを受けることを、あなたがたは知っています。主人たちよ。あなたがたも奴隷に対して同じようにしなさい。脅すことはやめなさい。あなたがたは、彼らの主、またあなたがたの主が天におられ、主は人を差別なさらないことを知っているのです。（エペソ6・5〜9）

当時のローマ帝国社会では、そのような教会共同体の存在は衝撃的なことでした。事実、このようないのちの交わりを実現していた教会、神の家族共同体にひきつけられて新たに主イエス・キリストを信じるクリスチャンたちが加えられていったのです。まさに主の宣教大命令を実現する福音に基づく「良いわざ」の実証例であったのです。そのような方向性のゆえに、「兄弟たち。それぞれ召されたときのままの状態で、神の御前にいなさい」（Ⅰコリント7・24）と繰り返し勧められているのです。

そこで次の勧めに注目していただきたいのです。「それぞれ自分が召されたときの状態にとどまっていなさい。あなたが奴隷の状態で召されたのなら、そのことを気にしてはいけません。しかし、もし自由の身になれるなら、その機会を用いたらよいでしょう」（同20〜21節）。当時、奴隷の身分から自由の立場に変化することは容易なことではなかったと思われます。しかし、もしあなたが福音に基づく生き方のゆえに奴隷の身分から自由になる機会を与えられたときは喜んで自由を得なさい、と言うのです。今日流に言えば「立身出世」の道が開かれ、仕え労する立場から、治め指導する立場に引き上げられることです。そのことを通して福音に生きるすばらしさを証しする機会を得られるならばこの上ない感謝、喜びです。しかもキリスト者は「ご機嫌取りのような、うわべだけの仕え方ではなく、キリストのしもべとして心から神のみこころを行い、人にではなく主に仕えるように、喜んで仕えなさい」との勧めにあるように、その生き方、姿勢、人格に対する評価のゆえに自由の身にされ、新たな立場を得たわけですから。しかし、立場が変わっても「互いに一つ心になり、思い上がることなく、むしろ身分の低い人たちと交わりなさい。自分を知恵のある者と考えてはいけません」（ローマ12・16）との勧めを受けとめ実践していたと思われます。

ところが今日、私たちクリスチャンがゆがんだ謙遜さのゆえに名誉ある立場に立つことに消極的になっていないか、むしろ遠ざけている場合がないかどうか、再考すべき課題ではないでしょうか。聖書の意図する価値観、倫理観、人格形成を前提とした「立身出世」の機会を否定する必要はないのです。むしろ主の無条件の救い、人本来の生き方を実現する福音を証しする機会となるなら、神に栄光を帰すことができます。こうしたことに消極的にさせている聖書理解のゆがみに注目してみましょう。

「伝道者の書」に繰り返されている「空の空。伝道者は言う。／空の空。すべては空」（1・2）との意図を正しく捉えているかどうかです。伝道者は「『さあ、快楽を味わってみるがよい。／楽しんでみるがよい。』／しかし、これもまた、なんと空しいことか」（同2・1）と言います。事業に取り組み、ある程度の成果を得た。そこで「こうして私は偉大な者となった。／私より前にエルサレムにいただれよりも。／しかも、私の知恵は私のうちにとどまった。／……しかし、私は自分が手がけたあらゆる事業と、／そのために骨折った労苦を振り返った。／見よ。すべては空しく、風を追うようなものだ。／

日の下には何一つ益になるものはない」（同9〜11節）と述懐します。

そして「人の子の結末と獣の結末は同じ結末だからだ。これも死ねば、あれも死に、両方とも同じ息を持つ。それでは、人は獣にまさっているのか。まさってはいない。すべては空しいからだ」（同3・19）。誠実に、勤勉に生きても、いい加減に生きても、結局は同じゴール、人の死を迎える、これも「空しい」と。見える世界での現象にのみ焦点を当てると確かにその通り、紛れもない事実です。そうであればこそ、私たちは地上ではなく天に、永遠にいます神の視点に立って物事を考え、永遠に残るものに焦点を当て、生き方を確立することが必要です。その視点に立てば物事の事象は一変してきます。

さらに決定的なのは「私が見出した次のことだけに目を留めよ。／神は人を真っ直ぐな者に造られたが、／人は多くの理屈を探し求めたということだ」（同7・29）。つまり啓示の書である聖書の意図を捉え、繰り返し得ない自分の人生を再構築することです。この地上生涯における「名誉・立身出世」の分野においても真に喜び、楽しむ人生でありたいものです。キリスト者は仕える立場で十分に貢献し、神の栄光を現すことも可能です。同時に上に立つ立場で人々を指導し、誠実に役割を果たすことで神に栄光を帰すことができます。注意すべきは、聖書の規範とは全く別次元の手法で上に立つことを目指すワナに陥ることのない識別力、健全な心を保ちたいものです。

パウロの祈りはこうです。「私たちは一人ひとり、霊的な成長のため、益となることを図って隣人を喜ばせるべきです」（ローマ15・2）。「どうか、希望の神が、信仰によるすべての喜びと平安であなたがたを満たし、聖霊の力によって希望にあふれさせてくださいますように。」（同13節）

繰り返し得ないクリスチャン人生が、永遠に残る聖書の価値観、倫理観を見つめて真に共に喜び、共に楽しむ人生でありますように、奥義としての教会、聖徒を健全に建て上げるいのちの交わりである真の共同体がさらに拡がっていきますように、摂理の主に共に祈ります。

付録　実践的〈対話・問答〉

実践的〈対話・問答〉は各章で取り上げる主題の論点について、主にある兄弟姉妹、信仰の家族と共に聖書の意図を考え、理解を深めるためのものです。「隠された解答」を見つけ出すという取り組みではなく、二、三人集まって聖書の意図について、聖書の教え、基本原則を確認し合いながら共に考えます。聖書の基本原則を明確にし、そこからさらに互いに推論し、個々人の信仰生活に、また神の家族教会共同体の中で、そして私たちの置かれた文化の中で、どのように適用し、展開し、実践できるかを共に考えます。互いの〈対話・問答〉を通して聖書の知識、聖書に関する知識に留まらず、知識が真にクリスチャンとして生きる知恵になるように、互いに知恵を見出すことができるように取り組みます。

〈注〉本文中の参照聖書箇所はその文脈を含め、必ず読み聖書に基づいて考えるようにします。

第一章　再創造のみわざ「信仰による神の救いのご計画の実現」

〈対話・問答〉１　「信仰による神の救いのご計画」の核心部分はどのようなものでしょうか。聖書通読を前提に共に考えてください。それが私たちのクリスチャン人生にどのような影響をもたらすでしょうか。

〈対話・問答〉2　奥義としての「神の家族教会共同体」は、なぜ、どういう意味で「神の啓示の圧巻」と言えるのでしょうか。もし、そうだとしたら、私たちのうちに見直すべきもの、変えなければならない課題はあるでしょうか。

〈対話・問答〉3　聖書の基本原則について、どのようなものが挙げられるでしょうか。明白なものとしては、クリスチャン人生の出発点と方向性を与えた福音理解があります。その福音とはどのようなものでしょうか。そしてキリストの福音に基づく価値観、それに基づく生き方、教会内外に通じる「良いわざ」としての生き方に関係するものが想定されます。主要な聖書の基本原則について共に考えてください。

〈注〉聖書の基本原則は聖書理解とともに明確になっていくものです。現時点での理解をすべてと考えずに、さらに聖書を共に学びながら基本原則が明確にされることを期待します。

第二章　福音理解に始まる聖徒の建て上げ

〈対話・問答〉1　新生している自分をどのようにして確認し、また実感することができるでしょうか。また新生の霊的過程について考えてみましょう。その上で新生している自分を確認する際の意識の変化について話し合ってください。
〈対話・問答〉２　クリスチャン生活が神の先行的救い「新生」を出発点としなければならないことの重要性について、ご自分の信仰生活を振り返りながら共に考えてください。
〈対話・問答〉３　神の先行的救い「新生」に始まるクリスチャンとしてのあなたの人生をどこまで思い描けるでしょうか。神の家族、個々の家族、また社会の一員としてどうでしょうか。教会の使命や職業、ボランティア活動等において、優先順位を考えながら話し合ってください。
〈対話・問答〉４　「聖徒の建て上げ」の必要性について、「二種類のクリスチャン」の現実を確認しつつ、あるべき「建て上げ」について課題を挙げつつ共に考えてください。

第三章　再創造のみわざにおける「いのち御霊の原理」

〈対話・問答〉１　「聖霊の満たし」の意味を聖書の記述から再確認し、再創造のみわざとしてのクリスチャン人生を建て上げるためにいかに「聖霊の満たし」が大切であるかについて話し合ってください。
〈対話・問答〉２　クリスチャン生活の中で聖霊の内住をどのようにして確認できるでしょうか、聖書の約束としての客観性と、また私たちの自覚、実感という主観性からも話し合ってみてください。
〈対話・問答〉３　聖霊の働きの目的について考えてください。その中で、あなたが最も必要としているのは何でしょうか。また、聖霊の働きについて互いの対話を通して得た理解、知恵についても確認しておきましょう。

第四章　再創造のみわざを象徴する礼典

〈対話・問答〉1　バプテスマがキリストにある新生の象徴、また神の家族である教会に迎えられることを示す礼典であることについて、ご自分のバプテスマを思い起こしながら共に理解を深め、そして、そうであるならどうすべきかについて問答してみてください。

〈対話・問答〉2　「過越の子羊」とキリストの十字架の関係を思い起こし、定期的に行われる「主の晩餐記念」について、これまで「主の晩餐記念」をどのように理解し、感じてこられましたか。その上で、聖書の意図する「主の晩餐記念」の持ち方について、改めて聖書の記述に基づきながら再考し、理想的な持ち方を共に考えてください。

第五章　再創造のみわざ――クリスチャン生活の行動原理

Ⅰ　内から外へ

〈対話・問答〉1　キリスト者にとって、内側の変化とはどういう変化のことでしょうか。その領域の課題は何でしょうか。

〈対話・問答〉２　「内から外へ」の原理を聖書の記述（みことば）から説明し、また聞き、互いに理解を深めてみましょう。クリスチャンとしての自分の行動を観察し、記録し、その上で互いに課題について考えてください。

〈対話・問答〉３　「内から外へ」の原理を自分の信仰生活に適用できるために、みことばの学び方を変える必要があるでしょうか。あるとすれば、どのような学び方でしょうか。

Ⅱ　主の導き

〈対話・問答〉１　クリスチャンが主の導き、主の御旨を知ろうとすることは、なぜ重要なのでしょうか。

〈対話・問答〉２　「主の導きをどのようにして知るか」の中で、主の御旨を求める者自身が、よく熟考することの大切さを自分の事例、進学、結婚や就職等々の具体例を挙げて共に考えてください。

〈対話・問答〉３　主の導きを求める際に、誤りに陥りやすい点をいくつか挙げ、聖書からその問題点を指摘し、健全な主の導きを理解するためにどうすべきか共に考えてください。

Ⅲ　キリスト者の自由

〈対話・問答〉１　キリスト者の自由とはどのような自由でしょうか。聖書による根拠を挙げるとともに、真の自由を得たとき、自分のクリスチャン生活にどのような変化が生じるでしょうか。

〈対話・問答〉２　キリスト者になって、自由になったと思われる事例を挙げ、説明してください。もし、不自由さを感じる点がある場合、それが何であるのかを考えてください。そしてみことばの真理によって解放される自分を表現してください。

〈対話・問答〉３　ルターの「キリスト者の自由」について、特にルターの命題「キリスト者はすべてのものの上に立つ自由な主人であって、だれにも従属していない。キリスト者はすべてのものに奉仕する僕であって、すべての人に従属している」について、互いの理解と生き方への適用について話し合ってください。

Ⅳ　キリスト者の目指す「完全」

〈対話・問答〉１　先に挙げた「二種類のクリスチャンの現実」でも取り上げましたが「キリストにある幼子」とはどのような信仰者のことを言うのか、またキリストにある幼子であり続ける原因は何なのか、その上で自分自身についてどう評価していますか。聖書の事例を用いて、互いに考えてください。

〈対話・問答〉２　聖書の目指す「キリスト者の完全」とはどのような状態のことを言うのでしょうか。自分自身の信仰状態を確認しながら、互いにどこから取り組むべきか、知恵を分かち合ってください。

Ⅴ　摂理信仰

〈対話・問答〉１　ヨセフの物語を再確認しながら「神の摂理」について互いに理解を深めましょう。その上で聖書の主要主題である「信仰による神の救いのご計画の実現」における「神の摂理」を確認し合ってください。

〈対話・問答〉２　自分の人生を振り返り、クリスチャンとしての歩みの中で、私たち個々人の経験する「神の摂理」について考え、思い起こし、互いに紹介し合ってください。そして共に摂理の主をほめたたえ、これからのクリスチャン人生にどのように反映できるかを考えてください。

第六章　聖書を読む――再創造のみわざ「信仰による神の救いのご計画の実現」

〈対話・問答〉1　現在、聖書通読をどのように行っていますか。その読み方の問題点や課題を整理し、「信仰による神の救いのご計画の実現」に沿う理想的な聖書の読み方を共に考えてください。

〈対話・問答〉2　聖書を読むことの重要性を聖書自体から確認し、聖書をどのように読むかについて、特に単に「通読すること」にとどまらず、内容理解、聖書の原則を見つけ出す読み方の重要性について共に考えてください。

〈対話・問答〉3　任意の「聖書を読む会」の発足に挑戦してください。家族でも、友人（クリスチャン、未信者）同士でも、グループで四つの聖書の学び方を基本に「聖書読書会」を実践してみましょう。その上で、実際に取り組んでみての、良い点、改善点、不明点をまとめ、共に話し合ってみてください。

第七章　神の家族教会共同体の使命――「良いわざ」と一体としての主の宣教大命令

Ｉ　「神のかたち」人間であることを共有して

〈対話・問答〉１　人間が「精神的存在、人格的存在である」ことと、「クリスチャンである」ことについて、両者の関係をどのように調和させることができるでしょうか。それが宣教とどのように関わると思いますか。

〈対話・問答〉２　「良心の呵責」あるいは「良心のうずき」はどのようにして起こるのでしょうか。そして、それを癒やす最善の方法は何であると思いますか。自分の体験を踏まえながら、宣教との関係で共に考えてください。

〈対話・問答〉３　人間が本能のおもむくままに生きることの問題点、その本能は何によって制御されているのか、されるべきなのか、また、それがクリスチャンであることとどのように関係するかについて共に考えてください。その上で、個々人の宣教にどう生かされるかを話し合ってください。

〈対話・問答〉４　聖書の記述を踏まえ、クリスチャンとしての生き方が未信者の世界にも十分に通じるものである、ということは何を意味しているのでしょうか。宣教の関わりでどのような意味があるかを考えてみましょう。

Ⅱ　再創造のみわざ「良き隣人」からの広がり

〈対話・問答〉１　「問いかけ」に応えるという仕方での福音宣教、その手順について気づいた点について具体的に挙げて共に考えてください。また、「問いかけ」が起こるために、私たちの取り組むべきことは何でしょうか。その上で、自分なりの福音提示の仕方（特に「対話」の進め方）を形作ってください。

〈対話・問答〉2　クリスチャンであることは、本来は未信者の中でも評判が高まるはずなのに、一般に「クリスチャンである」ことで未信者に嫌われることがあるようです。その理由としてどのような振る舞いが考えられるでしょうか。それはどのように克服できるでしょうか。

〈対話・問答〉3　聖書が教える互いの関係はどのようなものであるべきか、特にパウロ書簡「ローマ人への手紙」、「エペソ人への手紙」を中心に関連の聖句を列挙し、分類し、その原則を明らかにしてください。その上で自分の置かれた状況でどのように隣人愛による関係を築いていけるかを考え、話し合ってください。

Ⅲ　「神の家族教会共同体」いのちの交わりとしての広がり

〈対話・問答〉1　「問いかけ」に対してキリストの福音を説明し、語ることが理想的です。それを実現する信頼と尊敬の隣人関係を築くことの課題、また福音に基づく「良いわざ」について再度、共に話し合ってください。

〈対話・問答〉2　福音を紹介し、語るときに、こちらからの一方的な話し方ではなく、相手を中心に進めることが大切です。そのために、適切かつ的確な問い、質問する術を身につける必要があります。相手の心を開く問い、質問の仕方について話し合ってください。

第八章　再創造のみわざを実現する「ささげ物」

〈対話・問答〉1　聖書のささげ物の事例から、ささげ物に対する神様の意図は何なのでしょうか、共に考えてください。

〈対話・問答〉2　あなたは「なぜ、ささげ物をするのですか」と問われたときにどのように答えますか。

〈対話・問答〉3　ささげ物をする際に大切しなければならないことは何でしょうか。できるだけ聖書のみことばに根拠づけて話し合い、互いに知恵を得るように話し合ってください。

第九章　人の死を突き抜ける再創造のみわざ

〈対話・問答〉1　「人間の死」を突き抜けた希望について、どれだけ思い描くことができますか。関連するみことばから推し量り、互いに〈対話・問答〉し、現時点での課題を整理してみましょう。

〈対話・問答〉2　予測し得ない死の現実について、どれだけ冷静に対応できているでしょうか。また死の恐怖の原因は何であると思いますか。

〈対話・問答〉3　自分の死の備えることは、いかに「今を生きるか」に関係してきます。「死ぬまで生きる」ことについてどのように取り組めるでしょうか。自分の心がけていることをまとめ、互いに語り、また聞き合い、自分なりの理想を描いてみてください。

「人の死について」の個人的な自由課題

課題1　「人の死」に関する文献をリストアップして、何冊かを読んで書評を交換し合ってください。

課題2　自分の地上生涯の終わり（葬儀を含め）について、残された家族、また神の家族に伝えておきたいこと、感謝の言葉を書き留めてください。また、書き留めた文書について先輩の信仰者からの助言、自分の死の備えに知恵をいただき、再考し、文書を完成させてください。

課題3　何を持って自分らしい「葬儀」となるか、具体的に描いてみましょう。

第十章　真に喜び、真に楽しむクリスチャン人生

〈対話・問答〉1　「真に喜び、真に楽しむクリスチャン人生」について、これまでのあなたの考えを紹介してください。その上で、禁欲的にならず、放縦にも陥らない喜び、楽しみについて具体的な課題を出し合って共に考えてください。

〈対話・問答〉2　「富、お金」について、聖書の意図を確認しつつ、これから挑戦してみたい取り組みを紹介し合って、共に考えてください。

〈対話・問答〉3　「名誉、立身出世」について、再考すべき課題がありますか。

むすび

創造主である神の再創造の物語は神の啓示の圧巻、福音に基づく奥義としての教会、神の家族の建て上げにおいて完結しています。私たちはキリストの贖いによる「神の先行的救い」に基づいて再創造のみわざにあずかりました。それは福音を信じる信仰に始まり、信仰から信仰へと進ませるものです。私たちは神の家族のいのちの交わりの中で知恵深く共に建て上げられ、クリスチャン人生の方向性を明確に描きながら次世代へとつながる家族の建て上げを実現していきます。しかも建て上げられる「神の家族教会」は公民性を持ち、上に立つ権威を尊重し、そして地域共同体に寄与・貢献し、祈り、地域の繁栄に資する存在です。

クリスチャンは良き隣人として、信者、未信者を問わず信を得る存在を目指します。額に汗して勤勉に働き、自らの必要を満たし、次世代につながる家族を建て上げ、余剰の富はむしろ助けを必要とする方々のために用います。それだけにこの世の価値観や教えに惑わされず、神の再創造のみわざ「信仰による神の救いの計画の実現」に至るよう、聖書の健全な教えに建て上げられることです。神の家族と共に、この国の文化の中でみことばを学び、考え、祈り合い、知恵を出し合い、聖書の意図する福音に基づく「良いわざ」と一体としての主の宣教大命令を実現します。福音に応答する新たないのちの誕生をもって福音の確かさを実証し、神の家族教会共同体が神の豊かな祝福の場となり、この国、また「地球村」の再興になくてはならない存在となりますように。神の家族教会共同体こそがこの国の希望となるように、主の宣教大命令の実現に直結する次世代、三世代、さらに四世代に続く、持続可能な教会共同体を豊かに建て上げていくことができるよう知恵を尽くしたいものです。なお、本書で取り扱ってきたいのちの交わりにおける教会主体のクリスチャン生涯教育プログラムについては「仙台バプテスト神学校」(http://c-bte.jp)を参照していただければと思います。単に知識のための知識ではなく、真の知識に基づく生き方を確立する「知恵の伝統」に戻って編集された生涯学習を目指しています。結果として持続可能な教会共同体を建て上げ、また学習者の賜物に応じて次世代の指導者育成にも資するものと期待しています。

本書出版に当たり、いのちのことば社の出版部の皆様の労に感謝します。とりわけ編集者の根田祥一氏には適切、かつ多大な助言、助力をいただきましたことに心からのお礼と感謝を申し上げます。

二〇二一年三月一一日

森谷　正志

聖書 新改訳 2017© 2017 新日本聖書刊行会

教会・神学校に迫られる パラダイムの転換

2021年 4 月20日　発行

著　者　森谷正志

印刷製本　シナノ印刷株式会社

発　行　いのちのことば社

〒164-0001 東京都中野区中野2-1-5
電話 03-5341-6922（編集）
03-5341-6920（営業）
FAX03-5341-6921
e-mail:support@wlpm.or.jp
http://www.wlpm.or.jp/

ISBN 978-4-264-04246-4